和闺密环游地球

（美）玛丽贝斯·邦德　著
吴艳艳　译

旅游教育出版社　时尚 TRENDS

NATIONAL GEOGRAPHIC

和闺密环游地球

（美）玛丽贝斯·邦德 著
吴艳艳 译

旅游教育出版社
時尚 TRENDS

玛丽贝斯·邦德的其他著作

同闺密出游北美最佳50地

仍是一个女性的世界：环游世界的真实故事

给大胆出游的女性：旅途中的锦囊智慧

一个女人的亚洲之旅：真实的故事

一个女人的欧洲之旅：真实的故事

一个女人的世界之旅：旅途中真实的生命故事

女人对旅行的激情：环游地球的真实故事

（与帕梅拉·迈克尔合作）

一个母亲的世界环游：心灵之旅

给大胆出游的妈妈们：旅途中的锦囊智慧

献给

格温·科维特，始终如一的支持，追求极致的投入。

目录

绽放生命，尽享生活

谈及旅行，女性与男性大相径庭。在旅途中，我们女人总是抓紧机会约见其他女性，在花园里漫步消遣，全身心享受温泉和水疗，去当地厨房观摩学艺，在商场里尽情购物而不用顾及店外有人等候。为自己或为深爱的人买了此书，你就能深切感受到，与女性一起出游，体验如此丰富，魅力无与伦比。出游是一种重塑关系的最简易的方式——能和我们最深切的女性心灵伴侣——闺密再建联系。无论我们是单身还是已婚，是职业女性还是家庭主妇，和密友结伴出游，乐趣无穷。在旅途中，我们开怀大笑，我们傻里傻气，我们满心欢喜：不用为他人负责，我们只为自己。而旅行归来，我们焕然一新，精力充沛地重新投入家庭和事业。最棒的是，我们彼此鼓励，走出了自己的小天地。

当然，所谓的闺密不仅仅指的是同辈友人，母亲、女儿还有姐妹都是一起旅游的好伴侣。闺密结伴旅游或许是为了庆祝生命的里程碑，或许是为了纪念生活的重大变化，从学校毕业、职场退休到战胜癌症等等，不一而足。有时候，我们只是想逃离那一成不变的日常生活吧。

当女人们结伴出游，她们想获得什么呢？那就浏览本书来寻找答案吧。想知道意大利托斯卡纳的烹饪课效果如何？想了解在德国采尔马特徒步旅行，品尝奶酪火锅的经历怎样？想感受巴黎的文化、艺术、美食和购物？想体验伦敦博物馆的导游和泰国的精油按摩？

这本书囊括了我们想去的地方和我们想做的事情。我分门别类归纳了不同主题：如异域风情、绝妙漫步、烹饪课堂、义工之行、游学之旅以及时尚都会。通过本书，你可以了解某种独特的旅行方式和某个具体的出游地。你是想通过旅行来做志愿者、享受水疗、探访花园还是驻足古堡？本书都会娓娓道来，根据你的兴趣建议最佳旅行地。

说真的，世界这么大，该去哪儿总是选择不定，难以割舍。不用愁，由我来帮你做功课：列出了“一生一定要去一次”的异域国度，从加拉帕戈斯群岛到土耳其；推荐了我们甘愿膜拜的古老的地方，比如爱尔兰或印度；同时，我也精心选择了全世界最好的徒步山径，从采尔马特到马丘比丘[1]；描绘了托斯卡纳、普罗旺斯和泰国的烹饪手艺；介绍了能够伸出援手做义工的地方，为危地马拉、柬埔寨、肯尼亚等国家带去一些改变。

和很多老道的旅行者一样，我变得很挑剔了。对于旅行，我已能够在有限预算下极尽“奢侈”。因为经历过简陋的食宿、糟糕的导游和失败的线路，还有些倒霉的旅游经验，所以我就想写这本书帮你省时间也省点钱，这样你就不会重蹈覆辙了。是的，这本书正是为了这样的你：见多识广、思想开明、乐于冒险的女性，急于探究世界上最神奇的地方，开始一段惊奇的旅程。招呼三两好姐妹，就此上路吧。那些平庸的地方、平淡的食宿和贫乏的

1 译者注：马丘比丘位于秘鲁，在奇楚亚语Quechua中是“古老的山”之义，也被称作“失落的印加城市”，是保存完好的前哥伦布时期的印加遗迹，也是南美洲最重要的考古发掘中心。

经历都不入我眼，呈现给你的，都是我仔细甄选过的、真正值得花时间和金钱去感受的地方。

每个旅行地都通过女性的视角来进行谨慎地考察。女性在悉尼、布宜诺斯艾利斯和开普敦游走时希望享受什么？在荷兰的游船观光时希望感受什么？我在介绍每个旅行地时，都列出了女性特别中意的活动和地点，比如最受欢迎的农贸集市、风景绝妙的露天咖啡馆、最佳的下午茶聚集地、最好的烹饪班、一等一的购物高手（巴黎导购），还有最棒的音乐节和艺术节。

“你自己都去过这些地方吗？”这是我被读者问得最多的问题。是的，我基本上都去过！书中所推荐的地方，98%我都造访过，在那里骑过单车、尝过美食，并曾住宿和购物。我本质上就是一个四处流浪的吉普赛人，是一个狂热的旅人，将自己的整个生活都投入到这种对世界的探索中，能够忍受一年中无数的长途飞行。在过去的40年里，我在欧洲生活了6年，在南太平洋待了1年，并独自周游世界2年。

在第一章的引言中，你可以了解到，在过去25年里，我去了7次印度，最近的一次是在去年夏天。我描绘了印度的变迁，解释它为什么是每个旅者的“必去之地”。在尼泊尔，我徒步旅行了9次，穿坏了厚实的登山鞋，这些我都写在第三章“绝妙漫步”里了。对于第二章，我得承认，没人是真正的“巴黎行家”。尽管我在法国的第六大区雅各布生活了4年，也常去巴黎；但我意识到，自己没法及时掌握巴黎的最新情况。为了此书，我还特意请教了住在巴黎的外籍人士，分享他们关于巴黎的秘密。还有，尽管我去过悉尼、开普敦和伦敦，但我并没有去那些热门的地方品尝过美食，也没有在公园里听过免费演唱会，更没有在街区集市上买过古玩。所以呢，我求助了我忠实的闺密。比如，我的好朋友苏姬，她25年前被调往悉尼。她打破了职场中的玻璃天花板，成为一家投资银行的高管。她是一个见多识广的成熟女人，也乐于享受生活。所以我向她咨询了适合女性游玩的建议，如悉尼最好的海滩、商场，能自在闲逛、感受文化、欣赏日落、海岸游弋和品尝美食的最佳场所。苏姬就邀请了一众志趣相投的密友们进行商讨。在她的会议室里，伴随美酒与奶酪，经过无数讨论，她们列出了悉尼的“胜地”。两周后，她给我写了封长达5页的邮件，列出自己的想法。对于无数像苏姬这样，经历丰富、热爱旅游的女友们，我真是感激不尽。我完全信任她们的建议，因为她们自己也去过所说的地方，做过所说的事情。

《和闺密环游地球》并不是那种千篇一律的旅游指南，就像我的第一本书《同闺密出游北美最佳50地》一样，它列出了女人给女人的贴心建议，详细介绍了从如何整理行李到该留心注意的事宜，还有如何避免冒犯当地人。这些短小亲切的故事和对话，展现了和一位亲密女友或家人一起探索世界时所经历的内心旅程。所有这些，都是想让你跳出刻板的日常生活，打消可能的疑虑，马上去订航班吧！我知道，在大多数情况下，它其实就如此简单：拿上机票，所有的一切就此接踵而至（当然，还要在仔细阅读我的建议后）。

和我一样，你也有可能是从书的最后开始乱翻，四处浏览，随意阅读。但请花些时间细读每章开头的谈话，这些将让你大致了解到，这些勇敢的女性是如何尽情享受生活的。让想法逐渐成形，落实到真正的旅行计划吧。

感谢所有充满勇气的女性朋友们，分享她们的故事，也因此传递了她们的力量。我们互为榜样。我希望这本书能够给予每一位女性朋友示范和建议，更带去鼓励，放下书，去真正探索世界吧。还等什么？叫上密友、女儿、姐妹或母亲，就此出发吧！

路上见！

——玛丽贝斯·邦德

第一章

异域风情

克里斯和佩吉的故事

克里斯和佩吉是30多年的老朋友了，两位都是鸟类爱好者。她们结伴已久，常常手拿望远镜，带着观鸟指南，穿行于湿地和草甸，寻找世间稀有鸟类。多年来，二人共享观鸟的乐趣，去过阿拉斯加、肯尼亚和坦桑尼亚。现在，佩吉退休了，她们决定再冒冒险，去世界遥远但最著名的野生动物栖息地：南美的亚马孙雨林和厄瓜多尔的加拉帕戈斯群岛。[1]

“厄瓜多尔的生态如此多样，真是太迷人了！”克里斯说道，“那儿有热带雨林，有热情的土著人，还有原生态文化。当然，少不了岛上稀有的奇特物种。”但显然，闷热、潮湿又艰苦的南美之旅并不符合所有

1 译者注：加拉帕戈斯群岛（Galapagos Islands）位于太平洋东部的赤道上,正式名称是哥伦布群岛(Archipielago de Colon)。最初发现这个岛时，称它为“斯坎塔达斯岛”（西班牙语意思为“魔鬼岛”）。因为岛上有许多很大的乌龟，所以后来称它为“加拉帕戈斯群岛”（意为“巨龟之岛”）。现在它是厄瓜多尔共和国的一个省，又改名为“科隆群岛”，离厄瓜多尔本土1000公里。

女性的度假计划。而她们很确定，雪莉和安，这两位偶尔跟随她们一起出游的朋友，也是她们在加州北部小镇的邻居，绝不会错过这“一生必去一次”的旅程。没错，这4位都有着极大的热情去探索世界：克里斯是鸟类爱好者，安是猿猴的狂热粉丝，佩吉则是水生动物的发烧友，而雪莉是一名摄影师。勿需多言，她们知道，这样的旅程将充分享受彼此的激动，就像这些女人们想要实现的，回到家就剩心满意足的回味。她们称自己为“加拉帕戈斯四姐妹”。

她们从厄瓜多尔的首都出发，飞往亚马孙纳波河(南美洲河流)沿岸的迷你小镇。然后登上一艘小型摩托艇，准备顺流而下到纳波的野生动物中心，那儿有一处隐匿在丛林中的生态旅馆。等她们费了些时间坐进船里，当地不太会说英语的阿南古向导就给了她们雨衣。而像事先约好了似的，天接着就下雨了，并且在整个三小时的旅途中都一直下个不停。

等到了旅馆，她们惊喜地看见，茅草覆顶的小木屋安静地坐落在热带雨林中小山的山腰上。这就是她们在此五天的大本营啦，她们将在附近漫步、观鸟和漂流。“早晨五点，我们就被巨大的吼叫给惊醒了，就像是飞机的轰鸣声，”雪莉说道，“后来知道那是野生猿猴在相互道早安，也是觅食的信号。”黎明和黄昏时分，女士们乘坐独木舟，顺着窄窄的河道漂流，观察各种鸟类及其他物种。在漂流的间歇，克里斯必定要坐在旅馆的露台上，品着杜松子酒，听着音乐，用望远镜观察更多奇特的鸟类。“五天里我们就看到了135种不同的鸟，”她夸耀着，“要这么算的话，我现在所看过的鸟类就有985种了，这是10年观察的累累硕果啊”。

而安，这个猿猴的狂热粉丝，感觉就更棒了。某天，当她们坐着独木舟漂流时，听见丛林树冠中落叶萧萧之声。向导指向了一群蜘蛛猿（中南美洲特有的），它们正在距离她们100英尺的头顶远处成群前行呢。随着小船绕入小溪，她们撞见了树冠中更大的骚动：哈，僧帽猴正悄悄地跟在蜘蛛猿的后面。随后，向导又指引着她们看到了小型的松鼠猴和红面吼猴。接下来的几天，她们还看到了体型最小的侏儒狨猴，还有金绢毛猴，纳波野生动物中心就是它代言的啦。尽管在旅馆时，她们并没有真的看到红面吼猴从旅馆渡过潟湖[1]，但每个清晨和日暮，她们都听到它们标志性的巨大吼叫回响在湖面上。

加拉帕戈斯四姐妹的下一站是群岛。佩吉自称水女，每天都套上紧

1 译者注：泻湖指的是海岸带被沙嘴、沙坝或珊瑚分割而与外海相分离的局部海水水域。

身潜水衣，跃入水中，与企鹅、海龟、海狮还有海鬣蜥嬉戏。“我看见过10英尺（约合3米）长的大白鲳鲨。”她说道。和海狮嬉戏时，她们被警告千万要小心，这可是有前车之鉴的。有一个穿着紧身潜水衣的白胖女人曾被海狮咬了臀部，因为海狮误以为她是自己的同类，要示爱呢。“我们看到她的同伴把她的潜水衣下半部分弄开，屁股上有一条长长的伤口，流了很多血。”安忍不住笑着说。

雪莉是姐妹组中的摄影师。在加拉帕戈斯群岛，这算是个很好的户外摄影的练习机会。她拍摄了很多精彩的照片，几乎是神作啊。感觉就像是《美国国家地理》的摄影记者，她捕捉到了因达尔文的发现而出名的雀类——蓝色脚掌的鲣鸟，难得见到的巨型陆龟，还有美丽的日出和日落、仙人掌覆盖的小岛与海滩，以及最重要的——她最亲爱的朋友们。

“我们逐渐成为了一个特殊的小团体，因为我们一起经历了那么多奇特的冒险。”克里斯说道。一起旅行很重要的一点是，每个个体能够集中关注各自的兴趣点，而在其中，她们又互相享受着彼此的乐趣。她们相互鼓励去发现世界，也一起分享，比如那看到橙颊鹦哥时的激动，感受着日落完美呈现于胶片时的震动。“我想，我们会是一辈子的朋友。”

印度

从你下飞机的那一刻起，印度的无尽魅力便伴随着你。空气里弥漫着檀香木和调料的味道，大街上涌动着人流、车流还有牛群。和密友一起感受印度，你可以让自己充分陶醉于印度的风俗、历史、宗教精神的灵性与庄严。一次旅行就是一次朝圣。这是一次沉思的旅程。而我觉得印度西北部的拉贾斯坦邦，是这类私人旅行的最佳行地。这是印度最富异域气息、最多姿多彩的地区之一，也是我最喜爱的地方之一。在英国统治前（始于1800年代早期），拉贾斯坦邦是各自为政的领地群，每一个领地都有自己的国王和武士氏族部落。而旅行的一开始，你千万不能错过去拜访印度的另一个精华之地：德里城，那里鲜活生动、充满生机，有着美轮美奂的博物馆和很棒的购物中心，还有阿格拉的标志——泰姬玛哈陵。在那之后你继续前行，到达拉贾斯坦邦的首府斋浦尔，这里有着粉色砂岩宫殿，还有同样鲜亮的当地人，从头到脚装饰着明晃晃的珠宝，穿着艳粉色、深红色的莎丽服，带着复活节彩蛋般的头巾。如果行程紧张，你可以乘坐飞机去往各区。如果时间宽裕，有一周甚至更多的时间可以逗留，你可以租车自驾游（安全又可行），和密友一起度过这个最具异域风情的旅程。几乎每个小镇都有一个巨大的堡垒，那宏伟的墙体和炮塔，曾守卫着无比辉煌的宫殿。那儿有着世界一流的遗址旅馆，随处可见。这意味着，你总可以在一天行程后，尽情享受温泉

感受印度之魂

为了准备我们的印度之旅，我和妈妈去图书馆做功课。我们借了电影录像带，看了《圣雄甘地》、《季风婚宴》，还有《皇冠上的明珠》中的所有10个部分。迪帕·梅塔[1]的电影太棒了，她的电影三部曲中的《水》十分惊艳，直击我心。我还要推荐一些好书，它们反映了这个国家的一些吊诡之处，也能提供很多有用的背景信息。

我们读了埃德华·鲁斯的《与神无涉：出人意料的现代印度崛起》，通过历史资料分析和学术研究，他阐释了印度在全球力量中的崛起和未来的发展。莎拉·麦克唐纳是一个澳洲广播记者，在印度旅行生活了两年，所写的《圣牛：一次印度探险》选取了印度的“灵修”片段。多米尼拉·皮埃尔的《欢乐城》，加入历史和演义，描绘了一个法国神父、人力车夫和美国医生在加尔各答贫民窟所见的印度。而露丝·鲍尔·贾华拉所著的《热与尘》，20世纪20年代赢得短篇小说布克奖，小说演绎了一个英国人在印度的浪漫故事，探讨了等级制度和殖民主义。

——JC 谢波德，20岁，学生，来自康纳尔大学，纽约的伊萨卡

1 译者注：当今影坛上最富争议性和煽动性的导演之一，迪帕·梅塔因为她影片中浓厚的政治意味和大胆的反抗精神而备受世人关注，她向来偏好以一种旁观的角度来探讨印度历史文化的冲击。

水疗和美味晚餐进行放松。印度的秋冬季是令人流连忘返的——白天温适，夜晚凉爽，这也是拉贾斯坦邦赶集和庆祝各种节日的好时节（12月是印度的结婚季高潮，所以是人潮汹涌的。如果你在那时去，就要提前好几个月预订住宿）。要说夏天去印度的好处——我得补充下，除了天气热得让人无法忍受这一点，还是有好处的——那就是消费便宜、景色葱绿，外国游客也很少。

在德里，不能错过的博物馆

德里有1300万人口。其多样性令人眼花缭乱：它是印度教、锡克教、穆斯林的朝圣之地。你在大街上至少能听到10种语言。在过去，老德里引以为豪的是满街的寺庙和集市。随便跳上一辆人力车环城观光，映入眼帘的就是诸如德里红堡和贾玛清真寺(贾玛清真寺是印度最大的清真寺，也是闻名于世的伊斯兰教建筑。它坐落在德里的东北角，在德里皇宫西部斜对面。)等这样绝妙的景色。另一个了解德里文化构成的方式，就是去参观博物馆。博物馆充分反映了印度文化的多样性。而要追寻印度艺术在过去一个世纪的发展历程，可以访问印度国立现代艺术美术馆(www.ngmaindia.gov.in)。在国家博物馆（www.nationalmuseumindia.gov.in）探究印度的千年雕塑、佛教文化、印度珠宝和彩绘珐琅。我最喜欢的是鲜为人知的国家织布机和手工博物馆，有着印度各地大量的雕塑、木偶、木雕和纺织品，也有些艺术家就在室外展示手工制作过程。（没有网址，在新德里的普拉戈蒂展馆Pragati Maidan）

世界奇迹

许多人到了印度就是为了看阿格拉的泰姬玛哈陵，著名的失爱纪念。这是印度最受欢迎的经典，从德里乘飞机出发很快便能到达，每年有200万游客至此。在17世纪，莫卧儿帝国皇帝沙迦罕王为纪念他的爱妻泰姬王妃（因难产而死）建了这座美丽的陵墓。泰姬玛哈陵全部采用纯白色大理石建筑，用玛瑙镶嵌，绚丽夺目、美丽无比，成为联合国教科文组织世界遗产。在这里，你将领略生命中最炫目的晨曦和日落。漫步于周围花园里，用相机记录下泰姬陵标志性的尖塔和园顶所映衬出的、光线变化的天空。在欧倍罗阿玛度假村，有顶级奢华的观景房，正能看到泰姬陵壮观的洋葱园顶和四个长条尖塔（从浴室的窗户望出）（双人间的费用是600美元起价，800-562-3764，oberoiamarvilas.com）。

斋浦尔女性之旅指南

因遍地粉色的砂岩建筑，粉色之城斋浦尔是摄影师的天堂。拉贾斯坦的姑娘们戴着藏红花、松绿石，包裹着五彩的莎丽和头巾；男人们则穿着白色长袍，缠着粉色或白色的头巾，穿行在骆驼和神牛中；还有街上的人力车，穿行在老城的小巷中。这座小城仍被厚厚的、锯齿状的城墙所包围，城墙有7扇宏伟的大门。在这些城墙中，最壮观的建筑就是风之宫殿——哈尔玛宫。宫殿由953扇雕花窗子组成，形状似蜂窝。这是一位爱诗歌的王公为自己的嫔妃所建，供她们从窗户中观看街景。（如果你想知道953扇窗户是不是意味着有953位嫔妃，我能说的就是啊，我当然希望不是的！）尽览老城后，希望你能单纯地在城中漫步——不妨也来为当地的经济做点贡献。对了，我说的就是购物：你可以购入轻便的衣服、装饰性的钱包，手戒和脚戒，手镯和脚镯，工艺纸张，鲜艳的纺织品还有当地艺术家精心制作的乖张木偶。

最佳冒险

拉贾斯坦邦之旅必去的一个地方就是琥珀堡，距离斋浦尔7英里，打车很方便。但是，最具异域特色的交通工具就是大象啦。除非全程观光很疲倦，你对大象产生免疫力（或者有恐高症），否则你真的必须坐一次——这是一生当中必须经历的体验和风景。象牙白的大理石和红色砂石构筑的城堡雄踞在陡峭山头，俯视下面有一个湖，倒映着雄伟的城墙和大门。城堡里面，镂花雕彩，还有女人宫，是王公所有嫔妃的居所。

购物大血拼

新德里市中心的詹巴特市场有各种小商铺，到处都是鲜亮的棉质衣服，可爱的纺织物、皮革制品和古董珠宝。价格都不贵：适合带回去送人当小礼物，你去印度的时候可以准备一个空的行李箱（回去后就被礼物塞满啦）。切记，要讨价还价！另一方面，当你在城邦的商业中心和一些工厂区（国营商店，明码标价的）购物时，就别还价了。有两个我刚去过的地方是我的最爱，一个是国家商业中心（State emporia），在新德里市中心的巴巴卡拉克辛格玛格（baba kharak singh marg），以及在詹巴特的平房市场中心（central cottage industries emporium）。在喧闹的市集中心：月光市场，你可以逛上一整天，那儿应有尽有，从香料到银饰。不过，那儿过于拥挤且会有犯罪事件发生，所以还是建议在印度不要太舍不得花钱。要住中高档旅馆，保证人身安全和居住舒适。五星级酒店都是很安全的，而且服务也一流。在大城市里，你可以穿着西式的衣服，如裤子、短裙或连衣裙。但在城区以外，你很难看到印度妇女露出她们的肩膀、大腿和乳沟。为避免招惹注目礼或者被误解对当地风俗无动于衷，穿着要保守些。我穿的是漂亮的刺绣纱丽：克米兹，这是一种传统的宽松裤子，感觉很凉爽，走动随意自由，而且适合任何体型的女性！

——玛丽贝斯

你尽量少坐人力车穿过市场的小巷。

如果你是个“认真”的购物狂，那要根据自己的嗜好，好好计划下去拉贾斯坦邦的整个行程。30年来，安珂海商场在木模板印花的刺绣上一直领先于世(这是一项需要高密集劳动力、用色大胆的棉织物)。在印度的十六个地方(包括斋浦尔，乌代布尔和德里)，安珂海售卖高质衣物、家用织物和饰品；中西式交汇(www.anokhi.com)。法玢地则售卖经典的印度物品，包括木编织物、手工木刻印花的纺织物和手工刺绣。整个印度商场林立。在阿格拉(印度北部)、德里以及拉贾斯坦，你都能找到在斋浦尔发现的好东西（www.fabindia.com），把这些从这些商店买回家吧，我就带回来大量精美的服饰、嵌花和刺绣，还有各类布艺和珠饰细工。

“你的战车”

雇一个司机——或一个导游——“欢迎来到拉贾斯坦邦”，这个总部在斋浦尔的旅游公司会为你制定行程。你也可以在自定行程，或者报名参加旅行团（每天的费用是30美元起价。www.welcome.rajasthan.com）。

印度特色的游猎旅行

一生中让人激动的事情是，你可以前往距离斋浦尔80英里（约128公里）的伦滕波尔(Ranthambore)国家公园，近距离看野生孟加拉虎！因为公园在6月到9月期间不对游客开放，去看这些野生动物的最佳时间是冬季。经历了如此愉快的旅途，不如放纵下自己，到奢华的奥贝罗伊酒店（坐落于伦腾波尔老虎保护区边的密林里）去享受下吧。这儿的一切都精心为你准备：精美神圣的亚麻、加长型的四脚柱大床，还有淋浴（双人间的费用是每晚700美元；800-562-3764，www.oberoivanyavilas.com）。也许这是你最大的挥霍，但值得如此。

印度和其他珍稀目的地健康小贴士

去印度之前的四周到六周，去看下医生。如果你的医生对于旅行药品不太熟悉，你或许需要去专门的旅行门诊看看。虽然去印度不需要打什么强制疫苗，疫病控制中心强烈要求你对于一些例行疫苗要及时补打。比如流感、水痘（鸡痘）麻疹等。一些儿童疾病如麻疹在世界上其他地方仍很常见。没打疫苗的旅行者就有被感染的风险。

安全饮食和饮水

在旅途中，饮用水和食物是造成疾病的头号感染源，所以要注意以下事项：

不吃生蔬菜，坚持煮熟食物，吃水果前要削皮。

携带含酒精的抗菌免洗洗手凝露（至少含60的酒精），勤用它来洗手，尤其是进餐前。尽管你也能找到香皂和水，但可能没有擦手布。

无论如何，不要直接对着水龙头喝水！只喝瓶装水或煮沸的水，罐装瓶装的碳酸饮料也行。要保证服务生在你面前把瓶盖打开，不要在里面加冰。

印度啤酒很棒，还有杜松子酒和伏特加也很不错，不加冰即可饮用。

别吃街边小摊贩的东西。

要确保食物被充分煮透。

不洁食物常造成胃痛，凉水常引起腹泻。所以要带些止腹泻的常见药，这样你自己可以先对付下轻微的症状。

免遭毒蚊攻击

疟疾在印度所有的地方还是个很大的危险，包括德里、孟买这样的城市地区。在6561英尺（约2250米）高的山上才是非疟疾区。遵照以下事项避免被蚊虫叮咬：

在黎明和黄昏这样的蚊虫叮咬高峰期，要待在封闭或有空调的地方，关闭门窗。如果没有空调或屏风之类的东西，就睡在蚊帐里。

当你在黎明或黄昏时外出，要穿长衣长裤，抹上驱蚊的避蚊胺。

避免事故发生

全球的旅行者最容易发生的伤害事故是汽车事故。不合格的驾驶者，糟糕的路况，有问题的交通工具，还有诸如飙车超车、视线不良的弯道等这样在很多发展中国家常见的危险驾驶习惯。要系好安全带，尽量白天行车。坚持让司机慢行。尤其要小心驾车，需要打电话就靠边停车。

——玛丽贝斯

投你所好

关于十一月的普虚卡骆驼节有很多记载。然而，1万多个看客都削弱了它的真义，这只是一个真正的动物园。我建议你去为期四天的纳高尔市集，这是拉贾斯坦的第二大骆驼节，每年一月或二月举行。对你来说不正是一个好时节吗？当买卖人留着精心修剪的长须，带着鲜艳的缠头巾做着骆驼和其他牲畜的交易时，你将沉浸于马和骆驼的赛跑比赛、热烈的交易和拔河比赛中。想想这小镇集市的喧嚣吧。当日落余晖撒在金沙上，民间艺人演奏起传统的乐器，放声歌唱。旅游公司“野山羊探险队”（Ibex Expeditions）提供为期十五天的“拉贾斯坦皇家城市文化之旅”，包括了这个纳高尔集市。这个日期是按照阴历算的（旅费起价是4900美元，www.ibexexpenditions.com）。

印度的国际民间艺术节每年在焦特布尔和斋浦尔轮流举办。你和密友对拉贾斯坦的民歌合唱、北印度的嘻哈乐、印度的传统曲调拉格、佛拉明戈和爵士乐的新版本一定会很惊奇，那儿有木偶表演、摄影展、文学阅读和午后大象的马球比赛，还有货摊售卖当地的工艺品。这些你们都该参与进去，加入到当地的珠宝制作、传统印刷、绘画、作诗和烹饪中（www.jodhpurfolkfestival.org 和 www.jaipurfestival.org）。

最佳旅行社

对于第一次去印度的旅行者，我建议找家有名气的旅行社来制定行程——要包含拉贾斯坦邦。他们会考虑到所有的细节，涉及你从未想到的方面，比如请一个私人导购帮你在当地商店和市场去选购物品。2007年，我找到印度专业的“野山羊探险队”（Ibex Expeditions）和“格里夫旅行社”（Greave），印象很深刻。你可以向位于芝加哥和伦敦的格里夫旅行社预订一个私人旅行，或者加入他们的十一天“拉贾斯坦惊奇之旅”。（1月份时，费用是6587美元起价；800-318-7801，www.greavesindia.com ）而新德里的“野山羊探险队”，擅长文化之旅、遗产观光、生态旅游、徒步旅行和奢华旅行。你可以预订一个自定义行程，也可以选择为期十五天的“拉贾斯坦遗产之窗”旅行，包括宫殿观光、女性非营利项目访问，和当地比诗诺斯部落（bishnoi）互动交流（费用是5340美元起价，www.ibexexpeditions.com）。

欧贝罗伊酒店、泰姬酒店都提供淡季的旅行服务，从每年的4月中旬到9月底。欧贝罗伊酒店八晚行程的套餐，让你自己制订在德里或孟买的印度之旅，你可以从欧贝罗伊在斋浦尔、乌代布尔、阿格拉、喜马拉雅的西姆拉、伦腾波尔的分店中挑选。（费用是3300美元起价，包括从机场或火车站到达目的地的车费。800-562-3764， www.oberoihotels.com）拉贾斯坦邦相对便宜些的旅馆包括斋浦尔的巴哈旺酒店(40美元到90美元不等，www.umaidbhawan.com)和曼瓦达酒店(80美元到120美元不等，www.castlemandawa.com)在乌布代尔的杰加特尼瓦斯酒店(35美元到130美元不等，www.jagatniwaspalace.com)以及美瓦尔哈维里酒店(25美元起，www.mewarhaveli.com)。

鼠标轻点 万事大吉

关于拉贾斯坦的更多信息，请登录www.rajasthantourism.gov.in。有关印度的所有介绍可在www.incredibleindia.org 上查到。

土耳其

土耳其，横跨亚欧大陆，对每个人来说都深有含义：其辛辣的历史充满了东方的壮丽、神秘和复杂，还有那反复旋转的苦行僧。这里比意大利有更多的罗马建筑群，比希腊有更多的希腊废墟，5000英里（约8000公里）的海岸线包罗四海，小海湾、沙滩、田园诗般的巡航，还有历史名城——从伊斯坦布尔到以弗所（Ephesus）。

清真寺、尖塔、巴扎市集和宫殿——更不要说那些奇异的新餐馆和喧嚣的夜生活——让伊斯坦布尔总是人头攒动。在老城或阿美特苏丹旧城区，你可以及时回到旅馆。要找寻城市现代性的表征，如上好的餐厅和夜总会，不妨穿过金角湾(土耳其欧洲部分博斯普鲁斯海峡的海湾，构成伊斯坦布尔港口)，这一大片淡水区域形似牛角，将新旧伊斯坦布尔从中分割。从伊斯坦布尔出发，我建议飞到卡帕多西亚（土耳其中部），以感受土耳其的精粹。然后，向南前往安塔利亚(土耳其西南部港市，安塔利亚省府)，船行至绿松石海岸，接着继续西行参观有3000年历史的以弗所遗迹。你可以搭乘短途航班来往各个景点，也可以利用土耳其密集的交通网络，乘上空调大巴去往各处。穿行在这个国家，你将感受到传奇的土耳其式的热情好客，而和密友一起，会倍觉享受的。这个国家最迷人的旅行地——尤其是土耳其海岸线——在夏天的时候游人如织。所以你和密友如果能等到秋天或者春天，就能更好地领略这个国家。那样的季节会更闲适，不会太拥挤，也不会那么热。

在伊斯坦布尔观光、购物、沉醉

拜占庭的艺术和建筑代表是伊斯坦布尔的索菲亚大教堂，这是有40扇拱形窗户的圆顶建筑，1500年前由拜占庭查士丁尼大帝修建。1453年，土耳其人占领了君士坦丁堡（现在的伊斯坦布尔），这座大教堂变

旅游小贴士

乘坐出租车是绕伊斯坦布尔观光的好方式，但胆小体弱或坚持要系安全带的人可能不合适。之前要记得问司机是否打表，如果不打表计费，那就再找一辆。因为他自己的要价比打表计费会高一些。

成了清真寺，今天成为一座博物馆。对那些精美的镶嵌图案和巨大的大理石柱廊，你一定会目瞪口呆。日落时分，你会听到从尖塔发出的对祈祷者的召唤，回荡在城市里。比圣索菲亚大教堂略逊色一些的是苏丹阿哈迈德清真寺（也就是为世人所知的“蓝色的清真寺”，内部由宝蓝色的瓷砖铺就），炫耀着那引人注目的圆屋顶和尖塔。

“强行推销”这个术语也许由伊斯坦布尔的传统大市集——卡帕勒市场而来，这是世界上最大的有覆顶的市集之一。这里的小商贩会一直追着——强烈要求——你走进他们的小铺。接受他们饮茶的邀请没什么坏处，据说，这是地毯商的土耳其式等价交换，因为你也许能了解到织品的历史。

土耳其的澡堂或称浴室也很有名气，内部通常有着极其精美的建筑雕刻细节。在伊斯坦布尔的千蓓利塔（Cemberlitas Hamani）这座400年历史的浴室里，顾客们坐在热气腾腾的密室里，去除身上的角质，享受30分钟的按摩（56美元的费用包括洗澡、擦洗去角质和按摩。www.cemberlitashamami.com.tr）。如果预算足够，伊斯坦布尔的四季浴室是最佳场所——尤其是当你们背着行囊行走多日，看起来都要瘫痪了的时候（双人的费用是390美元起价，提供住宿和早餐；www.fourseason.com/istanbul）

另一个星球

地下城、洞穴教堂还有宛如苏斯博士[1]笔下人物的石像雕刻——所有这些，在卡帕多西亚中部都可以找到。卡帕多西亚是安纳托利亚荒凉风景的特别标志，这里曾覆盖着厚厚的火山熔岩。这些很上镜的地址风貌有着不同的形式，从可爱的仙人烟囱到条纹红岩的尹拉然峡谷（ihlara valley）。这些超自然的景色也是展示那丰富而复杂历史的窗口：你将惊异于地下城“德林库尤”和“马克利”，有近4000年历史，还有几个世纪之久的拜占庭壁画所装饰的教堂。

沿绿松石海岸航行

土耳其三面环水，水域迷人。有着5000英里（约8000公里）海岸线，环绕四海，充满着小海湾和沙滩。晴朗的天空、温暖的海水——地中海宝石绿的海滩是你的首选。你和密友可以选择租一个土耳其式的帆船

1译者注：苏斯博士（Dr Seuss）是美国当代最受喜欢的少儿文学作家、他的主要作品是《藏帽子的猫》。

（gulet）或者预订当地公司的一个游轮， 航行到可以徒步的线路，参观近海岸的遗迹、港口和历史纪念碑等。正午时分，你可以潜水、游泳或者就懒散地躺在甲板上，看看海豚和海龟。如果你决定要租上一条私人小船——通常能坐六到十二人——船上的大厨可能在你和密友品酒时，献上超美味的海鲜。这可是和闺密一起庆祝生日、退休或者就是享受下安静时光的绝好方式。

不能错过的遗址

你们中若有历史学家和考古学家，肯定不想错过位于爱琴海以西的以弗所城。在这里，你探寻近3000年前的古城遗址，寻着它著名到访者的足迹前行——公元前334年，亚历山大大帝来此。几个世纪后，圣保罗和圣彼得寻访至此。对于有些人来说，以弗所太拥挤了、感觉有些做作（那里很热，得带上帽子和水）。倘若如此，你可前往更远更安静的古老之地，如阿弗洛狄特西亚斯之城，这里有保存完好的罗马剧院、剧场和庙宇廊柱，献给爱和美的希腊女神阿弗洛狄特。你将发现，只有你和密友在历史中徜徉。

投你所好

伊斯坦布尔有很多精彩的国际节日，对于艺术爱好者来说很合适：3月份的电影节，6月份的音乐节，还有7月份的爵士。可以登录www.istfest.org了解更多。

最佳旅行社

总部在美国的“海外旅游”旅行社，安排了为期十八天的行程，包括从绿松石海岸到历史之城以弗所、伊斯坦布尔、卡帕多西亚还有更多（费用是2995美元起价，涵盖从纽约飞往旅行地的机票；800-493-6842，www.oattravel.com）文化旅行的专家“野外之旅”，总部在旧金

旅游小贴士

土耳其人对你会一直热情招揽，尤其是巴扎集市里的摊贩们。许多生意人会不断地喊你，用各种高压的销售策略。你要是对他们的东西表现出了兴趣，他们甚至会在街上就一直跟着你。为了避免这样的问题。尽量不要眼神接触，也不要回应什么。除非你真的想进他们的商店。

山的海湾地区，安排了为期十一天的行程，包括去绿松石海岸的美妙航海之旅。这条线路也包括以弗所、伊斯坦布尔和卡帕多西亚（费用是3895美元起价，www.wildernesstravel.com）。

鼠标轻点 万事大吉

土耳其旅游局网址，请登录www.tourismturkey.org

越南

从一个饱受战争摧残的国家到如今不可不去的旅游绿洲——越南人民的复苏令人钦佩。从北至南，沿着东南亚东部，越南占据着绵长数千英里的国土。今天，这个国家在中国南海沿岸的壮丽沙滩、翡翠稻田、熙熙攘攘的城市，神圣的建筑和美味的烹饪，都吸引着无数游客。再想想那五十四个少数民族风情和前法国殖民地的影响，这趟旅行将注定丰富多彩。正是越南文化的多样性（你可别忘了它的过去）吸引着我的很多女性朋友踏上它的疆域。但真正让人难以抗拒的，是它的热带气候和超好吃的各种美食（尽量把它想成最清淡最鲜亮的中餐）。我建议从越南北部，也就是它的首都河内开始游玩（航班就降落于此），你们中谁要是着迷于异国文化，就会对这里的传统艺术、建筑和现代装饰大吃一惊。从这里出发向南，沿着越南的世界遗产——会安古城的海岸线(在海滨城市芽庄稍作停留，这里海滩风景如画）一路航行，直到抵达胡志明市，也就是你可能知道的西贡。你可以在主要城市间乘坐飞机来回，也可以跳上一趟从河内开往胡志明市的火车，在海岸线边主要的旅游城市停留。对于小团队来说，还有一个选择，就是可以租一辆车，在越南的大街小巷巡览——当司机担心那路上的大水牛而放慢车速时，你和密友可以凝望风景。在越南，从北到南（或者是中间的任何一处），你肯定会对小吃垂涎三尺：想想那冒着热气的面条、新鲜的鱼和蔬菜，还有柠檬香草和柠檬……春秋季时，越南气候干爽。但无论什么时候去，越南青葱的热带雨林将会——一直下雨。所以，你最好的“伴侣”将是一件轻便的防雨外套。

疮疤就在越南地表的不远处。我走进“古芝地道”，数以百万计的越南人民曾在此居住，抗击美军。这个地道是个地下城，有厨房、居住区、储藏室、武器工厂、平铺式医院和指挥中心。你可以匍匐穿行在狭窄的通道里，看到沙坑里的床铺、医院和厨房，还有炉灶。这个地道从西贡西北的45英里（约72公里）处一直绵延到柬埔寨边界，全长大约150英里（约241公里）。大约有一万人在此地下生活了数年——结婚、生子、上学。在此期间，他们只在夜里出来照看庄稼。这次参观让我深受感动，也让我觉得有些不安，但没有后悔过一分钟。

我的建议是在西贡租一辆出租车，直接去看这些地下的大杂院。这是你终生难忘的冒险。值得一去。

——玛丽贝斯

城市的艺术律动

河内位于红河三角洲中部，是亚洲最迷人的首都之一。就我个人而言，最理想的方式是，坐上人力车四处游览。那儿有600多座宝塔和庙宇，许多都有数百年的历史，还有带着法国遗风的绝妙建筑，包括壮丽的歌剧院。女士们，你们必须买张票去那儿看场演出，即使就是进去看看那华美的楼梯和镀金的大镜子也值了。老城区是一处特别之所，36条街道都是根据手工艺人聚集的类别而命名——如银器匠和竹匠。不仅河内如此，越南很多地方都这样。一个良好的艺术场景就是带着一种责任感去凝聚不同的艺术，对丰富历史的继承，也是对当代艺术的展现。而去河内郊区的一些小镇，玩上几天，将让你感受到未曾改变的古老艺术形式。芽庄的传统陶器很出名，范永福村是个丝绸村，你或许可以看到蚕在作茧。而在河内，你能看到代表越南年轻艺术天才的画廊。从城市中最好的画廊：河内画室，开始你的旅途吧，那里陈列了越南未来艺术家的作品（www.arthanoistudio.com）。

下龙湾之旅

越南西北部的下龙湾，代表了一种异域风情，那就是喀斯特地貌——灌木丛林覆盖的灰白岩石，经岁月洗礼，形成令人惊叹的塔楼状，分布在绿宝石般的水面。山洞和岩穴则成为了皮划艇的游乐场。深入其中，你会觉得自己来到了地球中心。这儿的海滩是一条绵长的、缎面般的金色沙滩。找些隐秘之所，（或许还是有一两只猴子）来个夜船航行（每晚的人均费用是101美元起价，www.handspan.com）；或者和当地人商量下，租个游艇。

购物，购物，还是购物

会安古城曾经是越南最重要的港口，有844处历史地标——他们中有400年历史的商务酒店，加上白色沙滩和如画街景，这里绝对是漫步闲逛的完美之地。但是，在离开这儿后，你会一直喋喋不休的，是在这儿买的东西。会安古城的裁缝享誉世界：你可以拿着售价惊人的西服的照片或者你在时尚杂志上看到的外衣，走进任何一家店，他们会立马按照你要的样子裁剪。重新修剪一整套服装，价格不会多于1000美元！雅礼时装（yaly couture）尤其好——价钱要稍微高一些，但是，考虑到他们的手艺，真是值得的（位于阮侯街，www.yalycouture.com）。

水疗放松

在芽庄的艾威森安娜曼德拉水疗中心(Evason Ana Mandara&Spa)，你和密友可以抛开观光者的姿态，享受一段沙滩太极，或者去做一个东式的面膜和按摩。作为一个古旧的疗养寓所，去往艾威森度假村只能坐船。在那儿，同样顶级的水疗会让你非常享受，沉浸于平和之中。想想吧，浸润在越南的草药浴中，一边是密林丛生，一边是白色沙滩，该多滋润啊（艾威森安娜曼德拉酒店的服务费用是252美元起价，艾威森度假村的服务费用是 667美元起价，www.sixsenses.com）。

胡志明市的必去之所

离开越南乡村或享受完一个宁静的水疗，走入胡志明市，你会发现这里的节奏截然不同。到达这个熙熙攘攘的南部大都市后，立刻就去往滨城市场（Ben Thanh Market），这个胡志明市最大的贸易市场。此处充满了各种鲜花、农产品、珠宝、服饰和瓷器。经过一天满满的购物，你和闺密可能就直接沿着热气腾腾的街摊，在街边吃小吃。另一个一定要做的事情，就是参观古芝地道（胡志明市三大遗迹之一，参见以上介绍）。这是地下的一条绵长地道，在反法战争期间使用。数小时后，你们会接受到比较熟悉的西式传统：复古时尚酒店的屋顶鸡尾酒会。豪华的雷克斯酒店还是位列世界“十大”酒店名单中的（www.rexhotelvietnam.com）。

大快朵颐

在旅途中，你可以好好期待那种热气腾腾的越南粉，有蔬菜、鲜肉、薄荷叶和你从没吃过的春卷，偶尔还有法式长面包，涂上黄油的羊角面包。而且，这些小吃都超便宜！所以千万别犹豫，可以走进任何一家当地的小餐馆：这可是越南最好的小吃了（你一定要去的一家是会安古城里的兄弟咖啡馆）。那儿有美味的小吃，不远处就是一所贵族烹饪学校。在会安古城，“红桥餐厅”烹饪学校（www.visithoian.com/redbridge.html）和晨誉烹饪学校（www.hoianhospitality.com/morning.html）都是我的最爱。另外，胡志明的越南烹饪中心还会送你去当地市场挑选食材（www.expat-services.com）。

最佳旅行社

总部在美国内华达州的“神秘群山”旅行社，安排了越南和东南亚的经典旅游和冒险观光。我的建议是参加为期十五天的“经典越南”游，经过西贡、越南海岸和河内，旅行重点是美食和艺术（三～五人团队，每人的费用4795美元起价，六～九人团队，每人4295美元起价。800-670-6984，www.mythsandmountains.com）。加州的“经典游”旅行社整合了一个绝妙的漫步之旅：主要景观是胡志明市、稻田以及柬埔寨的吴哥窟（费用是3895美元起价，800-200-3887，www.classicjourneys.com）。

鼠标轻点 万事大吉

登录www.vietnamtourism.com 开始计划越南之旅吧。如果喜欢坐火车，时刻表和价格可以登录www.vr.com.vn/english查看。

厄瓜多尔

人们都说，多样性是生活情趣的调味所在。在厄瓜多尔，你就可以享受到这种保存甚好的“调料瓶”。尤其是如果你是一个户外运动爱好者。厄瓜多尔处于赤道地区（正如你所预料到的），在南美的最北部。加拉帕戈斯群岛是它最为知名的宝藏，距离海岸线600英里（约960公里）处，从首都基多飞三小时即可到达。这趟旅行如同史诗叙事般——对于没有更远大旅行可安排的闺密来说是这样的。而且，你可以获得世界上独一无二、一生难忘的经历——你将看到巨大的陆龟缓慢地爬行，寻找茂盛枝叶上的午餐；从船上，好奇的游客可以窥探到蓝脚鲣鸟正在进行滑稽的求偶舞会；你也可以潜入水中，与企鹅嬉戏；还有无论你去哪儿，都会被很想交朋友的小海狮们所包围。飞往坐落于安第斯山中的基多，开始你的赤道之旅吧。可别错过这座历史中心的博物馆和教堂。如果你还有一天时间逗留在基多，就租辆车，两小时车程可到奥塔瓦洛——厄瓜多尔的购物天堂，这儿有传统的印第安纺织品、木质雕刻、皮革制品和羊毛毯子，物美价廉，林林总总让人目不暇接（我的策略是，弄个空袋子，装你在这里买的所有东西，最后打包回家）。加拉帕戈斯群岛值得你花一周的时间慢慢品味——你相机的存储到时可就不够用了——一周也刚好是在该地区游轮航行的时间长度。但可以的话，就在厄瓜多尔多待一些时间吧。因为，在你一生中，没有多少机会能够这样做的——而亚马孙丛林正是一生中必去的地方之一。拓展你的旅行，去丛林旅馆中放纵下自己吧。在那里，你将聆听400多种亚马孙鸟鸣，度过多天的长途跋涉。在经过看起来是世界尽头的地方后，当你回来时，你和自然界有了新的关系。温暖的气候也会让你觉得宛若新生——当然，也会被晒黑。既然这是赤道地区，一年中的任何时候都是旅行的好时光。但从1月到6月，加拉帕戈斯的水温相对更高些——绝对是穿紧身潜水衣和海豹嬉戏的最佳时节。

在岛上雀跃吧

当飞机降落在加拉帕戈斯的巴尔特拉机场，你就到了世界上最迷人的野

便利的厄瓜多尔之旅

去厄瓜多尔是非常容易的，因为他们使用美元和美式插座。当厄瓜多尔在2000年初期陷入破产边缘时，政府决定接受美元。北美旅游者喜欢这种电源插座的通用性，因为数码相机就能很便利地充电了，吹风机也都能找到合适的插座——即使是在亚马孙丛林中。

基多的海拔有9300英尺（约3189米）高，所以第一天到达时，头痛是普遍现象。在基多可以待两天适应一下。如果你以前有高原反应，去旅行医生那儿开点药，在到达那种高度之前就吃药。

——玛丽贝斯

生动物乐园——达尔文肯定就是这样想的。加拉帕戈斯是一列群岛，游览的最佳途径是坐船。如果你自订游轮，你和闺密就能够找一个私人的自然生态导游，为你们讲解岛上最棒的地方；还有厨师为你们奉上新鲜的海产品；还可以坐在甲板上，欣赏日落，当然，也可以潜水、徒步旅行和泛独木舟。如果你是鸟类爱好者，在这里你可以尽享啦。在航行中，你可以看到滑翔的信天翁、粉色的火烈鸟、加拉帕戈斯鸭和蓝脚鲣鸟，偶尔还可以看到企鹅。大多数漫游的路线都一样，所有的路线都包括阿约拉港，这样你能在“达尔文研究中心”了解当地的动植物。在这里，有一个一个喂养中心在培养巨型陆龟，最后的陆龟都要放生的。其中最有名的居民就是寂寞乔治了（它是加拉帕戈斯象龟亚种中唯一存活的一只）。另一个亮点是巴特罗岛。如果你看过电影《怒海争锋》里那绚烂如画的风景，是的，这里就是拍摄地了。我建议你徒步到岛上的最高点，在日出的时候，能看到加拉帕戈斯的迷人全景。如果你和密友对水下风景

在加拉帕戈斯的注意事项

在野生动物基地游览和自然观光中，高倍的双筒望远镜必不可少，比如在亚马孙丛林和加拉帕戈斯群岛。每个人都应该带上自己的工具和行李，并需要在望远镜上贴上一个标签——在行李上也贴同样的标签——这样，如果有人拿错了，能够比较容易还给你。

在看野生动物时，不要穿太鲜艳的衣服。红色让你在野生动物前非常显眼。带上卡其色、棕色或者橄榄色的衣服，因为你是想尽可能近距离地拍摄那些世界上其他地方没法看到的亚马孙特有物种。你可以接近巨型陆龟、海鬣蜥、企鹅和大群海狮以及它们的孩子，因为它们一点不怕人，也不会受到人类的影响。倒是你要瞪大眼睛好好看，那红色的莎莉飞毛腿蟹（在加拉帕戈斯群岛上发现的118种蟹的一种）正跳跃着经过海水的情景。

——玛丽贝斯

都很感兴趣，那就戴上面具、潜入水底，在加拉帕戈斯赤道礁石中畅游吧。无论到哪儿，都会有顽皮的海狮追随你，你还可以看到海星、岩礁鱼类、双髻鲨（锤头鲨）、鲸鲨和鳐鱼。阿约拉港的斯卡帕潜水中心，提供单日和多日的水肺式潜水旅程（一天的费用是90美元起价，www.scubaiguana.com）。

顶级的岛上旅馆

如果你们有谁有严重的晕水症状，我建议先去岛上的旅馆睡觉，然后在岛上来个“一日游”。但即便如此，你还不能缓解症状，那就去热带雨林度假地的皇家棕榈酒店，在航行之前或之后，度过一个奢华夜晚。在这里，你可以尽情享受足疗、沐浴，参观厄瓜多尔艺术家的艺术画廊（费用是345美元起价，www.royalpalmgalapagos.com）。另一个绝好的选择是芬奇湾生态旅馆，专营冒险，包括快艇、皮船、登山还有徒步（三晚的套餐行程费用是976美元起价，www.finchbayhotel.com）。

亚马孙冒险之旅

当你游历了加拉帕戈斯，你和密友可能对冒险还有更多的渴望。那最好的地方就是厄瓜多尔境内的亚马孙了，短途飞行到基多的东部吧。一到那儿，你就会为眼前最葱绿的风景而窒息。亚马孙是世界上独一无二的鸟类天堂。这儿的生态旅馆都是按照可持续的生态标准来运作的，这样保护着他们周围的生态环境。当地的居民在此劳作，能让你大开眼界，了解他们的丛林生活。有一家旅馆我特别喜欢，就是卡帕维生态旅馆和保护区，正和当地阿丘雅族的居民开展合作。当你在其中的一个旅客木屋里（所有的建筑都运用了阿丘雅族的建筑原则）逗留时，你可以更多地了解他们的生活方式。（三晚双人间的费用是670美元起价，www.kapawi.com）。远望纳波河，亚卡纳旅馆对于你们中的“享乐主义者”独具吸引力——尤其是喜欢吃巧克力的人有福了！可以尝尝亚卡纳丛林独特的巧克力（三晚的费用是405美元起价，www.yachana.com）。

最佳旅行社

我离家时必带无热量、粉末状的水晶之光柠檬水，耐尔根牌的水壶和伏特加酒。在加拉帕戈斯游弋时，我们每晚都在甲板上举行鸡尾酒会。船上的酒水都很贵，所以我们自制了柠檬粉、伏特加和冰块混合的酒。

——克丽丝·巴德，50岁，退休教师，喜欢观鸟、滑雪、划船，冒险旅行者，来自加州的阿拉米达

1978年创立的“旷野之旅”开创了积极主动旅行的理念，最大限度地扩展你在加拉帕戈斯野生动物的时间——你将有大量的时间去潜水，还有专业导游带你徒步参观，只要你预订他们的游轮旅行。根据选择的旅程，你可以额外去亚马孙几个生态旅馆中的任何一个（七八人团队，每人的费用是3695美元起价，800-368-2794，www.wildernesstravel.com）。“神秘群山”旅行社的独特多日旅程包括拜访厄瓜多尔境内的萨满巫师，还有这里最好的水疗。这些特殊的旅程都融合在一个加拉帕戈斯游弋行程中。他们为你和密友选择最合适的行船（每人的费用从3895美元、3450美元到2995美元不等，800-670-6984，www.mythsandmountains.com）。

鼠标轻点 万事大吉

更多信息，请登录厄瓜多尔旅游局www.purecuador.com。

摩洛哥

好莱坞首席硬汉汉弗莱·博加特和他那句“我对你的爱矢志不渝”，在游客面前建立了摩洛哥的形象，这比任何旅游局能做得都更多。而作为北非的一个国家，弄蛇人、骆驼、古老村庄里落满灰烬的小路，还有撒哈拉沙漠的漫天飞沙，都是人们脑海中对摩洛哥的印象。如果你不能释怀这些好奇，摩洛哥就一定不能错过。无畏的女士们，你们可以期待双重的冒险：沙漠和海洋、法国和西班牙遗风、非洲和中东风情、古老的柏柏尔族人和穆斯林风俗与现代的碰撞。尽管摩洛哥看起来离世界很遥远，但航班去往摩洛哥的时间与去欧洲的时间其实相差不多。现在要对博加特的粉丝直说：达尔贝达（卡萨布兰卡）并不值得一游，风景相当一般。相反，一到摩洛哥的土地，你就该直接去阿特拉斯山脚的多彩城市马拉喀什，开始这段旅程：最棒的购物体验、最佳的观看人群之所，还有最迷人的异域公园。从这儿开始，我建议来个环形旅行，从马拉喀什西部到沙滩之城索维拉（18世纪的防御城市，如今充满活力的沙滩度假胜地），然后向南去往激动人心的阿特拉斯山脉和其后的撒哈拉沙漠，最后穿过非斯回程：非斯保留着蛛网状的中世纪古老街道，非常迷人。在摩洛哥旅行，可以坐火车（那些喜欢以这样的节奏看风景的游客，乐得逍遥，记得带上音乐播放器）。但是，如果你个人不喜欢这种方式的冒险（如果觉得很困难），我建议大多数女士都和美国的旅行社签协议跟团旅行吧。如果你的团队很大，你或许可以考虑设置自己的私人旅行。旅游的最好时段是11月到次年3月，天气凉爽。但是，要小心，因为在阿特拉斯山和撒哈拉沙漠，晚间的气温是相当低的。你需要带些保暖衣物。另外，既然这里是穆斯林国家，你就应该尊重当地的风俗，要全身包裹：无论走到哪儿，都得穿上长衣长裤。

相聚在马拉喀什

充满活力的马拉喀什长久以来一直是贸易中心——这里，文化相遇、相容，售卖彼此最好的货物。当你漫步经过玫瑰色的建筑，瞥见露天市场里那鲜艳的羊毛线、香精油和金色拖鞋时，你和密友就会完全被它们所吸引。在这里，你会花上数小时，一边挑选手工艺品、进行讨价还价，一边闻着沉金、小茴香和红椒的味儿。要想体会完全不同的场景，就去参观马裘黑花园，这是马拉喀什中心的一个秘密花园，带点法式的优雅风情。在那灿烂的蓝色围墙内，有着300多种植物、棕榈树、竹子以及水生植物。法国杰出的设计师伊夫·圣·洛朗是马裘黑花园的主人，他的个人伊斯兰艺术展在一个小博物馆里（www.jardinmajorelle.com）。女性朋友们，你们必须叫上一辆小马车，小跑逛全城。逛到夕阳西下，你们将领略到金色阳光洒向那红黄的石墙，晕染着迷人的光辉的景象。另外，如果你认为马拉喀什在白天是令人震惊的，那在夜晚，它将呈现出无与伦比的惊艳。入夜，德吉玛广场，马拉喀什著名的广场，变成了耍蛇人、说书人、吞火者和杂耍艺人的舞台。至少要在这广场待上一晚，在街边的咖啡馆坐着，观看这些表演；或者四处走走，尝遍这里的美味，来个尽兴的美食之旅。

奢华如皇后

如果你们有人对“奢华”这点特认真，那么不妨去看看利雅得或者摩洛哥宫殿。逛了一天喧嚣的城中街道后，来这感受天堂般的待遇。密友们有更多休闲时光在一起，无比惬意。这里最好的是价钱：比如说，在马拉喀什利雅得的一晚，双人床的房间只需80美元。十六人的团队，如果租下整个利雅得宫殿，每人只需45美元。而在摩洛哥，有大量的宫殿可以选择（www.riadsmorocco.com）。

闲适海滩

在大西洋沿岸，马拉喀什以西100英里（约160公里）处，就是索维拉。在这当我想起在摩洛哥的饮食，我能想到的就是——炖菜！炖菜！炖菜！我们吃了羊羔炖菜、鸡肉炖菜、山羊炖菜还有不知名的炖菜——这些美味都装在精美的陶罐里，还带着“长烟囱”。我们本来打算买些陶罐回去，但最后，我们已经厌倦了炖菜！所以就没买。

最近，我参加了一个摩洛哥菜式烹饪课，学习怎样制作炖菜。而我所有的陶罐都被塞满了，最后，我只好在亚利桑炫目的厨具商店买下了最后几个罐。当然，代价不菲。我的建议是，不要犹豫。当你在那儿时，要买下任何你喜欢的东西。

——帕特·瓦特，60岁，作家，爱周游世界，来自加拿大多伦多

样一个充满艺术气息又慵懒的地方，你能焕发生机。帆板爱好者和冲浪者喜欢聚集在这里，而在3月和11月之间，东北风吹过这里，会给他们带来助力。这里也有令人印象深刻的音乐盛宴：吉米•亨德里克斯和凯特•斯蒂文斯在这里魅力四射。对每位女士而言，这里都有些乐趣：懒散地躺在沙滩上，享受喜欢的水上项目或者只是悄然走进边巷。

高山仰止

或许有些令人惊讶，摩洛哥竟有如此广阔的山域：有层峦巅峰，也有雪山隐现。而你一旦看到宏伟的阿特拉斯山，它们的形象便印在你脑中，永生难忘。马拉喀什是通往阿特拉斯山的大门，那里有散落的各种土房子形成的小镇——高高的城墙曾防御它免受侵犯。一些土房子现在是历史遗迹，你可以前往参观。一定不能错过的是摩洛哥艾本哈杜古城，在电影《阿拉伯的劳伦斯》中（1962年的奥斯卡得奖影片，又名《沙漠枭雄》）出现过。土白克尔房现在成为了北非最高峰的旅馆：位于13 665英尺（约4687米）高的土白克尔峰山脚（双人间每晚的费用220美元，www.kasbahdutoubkal.com）。要爬山的话，你们可以向前台预订下，做些安排。

撒哈拉奇观

翻过山，你就到了世界上最大的沙漠——撒哈拉。要融入撒哈拉，请跟随向导坐在驼峰间出发(许多摩洛哥行程都会包括这项)。白天，你骑着这些可爱的骆驼穿过沙漠，偶尔停下寻找古生代的化石，或者爬上300英尺高的沙丘眺望这片巨大的沙海。更棒的是，你将看到却比沙丘（摩洛哥最大的沙丘，有炫目的橙色沙堆）。当晚，你将在舒适的帐篷里露营，看落日隐没在撒哈拉，聆听沙漠的声音，彻夜无眠，仰望深夜中闪烁的群星。

沉醉于非斯

非斯，摩洛哥的智慧标杆，是世界上至今仍活跃的最大的中世纪小镇。一个有趣的方式是穿行在它迷宫版的几道里，看那令人窒息的清真寺、宏伟的宫殿、露天剧场和华美的喷泉，让驴成为你的交通工具吧。你和密友或许会对自己的这种出行方式放声大笑。但无论如何，你们对这趟旅行将非常自在（也许还有些自豪）。你们将会在精致奢华的蓝家住宅里逗留，在优美的房间小睡（或者在橙花水中做按摩，或者沉浸在传统浴室里）。这些都为你接下来的盛宴做准备。穿着制服的服务生为你奉上一道道精美佳肴，北非小米、羊羔炖菜还有薄荷茶。比较好的是，你周围会有各式枕头，因为在上菜间歇，你需要向后仰靠休息（双人间的费用是242美元起价，www.maisonbleue.com）。

投你所好

如果你们中有人很热爱文艺，对文化生活特别感兴趣，那么非斯的世界圣乐节不容错过。非斯在每年6月有一周的国际性演出（参演过的嘉宾包括南非著名的摇滚歌手约尼•克莱格和贝宁的艺术家安琪莉），包括伊斯兰苏菲派音乐，在梅里德斯广场的日出表演,还有疗伤的教皇合唱团(www.fesfestival.com)。

最佳旅行社

爱冒险的旅行者应该加入“索贝克山旅社”的十四天旅行，会经过摩洛哥的热门景点，包括四天的骆驼行，四轮车欢闹进入阿特拉斯山和撒哈拉沙漠(4595美元起价，888-687-6235，www.mtsobek.com)。而在“海外旅社”的安排下，为期十五天行程中，你将参观摩洛哥的小城，对柏柏尔的文化真正有所了解，建立联系，并在撒哈拉待上一晚（2595美元起价，包括从纽约起飞的机票。800-493-6824，www.oattravel.com）。如果你时间有限（且脚力不错），加入“天涯路”吧，六天骑车旅行，并在马拉喀什和索维拉之间集体徒步（3998美元起价，800-462-2848，www.backroads.com）。

鼠标轻点 万事大吉

登录www.visitmorocco.com 了解摩洛哥更多信息。

第二章

时尚都会

克莱尔的故事

“两周后，你能和我在亚马孙见面吗？”克莱尔的前大学室友在午夜，从巴西打来长途电话这样问道。“我该飞到哪个机场？”这是克莱尔的回答。克莱尔和克劳汀是同一个模子里出来的：她们生机勃勃、直率勇敢、事业成功又富冒险精神，每年要在一个异国相见。尽管她们居住在相反的海岸：克莱尔在洛杉矶，克劳汀在迈阿密——但地理距离未曾阻挡她们在过去15年里一直结伴出游。当她们上大学时，在偏僻的佛蒙特相遇，发现彼此都对中南美洲的语言和文化很痴迷。很自然，她们对在那重聚很期待，因为她们的西班牙语都很不错。克劳汀的葡萄牙语也很流利，她在一家国际信用卡公司工作，曾去南美出差数周，无数次到访过布宜诺斯艾利斯。

去年秋天，当克莱尔换了工作，发现有一段自由时间时，她就乘坐下一班去往布宜诺斯艾利斯的飞机，和克劳汀在那里逛了一周，散步、跳探戈、赴宴、购物。

“布宜诺斯艾利斯是一个很安全的漫步之城——我们穿着舒适的鞋子，踩在人行道上，漫步在雷科莱塔区，穿过整洁的小公园、墓地、工艺品小集市”，克莱尔说道，“这里让我想起了纽约的麦迪逊大道：干净整洁又精心修饰，还有优雅氛围的高档精美店。”

“我们是11月去的那儿，紫色的积架红正开满了整座城市，让城市变成了一座青葱的公园。这里就像巴黎、佛罗伦萨一样美。”克莱尔回味着。

去过布宜诺斯艾利斯的人，不可能不沉醉于那儿的牛排。在阿根廷，所有的牛都喂养得很好，牛排店供应的都是源自英国的吃鲜草长大的牛，主要是安格斯牛、短角牛等，即便是最谦虚的牛排店也会带着自豪烤牛肉：他们用格栅不断地烧烤，外面的皮都烤得脆脆焦焦的，但里面柔嫩粉红。“这里的牛肉太鲜美了，我们至少每天都吃一次。以前我可没吃过鲜草养大的牛啊。我更垂涎那芳醇的青草味儿吧。”克莱尔说道，“为了美妙的牛排，他们可投入了很大的努力和热情。”

在过去的10年里，克劳汀出差曾驻足于欧洲、亚洲和拉丁美洲，“在这儿购物实在太好了，而且相当划算，”克莱尔说道，“即使是克劳汀，这个见多识广的购物狂，也不得不惊叹这里商品的物美价廉，尤其是皮革。当我们逛累逛倦了，就随意地坐在一家咖啡馆里，吃着美味的鸡肉卷饼，再来上一杯冰马尔贝克（阿根廷的红葡萄酒大部分是由此类葡萄品种酿制而成，在当地被称为马尔贝克），别提多享受了。”

“对女性朋友来说，这是一个超棒的地方。很安全，受尊重，有很多好玩的事情和很多可买的东西。”克莱尔补充道，“我去过纽约、巴黎、伦敦以及其他大都市。但在布宜诺斯艾利斯，你感觉是到了新大陆，这是一个非常有内涵有文化的城市。”

“每年我们总有两三趟旅行。有时候并没有真正去成。但我们享受这个计划的过程。对我们来说，旅游是为自由而欢呼庆祝的方式。”克莱尔说道，“明年我们想去东京，还有智利的圣地亚哥”。

巴黎

巴黎能满足所有女性的某一方面追求——深邃、优雅、文化、美食、艺术、遁世还有难以形容的独有氛围。艺术家，从莫奈到梵高；作家和诗人，从莫里哀到海明威，再到亨利·米勒，都描绘了他们眼中的“灯光之都”（巴黎的别称）。法国电影深深吸引了我们，里斯·谢瓦利埃和伊迪丝·皮雅芙的法国香颂也是我们所熟悉的——而每个女性必须找到她自己的巴黎。第一次造访巴黎后，你意识到，必须抑制自己狂热的节奏，做个浪荡子——在这座适合随意漫游的城市，漫无目的地行走吧——这样，你才能充分感受到巴黎的氛围。你必须让时光慢下来，随意走动、安静坐下、感受情绪、聆听四周，惊奇于巴黎的日常生活。

20多岁的时候，我花了4年时间居住在法国的第六区雅各布，也常回巴黎（不管季节和汇率）。通过我的女儿、母亲、丈夫、教女和闺密，我在观察和了解着巴黎。让我来说说所钟爱的巴黎一瞥：早晨八点在圣杰曼德佩区教堂的钟声中起床，沿着塞纳河漫步，浏览码头边书报摊的明信片，眺望河中起伏的驳船，在橘园艺术馆欣赏莫奈的睡莲，还要在杜伊勒里宫里观看我最喜欢的马约尔的雕塑作品；中午在浮日广场吃法国长棍和布里奶酪，在左岸的奇特临街区域闲逛，到街边精致的咖啡馆饮上一杯白葡萄酒，尝尝牛排薯条和巧克力慕斯。当然，那儿还有无数的世界一流的风景名胜，吸引你和密友一起共度好时光。在圣路易岛，参观这儿的大厦，在卢森堡公园闲暇一个下午，看看重要的博物馆、欣赏圣礼拜堂的维瓦尔第的音乐会，参加一节法国烹饪课，到露天市场买些奶酪和鲜果或者去逛逛著名的好商佳公司（大百货公司：巴黎春天百货、老佛爷、好商佳、莎玛丽丹百货公司或市政厅百货公司，它们构成了巴黎的一部分。）——所有这些，直说吧，要是和朋友一起，会格外地愉快。巴黎一直以世界最浪漫的城市而闻名——也确实如此，但其实节奏也很快。巴黎也是漫步之都，不断走街串巷于20多个地区或者称之为行政区，本身就是一种冒险之旅。而它洁净快捷的地铁系统让你会厌倦走路的，你总是可以乘坐地铁越过不同区域。在巴黎中心的游人区，人们不分昼夜地进进出出。街道和地铁都很安全。

巴黎迷思：是真是假？

1.巴黎的物价是相当高

当然，在世界的任何一座城市，说起你能买得起的东西，总是很有限的。但是，要买到高质又时尚、还能讨价还价买得起的物品、美食还有其他东西，总是有可能的。

2.巴黎不安全，尤其是对女性来说

通常来说，欧洲城市比起北美要安全多了，像枪支、黑帮、打劫或者抢银行、还有毒品，这些都没那么常见。对游客来说，最常见的危险是小偷，他们专盯柔弱的人下手。很简单，你就不要让他有任何可乘之机，也不要让自己成为小偷的目标。对身在巴黎的外国女性来说，最常见的危险是奇怪的被搭讪，当地法国男人对外国女人表露他们内心的爱意。这些男人通常更像是温柔的消遣或刺激，而不是一种威胁。

3.在巴黎不能穿牛仔

巴黎或许公认为世界时尚之都，但牛仔裤也满大街都是啊，人人都穿牛仔，老佛爷百货也卖牛仔啊！不过，巴黎人穿牛仔还是很有眼光的：要搭配很好的鞋子和一些配饰。

4.搭乘地铁很不安全，尤其是在晚上

巴黎的地铁和公交不分昼夜总是装满了当地人和游客。地铁乘警、城市警察和国家警务人员经常在公共场所巡逻，保障公共安全。

5.巴黎的人行道很肮脏

巴黎的大街小巷到处是狗便，不过现在比10年前还是好多了。

6.巴黎人很不友好，很粗鲁

这可是被误解大了，因为大多数巴黎人都很愿意帮助人，也很友善。初次见面，巴黎人看起来不像美国人那么随意自然，显得很拘谨。但是，这不代表他们不友好。要花时间去了解文化差异，并据此行事。

7.当你在餐厅、酒吧和咖啡馆里时，会吸入相当多的二手烟，感觉很糟糕

法国的全面禁烟法于2008年1月起施行，禁止在餐馆、俱乐部和旅馆等场所吸烟。

8.法国几乎没有空调

这确实是真的。幸运的是，只有在夏至时节，才需要空调。

9.法国的旅馆很拥挤

许多旅馆，如果没有百年，也都是几十年前的老建筑了。在这些旅馆里，客房和电梯比你预期的要小得多。墙如纸薄，地板和天花板不配，还弯曲不平。

10. 公共厕所很糟糕

在巴黎，很少有我们所习惯的那种公共免费厕所。每个厕所都不一样，许多公共厕所，包括咖啡馆里的，也层次不齐。在巴黎的咖啡馆和餐馆仍然还有那种“土耳其风格”的蹲坑。

——凯伦·亨利西，48岁，私家买手，不眠之夜旅行社，法国巴黎

最佳时节

巴黎的天气和伦敦类似——夏天温暖绚丽，其他时候就阴冷多雨。9、10月份，褪去了炎夏的暑气，店主和餐饮老板都从暑假中回来了，这是我最喜欢的时节。其实，只要机票价格合适，我是随时都会去的。

初到巴黎

要是我，就建议沿着塞纳河漫步，或是去埃菲尔铁塔，因为实在不知道还有什么更好的去处，能比得上去城市里最高的建筑或是沿着河水漂流。在塔底好好摆几个姿势照相——回去后，你朋友肯定会嫉妒的！在塔顶，沿着瞭望台，你能鸟瞰整座城市；同时，这个高度也能让你看清城市的地标，若天气晴好，视野将会越过城市尽头。如果你想爬到第二层（这是游客徒步能到的最高层）。我就只想说：去吧！10年前，我跟着女儿大笑着爬了704个台阶，这样，我们就避免在平台层排队等候那去往二层或三层的很贵的电梯（乘电梯去往顶层的费用是17美元；www.tour-eiffel.fr）。早上九点去，这样，到九点半开门的时候或者一直等到吃饭时间，排队的人就会少一些。

如果排队的人很多，你也没那么想去埃菲尔铁塔顶层，那就改变计划，去“苍蝇游船”坐船观光。小船会从铁塔下经过，到达阿勒玛桥。到了黄昏或入夜，你和闺密就会明白，为什么巴黎会被称为灯光之都：这时，城市里宏伟的纪念碑、历史建筑和装饰华美的桥都被点亮了。叙事般的旅游将让你收获颇丰，当你在露天甲板上用餐时，随船经过圣母桥、罗浮宫、奥赛博物馆等。又或者，你可以从西堤岛附近的新桥——坐上在桥下的苍蝇船或巴黎快艇——开始游船之旅。小船每天出发，间隔30分钟。你到了就排队，很快可以坐上下一班。附带晚餐的航行之旅需要预订，价格很贵，人也很多，靠窗的位置很少（一小时的费用是15美元；www.bateaux-mouches.fr或者www.vedettesdupontneuf.com。在快艇的网站上有优惠券）。

醉人日落

莎玛丽丹百货公司顶层的咖啡馆能让你360度全景俯视巴黎，景色美丽得令人窒息。进去观光是免费的，但你肯定愿意来上一杯葡萄酒或意大利特浓咖啡消磨时光。上一年10月，日暮，我在新桥上沿塞纳河散步，看到橘色光球缓缓滑向地平线，是的，那就是日落。我赶紧冲向百货公司，坐电梯到顶层，刚好看到那个橘色光球在埃菲尔铁塔后下落。咖啡馆里只闻绵绵絮语和不停的照相机快门声。莎玛丽百货公司在新桥下塞纳河的右岸（巴黎市一区），新桥地铁站附近。

不能错过的博物馆

如果受条件所限，你只能看几个博物馆，我精选几个如下。首先从罗浮宫和奥赛博物馆开始，要说一句：奥赛博物馆那儿排队买票的人超级多——建议预先在网上购票（www.musee-orsay.fr）。当然，还有些小型艺术馆如珍珠般不容错过。橘园美术馆与罗浮宫前庭院的杜乐丽花园对望，是莫奈的珍品之所，展示了法国艺术大师的巨幅水彩睡莲作品，比起大博物馆，这里的设置更亲近。还可以欣赏到毕加索、雷诺瓦、马蒂斯、莫迪利亚尼和其他大师的作品（www.musee-orangerie.fr）。罗丹博物馆和其精美的花园同样独有特色，有6600件展品，包括著名的“沉思者”和“亲吻”雕像。青铜铸像和石像也在这座18世纪的建筑中，这里还陈列了罗丹很多的私人物品，包括梵高和雷诺瓦的作品（www.musee-robin.fr）。克鲁尼中世纪博物馆在一座精美绝伦的15世纪哥特式建筑里，坐落于左岸，毗邻法国的索邦大学。它代表了中世纪以来令人惊叹的艺术精粹，如彩色玻璃窗、纺织品、珠宝、皮鞋以及著名的“夫人与麒麟”和“女孩与独角兽”挂毯。不要错过低层的3世纪的高卢-罗马浴室。和巴黎的大多数博物馆一样，这里每周二和假日闭馆（www.musee-moyenage.fr）。

最美花园

巴黎拥有多座世界上最美的城市公园。要列举两个的话，那我要带女士们去左岸的卢森堡花园和布劳涅森林。静坐在葱郁的花园长凳上，没有比这更能让人从城市的喧嚣中让内心平静下来。别错过卢森堡宫殿，它的历史可追溯到1600年前，最初是为皇后玛丽梅德西斯所建。在有阳光的温暖日子里，在靠近带喷泉的八角船停靠区域找把椅子坐下，看艺术家作画、学生亲吻、孩子们放行小船。花时间享受下孩子们喜欢的东西吧：骑着小马驹，坐上旋转木马和观看木偶表演。如果运气够好，你还能刚好赶上看“皮诺曹——木偶奇遇记”。每次去卢森堡公园，看着那浪漫的喷泉、鲜翠欲滴的小树林，我都会陷入一种冥思的状态。卢森堡公园位于第5区的圣米迦勒大道，靠近卢森堡地铁站。

在布劳涅森林，巴加泰勒玫瑰园有1150多种玫瑰，集法国国家玫瑰之盛。5月或6月的时候去参观，正值花开盛期。下载皮雅芙经典的“玫瑰人生”，漫步于60英亩的花园里聆听，该是多么美妙的事情。玫瑰园位于第16区的赛弗大街。坐地铁到讷伊桥站（一号线），然后坐巴士43路或244

路，在大门前下车。

最佳一日游

凡尔赛宫是国王路易十四后期衰微时的居所，自然是必到之处——这里距离巴黎市中心是45分钟的火车行程。要逛完整个宫殿会相当精疲力尽，但别错过哥特式和巴洛克式的皇家礼拜堂——这是国王参加每日弥撒的地方。有着壮丽的彩色玻璃窗和警惕的石像鬼雕像（中世纪教会墙上装饰有翅膀的恶魔）。如果你在凡尔赛宫里感到有些幽闭恐惧，到户外壮丽的花园里散散步（www.chateauversailles.fr/en）。我也建议你坐火车去圣日耳曼昂莱小镇，这是路易十四的出生地，位于巴黎以西30分钟的车程。这儿的别墅是路易十四在居住于凡尔赛宫之前的住所，非常简朴——实际上，现在是考古学博物馆。这个城堡非常值得去游览，漫步其花园吧（www.ville-st-germain-en-laye.fr）。

左岸咖啡馆和茶社

当你逛着圣日耳曼德佩区的精品店时，必须去趟拉杜蕾，这是法国著名的甜点百年老店，它让马卡龙杏仁饼干的烘焙提升到了新境界（位于第6区的波拿巴街21号， www.laduree.fr）。品尝着玫瑰粉的马卡龙杏仁饼，没有遗憾了！还有两间拉杜蕾位于第8区和第9区。要放松身心，就去老咖啡馆里喝热巧克力或咖啡吧。一定要去花神咖啡馆，也在圣日耳曼德佩区。知名的顾客包括托洛斯基、毕加索、海明威和卡波特。你很可能会看到很多名流，仿佛置身于20世纪30年代，所以你和密友都该瞪大眼睛留点神（www.cafe-de-flore.com/indexa.htm）。如果你嗜茶，一定要尝法国最出名的品种：玛黑茶，是法国最古老的进口茶商，也是皇家御用茶。不过，在众多诱惑中你会迷失。500多种茶、茶杯、茶匙、茶缸、茶香味的蜡烛、茶味烹饪、茶糖、茶书，当然，还有茶壶。伴着茶香和午餐，彻底放松吧。菜单很长，包括乳蛋饼、沙拉、蛋糕、司康饼、玛德琳蛋糕，还有配合茶的各种风味甜点，实在是很诱人。巴黎有三个玛黑茶店：分别位于第4区的玛黑广场、第8区，还有我最爱的位于第6区大奥古斯坦街13号。

美味冰激凌

从圣母桥走两分钟，就到了伊勒圣路易，你会看到贝蒂永

（Berthillon）——巴黎人最爱的冰激凌和冰沙店。如果在第一家贝蒂永店，你看到正排着长队，就沿着街道再走一个街区，你会看到另一家小店也卖同样的冰激凌。冰沙是用当季新鲜水果制成的，我最爱的是百香果和黑加仑。它的总店位于圣路易恩伊勒街31号。

与众不同的古董拍卖行

巴黎是一个寻找古玩的好去处，著名的法国德鲁奥拍卖行始于1852年，比伦敦或纽约的克里斯蒂和苏富比拍卖行都更容易参观。不需要预约，到了就进。那些价值连城、不同寻常的古董——从早期绘画大师的作品到祖母的银茶具——都会定期拍卖。即使你不想买任何东西（除了古董，这里也有能承担得起的小玩意儿），旁观那快节奏的现场拍卖、在炫目的房间里浏览那些将要拍卖的古玩，都是很有乐趣的事情。除了周日，拍卖行每天都开放。记得上网预先查询下拍卖日（法国第9区的德鲁奥街9号，地铁站是黎塞留-德鲁奥；www.drouot.fr）。

大快朵颐

如果你想花重金来吃一顿饕餮大餐，那就到阿伦·杜卡斯开设的餐厅吧，他是全球唯一拥有三家米其林三星餐厅的厨师。在艾瑟尼广场酒店里的阿伦·杜卡斯餐厅里，厨师费尽心思挑选最好的食材，使出浑身解数，全情投入法式的传统烹饪方式，奉上大餐——来自布列塔尼岛的新鲜大比目鱼炖汤，或者是令人垂涎的熏鸽蛋熘萝卜。在米其林星级餐厅用餐不会那么正式，也不会那么贵（主菜是100美元到215美元起价，www.alain-ducasse.com）。

学上两招

在莱蒂尔厨师班，你和密友可以学着制作精美的法国美食，和厨师及其他学员一起品尝。课程短的有30分钟（可以学到一道菜），长的有

当我和姐妹一起逛巴黎，我们做的第一件事就是在报摊买了本《巴黎视角》。浏览了这本杂志后，我们选定了在老教堂圣礼拜堂的室内乐表演。我们喜欢这小城堡里的表演，票到最后一分钟都相对比较好买，音乐会通常在下午。

——简·合浦·戈登，60岁，经营艺术画廊，来自加州的索萨利托

四小时（你会完成三道菜）。学习如何选择新鲜食材，用橄榄油快炒半生熟的金枪鱼，制作萨芭雍和新鲜水果做成的松脆饼。烹饪学校在巴黎有4处（课程费用是21美元起价，www.atelierdeschefs.com）。

这样，当你回到家，就有了很棒的新菜谱；你也该抓住这个机会来买些平常难看到的厨房用具。德耶兰，一家从1820年始专卖炒锅、平底锅和糕点模具等各种厨房用具的巴黎百年老店。店面简单而迷人，各种器具陈列着渲染浓浓的氛围（www.e-dehillerin.fr）。

投你所好

专门找一个月的时间吧，会有值得你专门飞往巴黎的时机。你会着急地赶去1月份巴黎的购物潮。百货公司如好商佳、巴黎春天百货等，在1月的中旬会打很大的折扣。2月份，在美酒博览会上，有从一百多个城堡里的顶级美酒奉上。2月，还有巴黎咖啡展，有机会品尝300多种世界上最好的咖啡，这是罗浮宫前的免费活动。在巴扎艺术展上，有机会抢购价格公道的艺术演出，于5月底到8月底在莎玛丽丹百货公司举行，这个百货公司有一个屋顶咖啡馆可以360度全景俯视巴黎。到了10月中旬，准备好胃口吧，法国的各个区都会有庆祝烹饪、美食和美酒的节日：味觉盛宴一周。

最佳行程

步行巴黎是体会这座城市的最佳方式。有一本指南在手，你可以眼见活生生的历史。“巴黎漫步”，一家专门提供英语导游的公司，会安排沿着巴黎人的历史回到最初。你可以从西岱岛旧城（巴黎的原始地）出发，经过巴黎圣母院，穿过蜿蜒街道，最后来到风景如画的浮日广场（两小时的费用一般是14美元，www.paris-walks.com）。

私家买手

对于超级购物狂来说，在巴黎的时间永远不够。如何找到设计师的展示厅、法国的时尚商场和街区？如何觅得鲜有人去的精品店和商铺？如何才能买到物美价廉的物品？凯伦·亨利西，加拿大人，她把自己的时间分为“巴黎”和“温哥华”，帮助女性购买想买的东西，提供定制的私人购物服务。对于不熟悉巴黎的女性来说，她总结了一些老牌大商场如老佛爷百货商场等。并带着她们到真正能买到便宜货的地方。对于想以较低价格买到法国和其他欧洲大牌来说，她会领着到工厂店、存货店和其他折扣店。她也会根据需求，为参观设计师展厅做预约。

作为定制购物之旅的一部分，凯伦详细做了法国时尚商场和牌子的列表，找到只在法国出售的产品，还细心地找到大号衣物的牌子和商铺（每人每天的费用210美元元，一人以上的小队伍是175欧元，www.nuitblanchetours.com）。

住宿首选

如果去巴黎时是一个特殊的时刻，你也打算出点血，罗莱·克丽丝汀酒店是不错的选择，它优雅、便利，还临近圣日耳曼德佩区绿树成荫的街道，那里咖啡馆成排。房间是现代装饰，是深红的家具风格，结合了古老和现代的法国美学典范。如果你觉得真想好好放纵下自己，找间有花园阳台的房间吧。还有额外惊喜：卢森堡花园步行不远即到（双人间的费用是520美元起价，www.relais-christine.com）。

也在圣日耳曼德佩区但价格相对便宜的，是圣佩酒店。而且你绝对不觉得掉价——这个酒店曾是路易十四的居所。有着木梁支撑的天花板、四周壁画还有无与伦比的17世纪的优雅（双人间的费用是235美元起价，www.paris-hotel-saints-peres.com）。

巴黎最奢华的街区之一是玛黑广场，你能找到相对价格便宜的住宿。位于维埃耶笃寺12号的卡龙德博马舍酒店，距离黎沃利街就几步远；离伊勒圣路易也只是10分钟步行，临着圣保罗和市政厅地铁站。房间的十九个房间于2004年翻新，增加了一些隔音材料和空调（177美元起价，www.carondebeaumarchais.com）。

临时住宿处

租一个临时住宿处，能让你不是以匆匆游客的身份体验巴黎，而是作为居民结识当地人、了解街区。你做的第一件事是去在当地果蔬店、面包房和露天市场购物。和夫妻店的主人聊天，和市场商贩沟通，他们会告诉你哪些该尝试、哪些该避免。如果还有其他的购物者听到你们谈话，他们通常会加上些个人观点建议。如果你在当地的美发店做头发，哈，你会得到一条街的新闻。

最短的租期是一周。我的几个好姐妹，曾租过很多次这样的公寓，对两家机构给了高分：一家是“巴黎态度”（www.parisattitude.com）

几代人的巴黎

我那精力旺盛的8岁侄孙女，伊丽莎白，从5岁起就想去看“蒙娜丽莎”。她40多岁的妈妈，狄俄涅，一直想等伊丽莎白再长大些，注意力足够集中再一起去。我是她60岁的姑妈仙蒂，在过去40年里已经去了很多次巴黎。我总是带着信用卡和米其林指南去，但是，还没带过小孩儿。

我想找个小孩子受欢迎的餐厅，希望这不会太困难，因为知道法国人涵养是多么好。但也见过教养很好的小孩儿在餐厅里的时候就像烤焦的蛋糕一样被人厌恶。

一些餐馆，如奥赛美术馆的咖啡屋和连锁的“布鲁塞尔的雷昂”餐厅里，都有儿童食品。儿童餐单上都有小礼品，有小游戏或谜语来取悦这些小顾客。大多数的街边咖啡馆都会为这些小就餐者提供汉堡甚至薯条，蛋糕店会提供很多好吃的糖果和外带的美味零食，让小孩子们很开心。

作为圣弗兰西斯科艺术博物馆的讲解员，我很早就知道，你和孩子们一起感受的越多，体验的记忆越深刻。我给我们每人都买了本写生簿，可以放进小包里的那种，跟彩色铅笔和钢笔放在一块儿，还背一个小包来放票据、发票还有记忆贴。我刚要在毕加索博物馆里绘一幅雕像时，伊丽莎白就发现了角落的一幅小画，便开始着急地描摹起来。

看完罗浮宫的“蒙娜丽莎”，我们又花了四个多小时欣赏艺术、写生，还在一楼的咖啡馆吃了午餐。当我们觉得太累，走不动了，就坐在馆里的长椅上，静静地看着关于一幅画，自己演绎想象。当我们读到解说时，会惊奇地发现自己的想法正切中主题呢。

写生簿还有很多小功能。写生让一个人，无论是小孩子还是成人，能真正关注到作品的细节。即使一个快速手势的素描，这样生理的行为都能加强艺术记忆。我们用这本书来记录，写下收藏心得。当然，也让我这个仙蒂姑妈能有机会坐下来，休息休息脚。每天最后，我们都用剪刀和胶棒把作品粘到本子上，装饰写生簿，标记要点。在未来，重新翻看这本子将会是很有趣的事情。

大多数博物馆会提供音频指南，孩子们会用得很上手。博物馆还会提供另一种感觉刺激。伊丽莎白非常喜欢带上耳机，用手持的音频导览来选择想听的艺术品介绍，还要按照她自己选定的顺序。比如，她还会惊叹“哦，作品133号，我敢打赌这会很有趣的”。这是梵高的“艺术家肖像”。当她看到现实主义名作《芭蕾舞女》中的一个时，我听到她在倒吸一口气：“我们休斯敦的博物馆里也有一个这样的。”

要在想去的日子里买到无限制的通票是很费劲的。在六个博物馆里的四天旅程，我们享受了很多思考的时光。狄俄涅上网查了博物馆开放的日子，预先计划了日程。在每个参观的博物馆，我们都买了收藏品的目录集，以便闲暇时继续学习，伊丽莎白也可以向她的祖母展示所看到的作品。

除了鼓励伊丽莎白画下自己看到的作品，写下她对作品的感想日记，我们也鼓励她说些基本的法语词汇：您好，谢谢，再会。但迄今为止，她只偶尔说了“非常感谢”。在巴黎的最后一晚，我们预订了一家高档餐厅，白色桌布，很正式的设置。

晚上在餐桌上，她点餐时很自然地说法语：“请。”当她要甜点时会说法语：“巧克力慕斯”，而服务生用英语回应说：“好的，巧克力慕斯。”而她脱口而出说起法语：“对不起先生，我说的是巧克力慕斯（用的是法语）。”语塞的服务生没说话，回来时端着一个水晶盘，放着深黑柔滑的巧克力慕斯，是双份的尚蒂香草奶油。“谢谢。”她继续用法语说着，笑得很端庄。

去戴高乐机场的机票：一捆钱。博物馆通票：90欧元。在珞珈诺餐馆就餐：75美元。与孩子一起巴黎之行：无价！

——仙蒂·加瓦莱丝，60岁，博物馆导游，加州圣弗兰西斯科

特许不动产机构；还有一家是“巴黎如家”（www.athomeinfrance.com），是两个美国人开的。这家店在建议巴黎的某一个具体公寓或者是巴黎郊区的别墅前，会和你进行深入地沟通。考虑下，在巴黎或其他地方租个临时住所吧（www.intervac-online.com）。一定要保证你咨询的人对于这里的产业有第一手资料，向他们要些参考信息。

鼠标轻点 万事大吉

巴黎公约和旅游局网址是http://en.Parisinfo.com或http://en.parisinfo.com。

伦敦

大本钟、白金汉宫、威斯敏斯特大教堂、双层红色巴士、精心修剪灌木的花园、完美裁剪的套装、得体的姿势、优雅的英式口音、古老和现代的建筑、女王、下午茶和松脆饼。这是当我们提起伦敦时，大多数人都会想到的场景。当然，我们说的都没错，但是，还有更多的东西体现着这个优雅的英国首都。沿着泰晤士河，伦敦被分割成十几个街区。伦敦是艺术家、购物者的天堂，是历史迷、美食家和书虫们的最爱。是的，伦敦气候阴冷多雨，但从3月到9月，会温暖很多，也干燥一些。如果你不畏惧天气因素（反正正好可以穿上冬季夹克啊），冬季的飞机票和旅馆住宿费用都是有很多折扣的。考虑到英镑的汇率，这不是一个可忽视的因素哦，毕竟伦敦的高物价是出了名的。比较抚慰人的是，伦敦的博物馆是免费的，公共交通系统也非常高效（公共汽车是观光的绝妙方式——你只要跳上一辆公交车，然后在自己喜欢的地方下车就好——城铁、地下铁在你远行时，也相当便捷），主要的旅游景点之间都相距不远，你可以步行或者稍微坐几站公交就能到达。如果你的大本营是在临近的肯辛顿或是骑士桥——这是伦敦市中心——你就有更多时间来发现和感受这座城市，而可以少担心些后勤方面的事情。

购物大血拼

波多贝罗路市集在诺丁山区的旁边，自称是世界上最大的古玩市场。我不得不说，放眼望去，1500个交易者聚集于此，好像无法辩驳这个称号。周五和周末，露天市集都有主题的：周五是艺术装饰的古玩，周六是时尚汇集，周末则是传统的跳蚤市场，交易着衣服、小摆设、小古董等（www.portobelloroad.co.uk）。伦敦也是几个世界知名的百货大楼的聚集地，比如哈罗德、哈维·尼克斯和赛弗里奇等。如果你一直在寻觅很难找到的唇膏颜色，或者是想学习如何画好烟熏妆，去赛弗里奇的美容商店问问那里的女孩儿们吧，那里据说是欧洲最大的化妆品商场（www.selfridges.com）。要装扮成一个得体的英国女性？就走进特恩布尔和阿塞吧，这是伦敦高级定制衬衫的地方。抢购那鲜艳的丝巾、开司米羊毛衫、领尖有纽扣的衬衫，然后，就走入伦敦街头吧。现在，你所需要做的就是完善英式口音，这样就没有人会说你不是伦敦当地人了（www.turnbullandasser.com）。

顶级博物馆

英国国家美术馆（www.nationalgallery.org.uk）展示了世界上收藏最多的西欧油画作品；还有泰德现代美术馆，于2000年开放（www.tate.org.uk）改造于一个废旧的粗陋的发电厂。这两个应该是你必去的博物馆。此外，还有鲜为人知的杰弗瑞博物馆。并没有展示很多英式的装饰建筑，而是展现了从维多利亚时代至今的人民日常生活状态。在看到这些中产阶层的生活和家园时，你的内心世界会起波澜——对八卦热衷者和历史迷肯定是个满意的体验（www.geffrye-museum.org.uk）。我也建议去维多利亚与艾伯特博物馆，有400万件展品，跨越了5000年的历史文化，是最大的艺术设计博物馆。我个人总是去博物馆网站来了解永恒的收藏和特殊的陈列。伦敦的免费博物馆包括维多利亚与艾伯特博物馆（www.vam.ac.uk），大英博物馆（www.britishmuseum.org），国家历史和科学博物馆（www.nhm.ac.uk,www.sciencemuseum.org.uk），约翰索恩爵士博物馆（www.soane.org），帝国战争博物馆（www.iwm.org.uk）以及国家海事博物馆（www.nmm.ac.uk）。登录这些博物馆的网站，查看哪些天或哪些时段是免费的（一些博物馆在某些天是下午三点半后免费）。

如果你像我一样，热爱历史，就别错过伦敦博物馆。它始建于伦敦只是一片冻原，当地人才刚装上双层巴士之时。伦敦博物馆按照罗马时间展现了伦敦的历史——乔叟的中世纪、都铎王朝的城堡还有斯图亚特王朝早期的伦敦（从1485年到1666年）。博物馆一般会加入新陈列，包括考古发掘出的东西。这里不光有古老的历史——花时间欣赏下陈列室里从都铎王朝至今的24000多件服饰、配件和时尚物品。你会看到皇家的服饰以及与戏剧、音乐厅、歌剧院、芭蕾、马戏团、卡巴莱歌舞表演、电视相关的服装造型，还有由聚集于伦敦、广受追捧的现代设计师所引领的时尚潮流。如果你是一个历史迷，我保证，当博物馆关门了，你还不想走。博物馆直到晚上九点才关门。在每个月的第一个星期四是免费的（www.museumoflondon.org.uk）。

伦敦大教堂

伦敦的教堂非常壮丽。威斯敏斯特大教堂和圣保罗大教堂都是我的最爱。如果你参加晚祷，参观这两个教堂都是免费的。即使你无信仰，参加晚祷也是一个体验教堂的很棒的方式：可以自省，有极好的管风琴乐和美妙的唱诗班，还有那礼拜仪式。威斯敏斯特大教堂的无宗派晚祷在傍晚五点开始（周末是下午三点），持续一小时。教堂里的修道院在大部分时间是对外人关闭的，所以你要穿过大教堂的主楼梯。晚祷后，有时间在教堂里走动参观。圣保罗大教堂的晚祷一般是下午五点开始（www.westminster-abbey.org,

好好利用博物馆

如果你和我一样，是一个博物馆爱好者，要看看欧洲城市里有什么特殊的展览。先问问自己钟情于什么？历史、绘画、摄影、考古、现代艺术、音乐还是电影？登录www.euromuse.net，键入你的兴趣、抵达的时间和要参观的城市。几秒后返回结果，啊，你就陷入了各种博物馆信息的海洋中了。

——玛丽贝斯

www.stpauls.co.uk）。

皇家公园

伦敦的皇家公园——肯辛顿花园、格林公园、圣·詹姆斯公园和海德公园——彼此连接，形成了城市中央巨大的绿化带。每一座公园都独具特色。如果你有时间，不妨转遍每个公园；但如果时间有限，别错过海德公园，那里的演讲角、马伯拱门和威灵顿宫门都是著名的风景。真难以置信，当你在海德公园漫步时，你是在伦敦的中央。它占地50多英亩（约20公顷），有4000多棵树、一大片湖泊、草地，你可以在九曲湖上泛舟（一个巨大的人造湖）、在网球场运动、参与草地保龄球、骑马等。关于马厩、草地网球、网球场、在九曲湖和嬉水池里游泳、骑自行车、慢跑、滑旱冰、滑板等信息，请登录www.royalparks.org.uk/parks/hydepark。

伦敦塔

在伦敦，你会把时间和金钱花在哪儿呢？如果还没想好，我建议你花点钱去伦敦塔看看，它占据伦敦900多年，曾经是堡垒、监狱、皇宫，曾是执行死刑的地方，也是王冠的归宿——隔在玻璃里，陈列在地窖似的房子里。如果你不想把时间都花在排队上，就在开门前抵达（一般是上午九点或十点，根据季节和日子不同），赶上第一拨卫兵导览，立马去观看王冠，然后去参观伦敦塔的中央主体建筑：白塔（费用是33美元，www.hrp.org.uk/TowerOfLondon）。

品茶时光

要有女王般的感受，我想不出有比在肯辛顿宫橘园餐厅喝下午茶更好的方式了。喝茶的传统是你一定不能错过的事情之一，但我必须说下，“下午茶”这个词其实有点用词不当。喝茶时光其实更像是点心时间，有蛋糕、三明治，然后才是喝茶。橘园餐厅的下午茶附带参观肯辛顿宫，这是英国皇室17世纪的居所，让你有机会以特殊的视角观看橘园建筑本身，在18世纪早期，这里被安妮女王作为温室（饮茶的费用是3美元起价，蛋糕的费用5美元起价，www.hrp.org.uk/KensingtonPalace）。

观看演出

伦敦有世界上最好的戏剧和音乐剧。因为觉得伦敦的剧院是少数价格合理的事情之一，所以我就节省了很多顿大餐，以承担伦敦西区（戏剧演出地区）一场演出的价格。如果你想看一场热门的演出（十大音乐剧之一），需要提早预订。如果看一些特定的演出是你旅行计划的一部分，就更要在网上尽早订购。而如果你只是“等等看”，你还是有可能拿到折扣票价的。当天的演出在莱斯特广场和金丝雀码头金融中心的折扣票亭有售。大多数演出票都是半价出售，每张票收额外的5美元服务费。一些额外的演出也可以打七五折或全价拿到。虽然不是所有的西区演出在折扣亭都能有票卖的——但大部分是的，包括一些著名的音乐剧。我建议的购票方式如下：在离家之前的一周，到网站上关注他们每天都有哪些剧目（在折扣票网址www.officiallondontheatre.co.uk/tkts， 点击“今日演出信息”）。你可以看到35～45种演出可供选择，看看这些演出表，然后和密友一起做一个想看的演出清单。折扣票亭早上十点开门，但九点半就开始排队了，所以你们要早点到。当我和女儿去伦敦时，我们没有提早做计划，但到了那儿，我们又决定去看《歌剧魅影》（我们这是第三次看了），在折扣票亭就没有卖这场演出的票了。不过，最终我们还是从剧院售票处抢购到了票，是当日白天的，它们是上午十点开始卖票。工作日的日常演出通常比周末的夜场演出要便宜些。其他关于剧院新闻、花边八卦和评论消息、座椅分布、电话订购的折扣等消息，登录www.theatremonkey.co.uk，www.theatrenet.co.uk,www.lastminute.com。

全球最华美的户外场所是摄政公园的露天剧场，每年夏天都会上演莎士比亚的经典剧目。你进入位于摄政公园叶茂一角的剧场，在开幕前可以来个90分钟的野餐。要为自己抢票，你得积极点。我的建议是，1月初安排好日程，当票一出售，就立刻在线定下即将到来的演出季的第一拨票（www.openairtheatre.org）。

免费戏剧

别错过科芬园的街头艺人表演，还有那些在伦敦诸多节日中的表演者。南岸中心区和巴比坎区的免费活动通常是高水准的艺术表现。如果你想看看生动的戏剧生活，就走到市场上吧（http://www.londontourist.org/free.html）。

双层红色巴士之旅

当我计算自己和女儿坐观光巴士的费用时（120美元），我决定节省下来去买戏剧票，然后找了其他的方式来观看同样的风景。乘坐交通工具，结合一些既定的公交线路，很容易抵达主要的景点。我们买了1区和2区的旅游卡，不停地上上下下公交车。最棒的是，我们坐在红色双层巴士的顶层，和喜欢社交的伦敦人一起聊天，他们会当场不断地评述我们看到的风景。坐上巴士11路，穿越城市，经过英格兰银行、圣保罗大教堂、弗里特街、斯特兰德大街、特拉法加广场、白厅、首相官邸唐宁街10号、皇家仪仗队、国会，以及威斯敏斯特大教堂边的修道院（紧邻白金汉宫），穿过泰晤士河南部的皮米里科到达皇家切尔西残疾军人院、药材园、斯隆广场和国王大道（关于地图和更多信息，登录www.londontourist.org/free.html）。一天的旅游卡（20美元），你可以无限次地乘坐地铁和公交（也包括夜间巴士），还有伦敦区间的固定火车列次。上下公交游的票在二十四小时内有效，一些路线有音频导游，另一些路线有真人导游（每人的费用是40美元；www.theoriginaltour.com或者 www.bigbus.co.uk）。

大快朵颐

要是没有品尝原味的英式外带食品：油煎鱼加炸土豆，你的伦敦之旅是不完整的！煎鱼俱乐部让原本包裹在报纸里的快餐食品变成了一种艺术形式。你从一个菜单里挑选鱼的类型：菜单每天都会变（或许包括黄鳍金枪鱼、鳕鱼等），你还可以选择烹饪的方式（快炒、蒸、油炸或是烤）。如果你看到在油煎鱼和炸土豆店里，有人把醋倒在炸土豆上（炸薯条），千万别惊讶。这是英国人流行的吃法。如果你担心自己的胆固醇，可以选择更健康的食物，比如寿司（11美元，www.thefishclub.com）。

在过去的10年里，伦敦爆发了“美食革命”，多亏了多文化的移民。一开始是多种族食物的渗入——高级咖喱和泰式美食。伦敦出名的一点是，比孟买和德里的印度餐厅数量还要多！如果这个菜式对你胃口，不妨点一道最受欢迎的印度菜：红咖喱鸡块。很多厨师会在这道原本清淡的英式菜肴里加入姜黄、辣椒粉和其他香料。伦敦在饮食文化上也是一个世界性的大都会，所以，享受这种大杂烩的风格和本地生产的有机食品吧。如果你在伦敦想吃点清淡的东西，很多酒吧都提供沙拉，包括芝麻菜（芥菜）、祖传番茄还有浓烈的加醋油沙司。

你们之中敏锐的食客到了出名的“肥鸭餐厅”，会很兴奋的。那放了奶油可可冻的椰菜花意大利调味饭、萝卜馄饨还有螃蟹饼干，实在是垂涎三尺（三道菜的费用是160美元，www.fatduck.co.uk）。要和名厨有接触，需要为你和密友预订一个位置——在科拉瑞奇饭店名厨高登·拉姆西厨房的大厨桌旁。你将观看“大厨拉姆西”节目（英国一档真人秀节目：魔幻厨房的明星）。安康鱼、鹅肝酱、考尼什羊羔肉，这些美食太诱人了——而你还会被餐馆的头号配酒师所倾倒（三道菜的费用是133美元。www.gordonramsay.com/ukrestaurants）。

游轮之旅

为了庆祝特殊的时刻，召集女士们登上伦敦游船，沿着泰晤士河来个午餐爵士之旅吧。爵士乐队现场演奏着迪克西兰爵士乐（起源于美国南部）和传统爵士乐，而你沉浸在音乐中，品尝着三文鱼和青椒沙锅、新鲜蔬菜烘烤、烘焙的杏仁奶油饼。当你回忆往昔、庆祝特殊时刻时，尽享如此美食，还可以看到大本钟和伦敦塔从身边经过（每人费用是50美元起价，www.bateauxlondon.com）。

留神你的钱

最近出国旅行，我发现很多当地商贩问我，是否可以把信用卡的钱从当地货币（欧元、英镑、阿根廷比索等）转换成美元。这似乎是他们给你提供了一个很好的服务。但实际上这是一个多赚钱的鬼点子，对我们却是一种损失。因为他们会比官方银行的兑换率提得高些，然后把差价作为理所当然的“服务费”。为了避免额外的费用，要细看物品发票，是否说了，你同意将费用转换成美元。告诉商家你不想要这样的服务，拒绝签字。

——玛丽贝斯

“免费”的伦敦

住宿、餐点还有几乎所有的一切，在伦敦都是很贵的，但好消息是，伦敦大多数最棒的东西几乎是免费的。在伦敦有机会参观很多最好的景点，而无须付费。这里包括美术馆、博物馆和历史建筑。有很多免费的音乐会、露天电影和沿着泰晤士河、在国家剧院、硬币街和塔桥的艺术表演。大多数的主要博物馆也是免费的：国家美术馆、泰德现代美术馆、自然历史和皇家战争博物馆、大英博物馆和圣索恩博物馆。而真要收费的博物馆通常也有一天是免费的，或者一天中的某个时段是免费的。在周三晚上，穿上你的舞蹈鞋，加入查令街十字路的免费萨尔萨（一种拉丁风情的舞蹈）舞蹈课程吧，会有半小时的介绍，包括兰巴达（一种巴西贴面舞）、美伦格舞（海地和多米尼加的一种交际舞）和萨尔萨（www.londontourist.org/free.html）。

投你所好

在每年5月的切尔西花展上，600多位园艺师会骄傲地展示自己的作品（www.rhs.org.uk/chelsea）。每年活动的票都会抢购一空，所以一定要提早购买。如果你没买上票，没关系，切尔西的一周花园之旅，还有每年6月的园艺史博物馆，能满足你的园艺才能。每天都有游人参观伦敦不同的花园。书虫会很喜欢每年春季举行的伦敦书展。在这个图书宝藏里，你会找到珍本图书，遇见许多作家和出版商。还有，你可以在6月底7月初去看温布尔顿网球锦标赛。为了得到票，你还真是得有抽奖的运气（www.wimbledon.org）。

特色之旅

莎士比亚遍布伦敦，但要进一步了解这个吟游诗人的一生，去往城市北部100英里（约160公里）处。可以坐火车或公交来到他的出生地：埃文河畔的斯特拉特福德。在这里，你可以亲见他出生的地方——在莎士比亚出生地博物馆，一切都是按照莎士比亚时代布置的。你也可以窥测到，他生命中最后的日子是如何在一个叫新地的地方度过的。我建议买一个套票，它涵盖所有莎士比亚相关的景点（www.shakespeare.org.uk）。午餐时间可以去羊街，有当地腊肠、苏格兰生牛肉薄片，还有三文鱼蛋糕（www.lambsrestaurant.co.uk）。如果可以，去皇家莎士比亚剧团看场演出，在斯特拉福特有舞台（www.rsc.org.uk）。有什么能比在作家的家乡看他写的戏剧更好的地方呢？

夜晚，宿于第十二夜宾客房，位于斯特拉福特市中心，是一片英国多铎式建筑中的一座砖房。含住宿和早餐（双人间的费用是140美元起价，包括早餐。www.twelfthnight.co.uk）。

住宿首选

梅里阿白房酒店是紧邻摄政公园的四星级酒店。距离皮卡迪利广场、很棒的餐厅和酒吧不远，几步路可到（比如朗福德酒吧，现场爵士乐很有特点）。要去伦敦塔和威斯敏斯特大教堂是有点远，但还是能步行过去的。房间很奢华（你甚至会收到一个关于枕头的选择单子），有非常丰盛的英式早餐（双人间的费用是570美元起价，www.meliawhitehouse.com）。

在西区，靠近皮卡迪利广场和特拉法加广场，詹金斯旅馆的布鲁斯伯里分店将带来很奇妙的体验。房间是很小，但如果你想要的是外面的风景，就是不错的选择了（双人间的费用是180美元起价，www.jenkinshotel.demon.co.uk）。

想组织一个去伦敦的旅行，和你读书俱乐部的女性朋友一起共享美妙旅程？如果你喜欢这个主意，住进阿伦公寓吧，它位于布鲁斯伯里的200年历史的乔治亚小镇大房子里。租下这个套房，在这儿可以开展你们的讨论，然后去英国图书馆，看看简·奥斯丁的作品或是原始大宪章（双人间的费用是155美元起价，www.arranhotel-london.com）。

鼠标轻点 万事大吉

关于英国的更多信息，登录www.visitbritain.com；关于伦敦的更多信息，请登录www.visitlondon.com或者www.visitlondon.com/events/theatre。

悉尼

悉尼，这个充满活力的城市位于澳大利亚的东海岸，确实是美丽的海滩之城。并且，它还拥有世界一流的歌剧院、独具特色的美食和干净舒适的旅馆。悉尼的世界性融合的氛围有一部分是因其文化的大熔炉，有很多来自中国、意大利、希腊、土耳其和爱尔兰的移民。加之当地土著人的影响和城市长时期对纯艺术的探索，你会感受到那种迷人的文化交融。标志性的建筑——悉尼海港大桥和悉尼歌剧院——是市中心，很多沙滩、商场、公园从这儿向四面八方散开。必去的地方是岩石老区的殖民时期建筑、歌剧院、达令港边的商店和博物馆、还有很多必涂防晒霜的沙滩。观光这座城市最好的方式是步行，但当你累了，便捷的公交轨道系统也很方便。要避免夏季和冬季的极端气温，不要3月或5月份去（这里是南半球，9月到11月是他们的春季）。悉尼是一座充满活力又有深度的城市，很适合女性游览——早晨可以参观博物馆，下午可以在小海湾逛精品店，然后在吃鲜鱼晚餐前，去海边游泳吧。

迷人海滩

邦迪海滩是悉尼37片沙滩中最著名的一个，也确实是最好的沙滩之一：是冲浪者和日光浴的天堂。而邦迪最近也变成了旅馆和餐馆的热门景点，小饭馆如冰山，提供了世界上最棒的观看人群的休息台。如果你更想待在太阳下（也应该的），就走进冰山的海边小屋，来顿丰盛的午餐振奋一下：鞑靼金枪鱼，托斯卡纳矮桃还有盐壳烤羊（主菜的费用25美元起价，www.idrb.com）。我碰巧走到比较安静的海滩，如位于悉尼东北部的巴莫路海滩，正好赶上奇妙的自然景观。巴莫路海滩是片白色的月牙形沙滩，远离海浪，是一片柔美的适合游泳的海滩（防鲨网也增添了一些安全感）。带上你的防晒霜和海滩读物，跳上一辆公交车，享受放松的沙滩午后吧。

新海滨公园

如果你和密友想找一个地方消磨一下午的阳光，就去海鲜杂烩湾——悉尼最新的海滨公园。19世纪，捕鲸者在这个海湾停靠，在退潮时从岩石中挑选牡蛎，用海产品做成海鲜杂烩汤，这也是海湾得名的缘由。多年来，这片区域是澳大利亚海军潜水艇舰队的指挥部和鱼雷工厂，不对外开放。现在这片区域开放供公众使用了。涟漪餐厅占据了一座可爱的历史建筑，可以俯瞰中央港口。当你在甲板上用餐，会看到潜水者入海湾，而身边小划艇来来往往。涟漪餐厅位于从塔瑞阁野生动物园到巴莫路海滩的海滨道上，是露天早餐、午餐和吃新鲜牡蛎或晚餐的好去处（主菜是20美元起价，自带酒水的话，价钱能便宜些，开瓶费是5.5美元，www.ripplescafe.com.au）。

动起来

我得说，从皮划艇上看悉尼港，要比其他任何地方都要显得美。参加一个皮划艇小分队，和朋友们一起来个两小时的和缓的早晨之旅，沐浴在晨光中，啜饮一杯咖啡——当你们停下来休息时，向导会提供咖啡。如果你之前有过划皮划艇的经验，可以租条船自己去游览（租金是每小时20美元起价，www.sydneyharbourkayaks.com.au）。

漫步之旅

游客总是被悉尼的海滩吸引，以至于忘了这片土地是被野生动物中心和公园围绕着。在一个叫沃森湾的北部地区（市区东北方向7英里），位于悉尼港国家公园里，沿着石崖有一条鹅卵石铺就的南头文物径，能看到海港景色和历史上著名的霍恩比灯塔。小径不长，不到1英里，但风景无价（www.nationalparks.nsw.gov.au）。花些时间逛逛悉尼的唐人街，这丰富多彩的地区，有美味的中餐，还有鳞次栉比的商店——就像是在其他地方你所熟悉并热爱的唐人街一样。中午要是吃了很多鲜肉锅贴，可以去逛逛商店来消食，买上便宜的中国服饰、家居用品和草药。如果需要休息下，就去中国友谊花园，位于达令港的南端，里面的荷花池旁有一处茉莉茶社（www.chinesegarden.com.au）。

文化飨宴

毫无疑问，你会一直凝视着悉尼歌剧院，这座海边剧院半圆的拱形建筑戏剧性地直入云霄。歌剧院是所有人很好的拍照场所，现在你有机会一睹真容了。但有个小问题，演出票很难买到，通常很快就被一抢而空。为了买到剧院的演出票：芭蕾舞、爵士乐、古典乐演出等——所有在悉尼歌剧院上演的演出——我的建议是，你最好在预订去澳大利亚的航班前，就把票给订上（www.sydneyoperahouse.com）。如果你对建筑本身比对演出更感兴趣，就不妨在剧院酒吧里喝上一杯。同样的，当代艺术博物馆也是必到之地，有些20世纪标志性的艺术家如安迪·沃霍尔、罗伊·李奇斯登坦、爱德华·鲁沙的作品在这里都有永久性的收藏品，还有全世界各地艺术家在这里巡回展览（www.mca.com.au）。

大快朵颐

在这儿一直被水包围，我想你在逗留期间肯定会对海鲜胃口大开。

最著名的悉尼海鲜馆是多伊尔斯。幸运的是，还有几个分店，所以预订相对来说还算容易。想吃悉尼最新鲜的鱼，就去位于悉尼海鲜市场的那家多伊尔斯店。你尽情挑选对虾、龙虾和扇贝，在那儿大快朵颐吧。悉尼有3家多伊尔斯店，我最爱的是位于沃特森湾的那家，在吃完午饭，饮了冰啤后，你可以沿着海岸线散步，在隔离沙滩游泳，或是在历史小镇里漫步（12美元起价，www.doyles.com.au）。

至于三明治之类的，我喜欢蒂尔伯里酒店的咖啡馆，随意中透出优雅范儿。在餐桌上就尽情放松享受吧，眯着眼看看庭院，饮上一杯餐后的有机薄荷茶（有助于消化的）。你也可以到酒吧去，有桑格利亚酒和莫吉托苹果酒，和着现场的蓝调音乐，享受美妙时光（www.tilburyhotel.com.au）。

贝纳龙区的纪尧姆，是悉尼风格的最棒的餐厅。有着世界一流的地理位置景观：它在悉尼歌剧院两扇贝壳的前面。身着盛装，准备享用你将一生难忘的盛宴吧——菜单里有新鲜剥去外壳、蘸了葱醋的牡蛎、罗勒属配金枪鱼还有小章鱼的意大利调味饭里。享用纪尧姆·卜拉希的美食杰作吧，他是米其林级的法国大厨，赢得国内外甚至全世界的赞誉（169美元起价，www.guillaumeatbennelong.com.au）。

醉人日落

从悉尼海港大桥眺望的风景是整座城市最美的景色，可以看到整个海港和歌剧院。但是，对于心脏不太好——或者容易头晕的人不是很合适。要看到你生命中最绚丽的日落，就报名去攀桥吧（日落攀桥的费用是225美元起价，www.bridgeclimb.com）。

特色之旅

多亏了位于悉尼100英里（约160公里）处的猎人谷，澳大利亚才成为热门的出口酒区。这里九十个葡萄园种植着这个国家最古老的葡萄。我想说，猎人谷是悉尼对纳柏谷的回应。我的建议？嗯，从悉尼找辆车向北开两个小时，来个品酒之旅吧——霞多丽、希拉子、赛美荣都是该产区的名酒。在两个最好的葡萄园：残木和泰瑞尔，停下来喝一杯吧。如果你可以自由定行程，不妨赶上10月份的葡萄园活动：泰瑞尔的年度爵士节（www.brokenwood.com.au 和 www.tyrrells.com.au）。历经一天，去酒窖旅馆（当地人的最爱）预订午餐或晚餐，有熟食猪肉片、奶酪，再配上当地美酒，真是很完美（www.the-cellar-restaurant.com.au）。如果你们是一个大团，时间也充裕，可以租下整个酒窖乡间别墅，这个精致的旅馆和葡萄园有四间卧室，带独立阳台，可以看到断背山美景（整个别墅的费用每晚是730美元起价，www.thevintry.com.au）。如果你到最后不想离开，可别怪我！

住宿首选

达令港边的宜必思酒店，价格不菲，但很舒服，算是达令港地区价格还能承受得起的——这里离博物馆、购物商场、悉尼水族馆以及唐人街都是步行即可抵达（双人间的费用是155美元起价，www.hotelibisdarlingharbour.com.au）

带早餐的悉尼港酒店位于修复过的一座大厦里，有着极好的硬木地板，在岩石历史老区附近，距离当代艺术博物馆和皇家植物园不远。要一间“菲利普房”，可以看到悉尼歌剧院（双人间的费用是140美元起价，包括三道菜的早餐，www.bbsydneyharbour.com.au）。

住公寓比住旅馆有更大的灵活性和私密性（会有独立厨房和洗衣机）——如果是跟团的话，这样还可以省下不少钱。莫顿服务公寓在市里都有产业，你可以租下一个带工作室、有一两个卧室的公寓。我喜欢新肯特街地产的位置，在悉尼夜生活最棒的地方。而邦迪中心的位置也很出色——位于邦迪海滩和悉尼港的中间（160美元起价，www.meritonapartments.com.au）。

笨手笨脚地找电灯开关?

带上小型高能量的手电筒吧。放在你的床头，这样，当你在一个陌生的房间醒来时，就不会着急笨拙地摸索电灯开关。夜晚行车看地图时，手电筒也很有用。

投你所好

如果你在一月中可以休三周，悉尼节对你们来说就是一个众人的狂欢。500多名表演者聚集在悉尼，表演不同的自由音乐、舞蹈、戏剧和电影，他们中有悉尼交响乐团、歌剧交响乐团。1月26日，活动达到高潮，各种音乐会、高桅横帆船游行、还有悉尼港的渡船比赛（www.sydneyfestival.org.au）。悉尼皇家澳妙嘉年华在复活节后的一周举行，是整个澳大利亚的节庆盛事，还可以去最好的古堡，那里有鲜花、伐木者和酿酒师（www.eastershow.com.au）。

邮轮之旅

港口餐厅的航行之旅，漂浮在海面的悉尼歌剧院，这些都让你和密友很充实哦：你会看到海港笼罩在暮色日落中的美景、聆听歌剧院咏叹调、品尝绝妙美食：塔斯马尼亚烟熏三文鱼和芦荟、茄子和奶油烤番茄（每人的费用是98美元起价，两个半小时的游弋，www.sydney.com.au/cruises.htm）。

鼠标轻点 万事大吉

关于澳大利亚旅游的更多信息，请登录www.australia.com；关于悉尼旅游的更多信息，请登录www.sydneyaustralia.com

开普敦

开普敦—伸入大西洋的一个半岛，位于非洲大陆南端，给人一种不同寻常的体验，与世界上其他任何地方都不同。这是历史上的一个哨站，是商贾名流的目标地。这是世界性的大都会，也是一个非洲狩猎的旅行地；曾经交融着非洲和欧洲风情，有富足的一面，乡村广袤地区也仍有贫穷和疾病的创伤。正是这种矛盾的冲突、异域的风情、放松和欢迎的氛围，让女性深深爱上开普敦。

开普敦的年轻活力、迷人的葡萄园、耀眼的沙滩、陡峭的悬崖还有隐约可见的桌山，都吸引着摄影师和自然爱好者们——当然，也会立刻吸引你。然后，你会被带有马来西亚风味的美食、烧烤还有无比美味的海鲜所诱惑。对你和密友来说，并不都是只有乐趣和游戏。关于南非历史，有太多需要去了解的东西了。种族隔离在这里并不是一个遥远的记忆，去往尼尔逊·曼德拉前总统的监狱——远离开普敦海岸的一座小岛——是最好的一堂历史课。开普敦的各种街区从桌山底延伸出来，城市碗（商业区）安于山的底部。海滨区让我想起了旧金山港：商铺、水族馆和餐厅聚集在一块儿。气温一般恒定，除了春季（我们的秋季），风大，气温低。

博物馆

第6区博物馆是开普敦值得一看的博物馆，陈列了种族隔离时期被禁止离家的居民生活。博物馆位于有170年历史的古老教堂内。它也可以看做社区康复中心，当地人启动了一些项目，从雕像到多媒体等多种纪念形式（www.districtsix.co.za）。

购物首选

在桌湾购物中心，可以找到非洲精美雕像，这些雕像反映了非洲最好的、传统和当代的部落艺术。你们当中的收藏家会抢购当地的面具、珠宝、灌壶和雕像作为纪念品和礼物（www.african-image.co.za）。在开普半岛（www.capequarter.co.za），优雅的咖啡店、精品店、古玩店和设计工作室在街边一字排开。在“非洲新星”停留吧，看看传统的绘画、版画、马赛克拼接的动物图像（www.africanova.co.za），或是去当代玻璃艺术和家具找点融入的感觉。

必须的“一日游”

在种族隔离的年代，囚犯都被送往罗本岛——前总统曼德拉也是其中之一。这座岛屿距离开普敦7英里（约11.2公里）处，关押着囚犯和自由斗士近400年。现在，这里是一座博物馆，是了解南非多事历史的最佳地之一。之前被关押在这里的囚犯会充当向导，旅途历时三个半小时（包括从开普敦渡船来此）（www.robben-island.org.za）。

开普角，位于开普敦以南36英里（约57公里），是每个游客必到之地。但这不是大西洋和印度洋交汇的地方，也不是非洲最南端。这里景色壮丽，比真正的非洲最南端厄加勒斯角更容易到达［距离开普敦138英里（约220公里）］。在开普角，巨大的悬崖塔高耸于汹涌的海洋。抓好你的帽子，不然大风会吹跑的。海滩上凌乱地堆着搁浅遇难的船只，这正是猛烈风暴和危险礁石的明证。穿上你的徒步鞋，沿着辨识清晰的道路去往灯塔，或者走最短的路径，仅15分钟的漫步，抵达“施密特维克观察点”。沿着小路，温暖你入沙的脚趾头，走向沉船遗迹，就此呼吸着世界上最清新的空气——大西洋吹来的风。如果你想从风中退出来点吃的，不要激怒那些好奇又超级友好的狒狒们，在“两洋”餐馆里吃午餐吧。从巨大的窗户里向外看超棒的景色，而直接向下的地方便是汹涌的海水。开普角坐落于桌山国家公园，里面有各种动物，包括狒狒、角山斑马，还有250多种鸟类和本土植物，这是在其他地方都没有的（国家公园的门票是8美元;www.sanparks.org/parks/table_mountain/或者capepointroute.co.za）。

住宿首选

开普古迹旅馆，位于古迹广场，有着最古老和最新的布置：四角柱的床和壁炉、DVD录像带，还有豪华舒适的床垫。所有这些都让我觉得：这是女士们的睡眠聚会！旅馆被一流的餐馆、美丽古朴的荷兰和乔治亚时期的建筑所围绕（双人间的费用是185美元起价，www.capeheritage.co.za）。

在西开普的海明威旅馆，真是物超所值啊。旅馆既迷人又亲密——一些房间能看到桌山那美到死而无憾的景色！只有四个房间，所以你和密友要订上了，实际上很容易占据整个旅舍了（每人每晚的费用是90美元起价，www.hemingwayhouse.co.za）。

开普优雅酒店，几年前被美国旅游杂志《康纳斯旅者》评为世界最佳旅馆。作为送自己的礼物，去住那儿吧。除了意料中的奢华舒适，那儿有一个很棒的水疗，透着不张扬的优雅，还有能让人回想古非洲疗法——那时，按摩和芳香疗法还是用于治疗无数种疾病的。很享受吧，有水疗，有从卧室都能看到的桌山到开普敦南部的风光，还有维多利亚港区与艾尔弗雷德购物中心和印度洋至北的美景（620美元起价，www.capegrace.com）。

大快朵颐

在开普半岛的玫瑰西餐厅和酒吧，菜单上的酒水真是比食物多——平常有40种葡萄酒可选。如果到了点餐时间，而你不是太醉，我建议来块卡门培尔奶酪和曼越橘鸡肉汉堡，或是夏季游者的餐点——这是当天捕鱼船下来的最棒的食物（费用是10美元，www.thenose.co.za）。当你坐在位于小镇历史古迹里“地窖酒吧和德里”前，需要考虑下这个地窖的外部（你会注意到，这里有一个特点：餐馆的数量是酒吧的两倍）。食材全部是来自当地，因此会有些不同寻常；制作过程也很有创造性，意味着你可以期待有意思的菜式，如鸵鸟肉和帕尔马干酪土豆、跳羚派、草药炖岬羽鼬还有鱼排（www.caveau.co.za）。要想品尝当地葡萄酒的上品，就加入每月的葡萄酒品酒盛事。除了西开普热门的裙带菜、寿司、点心外，还有其他亚洲美食出现在菜单上，如茶熏三文鱼、脆皮鸭煎饼、裹三文鱼和金枪鱼的加州卷。享用美食的同时还能欣赏桌湾令人震惊的美景，说不定你还能看到海豚呢（www.wakame.co.za）。

特色之旅

知道吧，如果没有去“狩猎”过，就别离开非洲。花时间看看非洲的五大动物：狮子、豹子、大象、犀牛和水牛。当然远不止这些，还有斑马、牛羚、鸵鸟和狒狒们，在南非国家公园角落里四处觅食。计划一下去克鲁格国家公园和私人竞技保护区、恩加拉、菲达和伦多洛里的顶级度假村。“桑顿狩猎”在这些特区是专家，创始人马克·桑顿个人领导了几乎整个狩猎之旅（www.thorntonsafaris.com）。这家高度受人尊敬的非洲保护公司有35年经验，运营着奢华的狩猎之旅，还有四十多个豪华的非洲狩猎营地（www.ccafrica.com）。

徒步之旅

桌山海拔3563英尺（约1222米），是徒步旅行者必去之所。空中缆车会带你十分钟内就急速到达顶峰，然后你可以继续沿着木质的步行道

旅行小贴士

在礼品店里先浏览，很多艺术场景都会体现在明信片上。挑选你的最爱，然后制定自己的美术馆之旅，参观实地的艺术。

和识别清楚的小路徒步数小时（这些小路用以保护独特的植物生态）。记得带上保暖夹克衫，因为山顶风很大，气温会低很多。

投你所好

12月到次年3月，在每个周日，带瓶酒、野餐篮、还有最亲密的密友去克斯坦布尔国家植物园的“夏季日落角”吧。正对桌山的东面斜坡，这是结束一天的最佳方式——听着爵士、布鲁斯或是蓝调音乐，看夕阳为群山洒上一层红色光辉，就此沉醉（www.sanbi.org/frames/kirstfram）。

鼠标轻点 万事大吉

关于南非的更多信息，请登录www.southafrica.net ；关于开普敦的更多信息，请登陆www.tourismcapetown.co.za。

布宜诺斯艾利斯

人们提起阿根廷首都布宜诺斯艾利斯，都把它看做是南美巴黎，但我觉得这其实并没有抓住布宜诺斯艾利斯的城市特质。是的，这是一个国际化的时尚大都市，有精品店、上等餐厅、美丽的建筑还有历史的深度，但是，和巴黎不同，这里的物价是相当便宜的，气候也非常舒适，拉美文化也增添了其自由随意的氛围。布宜诺斯艾利斯有很多个不同街区，每个街区都有其独特的外观和感觉。要你自己看是有点迷糊的，让我帮着理清吧：主要的大区是雷科莱塔区（有高档商场、餐厅和酒店），巴勒莫区（有时尚精品店和西班牙小食馆）、圣太摩区（历史区，有露天市场和街头探戈表演）。在城市的每个角落，你都会发现隐匿的公园。在咖啡馆里，这里到处是下午外出而来的人们，点杯当地的马尔贝克葡萄酒或是吃点阿根廷特产的鸡肉馅饼。你必须看的文化地标有：玫瑰宫，因贝隆夫人而出名；瑞克莱塔公墓，是贝隆夫人和其他名人安葬的地方；18世纪的圣多明戈大教堂，是一座历史的建筑的奇迹。布宜诺斯艾利斯是购物狂的圣地——顶级皮革以相当低的价格售卖；是贪婪美食客的仙境——餐馆牛肉排放得就像艺术品；也是文化仰慕者的天堂——世界顶级的歌剧、蓬勃发展的舞蹈、音乐剧，还有很多很棒的博物馆。更棒的是，城市安全、干净，步行或坐出租，交通都很方便（可以让酒店管理员帮你叫车）。对于女性朋友来说，这是完美的都市之旅。坐落于普拉塔河畔的布宜诺斯艾利斯，气候一年四季都很舒适——几乎不下雪。夏季虽也闷热，但还能忍受。也就是说，春秋季是最宜人的，气温在15℃～21℃ 的样子。

购物大血拼

如果你一年只能一次购物大血拼，布宜诺斯艾利斯应该是首选的几个城市之一。这里有全世界各地的东西（包括美国和国际服饰连锁店），价格却比其他地方便宜很多；还有当地的本土品牌和独特精品店。要逛阿根廷最好的精品店，就沿着“佛罗里达街”商业步行区；那儿也有高端商场、茶室和美食街。一定要抬头看——天花板有彩绘墙，为你的购物体验增添了一抹优雅的气息。至于国际大牌，比如迪奥、兰蔻，则位于雷科莱塔区（www.shoppingbullrich.com.ar）。如果你要在布宜诺斯艾利斯只买一样东西，那就买皮革制品如夹克、靴子、钱包或皮夹。当地品牌有拉萨罗，在佛罗里达街和布赫里希庭院都有，别错过了。

品酒之旅

阿根廷是世界第五大产酒区。了解知名的马尔贝克、特浓情、天普兰尼罗，这些会加深你对这个国家的热爱。如果你第一次参加品酒会，会享受到顶级的味觉盛宴。在逗留的其他时间里，为自己的餐点选择合适的配酒。布宜诺斯气泡酒俱乐部，汇集了可以说英语的顶级阿根廷酒师，会在巴特诺特区的餐馆卡萨盐瓶，举办两个小时的私人品酒会（四人团队的费用是250美元，www.buenos-vinos.com）。

大快朵颐

要有心理准备，这里的午餐和晚餐都稍微迟一些。阿根廷人通常直到晚上九点或十点才会坐下来吃东西。看起来吃得很迟，但或许你会理解他们的——在一天时间的间歇里，他们会不断地吃些食物和饮料——所以还不错。记住，这是一个牛排国家。如果你是素食主义者，我建议放宽松些，把“卡路里”这个词从你的字典里挪走吧，美味的肉食要尽情享用。卡巴纳拉斯紫丁香餐厅，世界上最棒的牛排餐厅之一。它既是国际旅游地（位于马德罗港），也是了解行情的当地人的最爱。这不是传统的美式牛排餐馆——昏暗，充满男性荷尔蒙。在这明亮优雅的餐厅里，你会和来自布宜诺斯艾利斯的精英们摩肩擦掌。如果你以前没吃过用青草饲养的牛肉，现在开始跃跃欲试吧——美食等着你呢。当你咬着一块肋眼牛排，你其实正尝着溢出的青草味呢（40美元，www.laslilas.com/restaurant.php）。

在苏克雷餐厅，你会爱上这里的风景如同爱上这里的食物，这里有开放式厨房和符合工业美学的装置，还有当地美酒，存储于餐馆中央巨大的水泥地窖。食物绝对是只应天上有的——乌贼搭牛尾、多汁的小羊肋骨肉、山羊带小牛，还混着带西班牙辣香肠。大多数都放在木碳烤架上，空气里弥漫着火苗的气息——如果你对烹饪过程很感兴趣，想感受热力，要求找个靠近开放厨房的桌子吧。前台的休息厅，占据整个餐馆长度的酒吧台，都为已经很喧嚣的氛围增添了活力（50美元，www.sucrerestaurant.com.ar）。

文化飨宴

科隆剧院，1908年开始演出剧目，是世界四大歌剧院之一，上演歌剧、芭蕾舞剧、交响乐等。每次演出都是世界级水准，所以当你在的时候，不论什么演出，都买张票看看吧。这会是你旅行中的亮点。科隆剧院有着超棒的声学结构，优雅的内部有镀金装饰和生动壁画，曾邀请如玛丽亚·卡拉斯、阿尔图罗·托斯卡尼尼、帕瓦罗蒂等来演出。过去几年一直闭门装修，但预计的是2008年5月重新开放，庆祝其落成百年，但似乎现在进程不太顺利（www.teatrocolon.org.ar）。

古董街

在布宜诺斯艾利斯打车

在布宜诺斯艾利斯，去带酒吧的餐馆或夜店都是安全的。然而，在大街上打车不是很安全。让你住的旅馆或就餐的餐馆为你叫辆有信誉有保证的出租车吧。

——**玛丽贝斯**

在布宜诺斯艾利斯中心的老城区圣太摩，那里的古董街有很多很好的古玩店。在周日的多利戈广场，很多古玩家会参加安蒂格达德斯假日集市，可以淘到不错的古玩、手工艺品、珠宝和围巾等。

历史的徜徉

漫步于雷科莱塔公墓6400座陵墓之间的步行道上，你会了解阿根廷历史上最知名的人物和家族。总统、诺贝尔奖获得者、艺术家、作家，还有最著名的第一夫人贝隆夫人，都埋葬在精心修葺的陵墓中；而这里可追溯到1822年。占地13多英亩的雷科莱塔公墓区就像一个迷你小城，两边树木成荫，将墓地分成几块如城市街区的区域。你也可以由此一窥阿根廷建筑遗产——墓地的风格从新古典主义到装饰艺术，有一些还是国家历史纪念碑。这或许是你在所有其他墓地所无法感受到的乐趣。

跳起探戈吧

我最爱的一天

在布宜诺斯艾利斯，我最爱的一天是一个周日，在圣太摩集市。我们刚下出租车走到多利戈广场，就听见了音乐声。吉他和手风琴（探戈音乐中最重要的乐器之一）的节奏围绕着我们，就像绳索牵引着我们穿过迷宫般的商铺——古玩苏打水瓶、锈银、精细雕刻的相框、传家宝珠宝和蕾丝水洗长袍——通常都会吸引我们的目光逗留于此几小时。

在广场内的一个场地里，人们围观看着一对夫妻跳舞。女子穿着飘逸的红色雪纺裙，配上红色的细跟高跟鞋。男子则带着黑色软呢帽，随意系着丝绸方巾，带着万千风情，充满诱惑。他们合着音乐、行云流水般旋转身体，音乐就像流动在身体里的血液完全贴合动作。观众完全被迷住了，仿佛是看见魔术师从帽子里变出大象那般惊异。

在广场边，还有很多现场表演：滑稽戏和吉他手、街头手风琴师、柔术表演者，还有更多的探戈舞者；坐在凳子上的一个男人演奏着手风琴，而思绪飘向远方，直至云端。

布宜诺斯艾利斯仿佛是一个干净、葱绿的欧洲城市被不协调地扔在了南美中央。它有着纪念碑、极其美丽的现代建筑群。一座方尖碑就像是华盛顿纪念碑，从椭圆形草地中升起来。在那附近，我看到一家玻璃幕墙的办公大楼，楼顶挂着“微软”的标志。大街上到处是新型汽车。

俊朗、打扮入时的人们走在街头，一半的人都在打电话。遛狗的人们牵着拳师犬、阿富汗猎犬和约克狗。到处都绿树成荫。处处都生机盎然，街边完全看不见乱涂鸦。

——珍妮特·富尔伍德，50岁，《萨克拉门托蜂报》的旅游编辑，来自加州首府萨克拉门托

为了能在阿根廷更深入地感受到探戈的魅力，在你去阿根廷之前，稍微了解下。可以听听探戈音乐大师如弗朗西斯科·卡纳罗的作品，有很多CD可挑选（www.thetangocatalogue.com）。你应该不会介意，跳探戈舞需要买点东西。你需要舒适的高跟鞋、及膝的连衣裙或长裙。我喜欢“勒瓦探戈”的东西，从渔网袜到高雅的连衣裙、裙子和上衣（www.tangoleva.com）。

学上两招

在圣太摩区的大街上，你可以天天看到探戈舞表演；而在多利戈广场或是知名的探戈之路的剧院里，上演着绝对惊人的表演（表演票是60美元，www.piazzollatango.com）。为了让自己能真正得到点精髓，你可以穿上性感长袜，穿上舒适的高跟鞋，向探戈之路的某位大师学上一课吧（团体教学只需要6美元）。

绚烂的公共艺术

在布宜诺斯艾利斯不同的街区穿行，你会在城市里的主动脉之一：菲戈罗阿·阿尔科塔大道发现自我。你不会错过耀眼的铝制花朵，正盛放在联合国公园里——这是你见过的最灿烂的公共艺术杰作之一。如果眼够尖，你还会发现，花瓣在白天是开放的，到了晚上是闭合的。这座“城市之花”由当地建筑师爱德华多·卡塔拉诺设计，是光感型的建筑。要更好地观赏，不妨在公园里绕绕，可以看到其他的雕塑。如果日落时分看，你会发现花瓣在落日的照耀下，镀上一层红晕，闪闪发亮。

住宿首选

雷科莱塔区让我想起曼哈顿的高档东区——各方面都是如此。优雅的高档住宅、咖啡馆、精品店还有美术馆沿街排开；漂亮的小公园种着棕榈树和紫薇花，每年春天枝蔓开满紫色小花。凯撒公园酒店是雷科莱塔区的杰作，房间里是舒适的床铺，超级大的浴缸。餐厅供应的自助早餐是我曾经历的最愉快的早餐之一（费用是180美元起价，包括早餐，www.caesar-park.com）。

如果你想深入了解布宜诺斯艾利斯的时尚产业、先锋艺术世界以及创意餐厅，就去巴勒莫区。该地区由几个街区构成，包括巴勒莫老城、巴勒莫苏活区（时尚活力的地区）。位于巴勒莫苏活区里的是1555马拉比亚公寓，涵盖住宿和早餐，带着光滑的现代设计和装饰。房间很小，铺的是木质地板，放的是简单的亚麻床上用品，以及偶尔的牛皮地毯。宽敞的客厅和花园庭院形成了公寓还算宽敞的感觉。旅馆隐匿在一个时尚新区，你和密友会很兴奋地在其中探索（费用是139美元起价，www.malabiahouse.com.ar）。

投你所好

在2月、3月、10月和12月，小镇会举办国际探戈舞大赛，很多舞者相聚于此。如果你对这种优雅的舞蹈很感兴趣——或想上上课——时机来了。如果你对于艺术更感兴趣，诸如艺术BA等节日或许是更对你胃口。每年5月，当代阿根廷的画家、摄影家和雕塑家会在阳光下尽情挥洒（www.arteba.org）。

来旅行吧

如果你和密友想了解拉丁美洲迷人的历史、建筑和文化——来旅行吧。布宜诺斯艾利斯提供了合适的价格，三小时的导览包括去参观城市历史中心的重要地标：五月广场、五月大道、布宜诺斯艾利斯大教堂、布宜诺斯艾利斯最古老的咖啡馆：多多尼咖啡馆（一人的费用是40美元，三人的费用是90美元，www.buenostours.com/buenos-aires-tours）。

鼠标轻点 万事大吉

阿根廷旅游局，请登录www.turismo.gov.ar。

第三章

绝妙漫步

凯伦的故事

凯伦在少女时代穿上了第一双徒步鞋。当她的朋友尽情逛街时，她和德语老师一起去探索加州北部的边远地区和海堤步道。凯伦对徒步旅行的热爱延续到了大学、结婚直到现在50多岁了——她和丈夫、两个女儿，全家都常常外出露营和远足。

但几年前，凯伦的远足伴侣（她的丈夫）膝盖受伤，她已经几个月没有出去徒步旅行。当她接到表姐妹简的电话，邀请她去瑞士徒步旅行时，她狂喜了一通。这是重拾最爱的好机会——在阿尔卑斯山中漫步，这是她孩提时看《音乐之声》时就埋下的梦想。

凯伦和简沉浸于旅途的计划中，急切了解瑞士徒步旅行的信息。比较清楚的是，瑞士有许多适合不同能力徒步者的路径。事务繁杂，她们不想计划每个细节，也不想事事自己决定。凯伦的兄弟有一个朋友，开了一家女性旅行公司，专门针对世界上不同地方的漫步之旅，所以她们联系了这个朋友。巧的是，这个公司的负责人也叫凯伦（我们称她凯伦C吧），回答了她们所有的问题，并帮助她选择了最适合她们身体状况的采尔马特。幸运的是，采尔马特这个滑雪小镇周边的许多小路都通了有轨电车，这意味着你进入山区后，可以徒步或长或短，自己想待多久就待多久，到时拦下有轨电车就能回去。这个安排很吸引凯伦和简。更棒的是，凯伦C也曾经徒步过这条路线的每一寸土地，画了地图、深入探访了村庄。她建议了她最爱的就餐地：牧人小屋还有欣赏野花盛开的最佳区域，凯伦C为她的客户设计了最终的旅程。

6月底，她们到达了采尔马特，和所在的团队汇合——一共是22名女士的一个团队，年龄从40岁到80岁。她们每个人都热情高涨，准备走完整个徒步道。每天早晨，吃过瑞士的丰富早餐，包括新鲜烘焙的面包卷和当地的酱料、鲜肉和奶酪，大家都在伸展筋骨时，凯伦C就简要介绍当天的行程和路上的主要景点。几天来，大家穿过野花盛开的葱郁草甸，行走在顶部白雪覆盖的山峰阴影里，经过望着人群的羊群，还走过小村落：那里布满木头小屋，门前装饰着各种花簇，有红色、粉色还有金色的天竺葵和金盏花。她们还遇到了来自欧洲的徒步旅行者——同样带着登山杖、背包、还有微笑。凯伦和简非常兴奋，因为这趟徒步相对轻松，她们能融入这个团队和其他女性做深入交流；同时，也能随时进入自己的小世界，做些冥想放松。

到了中午，女士们在石头房子里的小餐馆就餐、放松，分享彼此的故事，吃些自制的拉克莱特干酪，这是传统的奶酪点心。她们随意吃些香肠、沙拉，饮冰啤酒，最后再来点自制的烤苹果。“这就像妈妈为你做的”凯伦说道。酒足饭饱，她们可以选择继续步行还是坐有轨电车返回采尔马特。

对凯伦来说，能结识那些同样热爱徒步旅行的女性，是这趟旅行最充实的地方。女性间充溢着一种同志情，“我们这些女性非常融洽、相互包容。”凯伦说道。到了一些小镇，她们就稍作停留去逛逛商场，作为放松。“当我们要离开一个商场时，就相互打电话‘我正穿过两扇门到一个鞋店里去了！’”凯伦解释道。没有担忧、没有压力，也没有毫无耐心的丈夫守在外面。她们就是一个整体。凯伦和简发现，包团旅行的诸多好处之一是，只需考虑好好享受自己的好时光，无须担心家庭的其他成员是否休息好了。有了领队导游，你也不需要想到自己要做领队。

在阿尔卑斯山，凯伦毕生的喜好得到释放——感谢团里的新老朋友。这趟旅途，她所有的感受被激发出来，到家后充满活力。她穿过在书上读到过的阿尔卑斯山，闻到了烤苹果的香味，尝到了巧克力的香浓，拥抱那壮美的山峰，轻触雪绒花，听见蜜蜂嗡嗡还有那教堂钟声响彻山谷——一次徒步旅行带给她所有这些美好的景象。这也是当她还是个小女孩儿时就向往的一切。

秘鲁印加古道

坐落于8000英尺（约2400米）的高山之巅，周围环绕着壮美的安第斯山，马丘比丘古城（也就是闻名于世的遗失的印加古城）是每个人一生中必去的地方之一。你或许知道一些基本信息——古城可追溯至1400年，印加建筑师建造了一系列令人惊异的复杂精巧的系统：庙宇、屋舍、无数台阶式的梯田、不用石灰就能把石块粘在一起的建筑。但毕竟眼见为实，你必须亲自去看看啦。坐火车当然是可以一览这伟大的遗迹，但27英里的印加古道作为徒步穿行是相当令人愉快的——尤其是和你生命中的女性朋友一起——这样到往马丘比丘的徒步之旅是更加值得的经历和充实的成就。作为世界上最经典最壮观的跋涉，印加古道横穿多山区域、茂密丛林和高沙漠区，最后到达马丘比丘古城。大多数徒步者会在四天里完成这样的旅程，夜晚是在路边宿营（别觉得晚上睡觉有问题，到晚上你会高兴得精疲力竭的）。很多旅行者都选择夏天前往，而我建议你冬天去，这样古道人会少些，气候上也只是稍微湿冷些。这条古道听起来挺费劲的，但千万别怀疑自己的能力。只要一些准备和一点决心，你完全能行的。另外，你还有密友跟你一起啊。

提前计划

旅行前，要找些有趣的方式锻炼身体：至少要提前六周，拽上你的密友，做些短距离的徒步，要背上双肩包，尽可能多走山路。如果在健身房，台阶机和跑步机会是你最好的朋友。那个区域的海拔可不是开玩笑的——毕竟，你要走在13 000英尺（约4459米）的安第斯山的那条古道上，通往马丘比丘古城。高原反应也不少见。通常表现为疲劳、胃绞和晕眩，但身体用力会让症状加重。

适应新环境

开始徒步去马丘比丘之前，我建议在库斯科城［海拔11 150英尺（约3824米）］先待两天适应一下。这是印加帝国古城，距离首都利马一小时的航程，迷人又友好。它是通往古道的大门，也是绝佳的驿站，你可以大快朵颐当地美味的玉米粽子和吉开酒（当地的一种由紫玉米和水果制成的饮料）；也可以经历下这个城市最棒的娱乐形式之一，就是把你自己放在一条长凳上，看看人群就好。你也会想要去当地皮沙克镇的传统集市，手工艺品的制作和色彩构成很有名。在那里，你可以购买些登山必备品，比如手杖和让人精神振奋的巧克力。

古道概览

第一天，你将沿着一条污泥小道步行，然后到达8800英尺（约3018米）的石阶。这个高度或许已经让你喘气了，但真正让你屏住呼吸的，是锯齿状的白雪巅峰，景色如此壮美。第二天，你将继续徒步，沿着古道探索印加古城的其他遗迹。第三天，——也是旅程中最难熬的一天——你们的团队或许要考虑形成一个行进方队，以便相互鼓励，当徒步到14 200英尺（约4870米）高以及传说中的“死女人山口”（别担心，这可不是因徒步者命名的）。这是古道上的极高点，在此，你可以骄傲下自己的成就（也多喝些水吧），顺便好好欣赏周围的密林花朵、急流的瀑布还有些稍小些的古迹。第四天，旅程即将结束，你经历的当然是绝对充满梦幻的行程：进入马丘比丘古城。你和密友将会感受到此地让人窒息的自然之美，曾居住于此的人们都和自己精神上建立了联系。

最佳旅行社

走古道并不孤独——法律上要求你必须加入某一个有组织的旅游团，这对你来说其实真是个好消息，因为有专人负责后勤保障，你可以心无旁骛地专心徒步。并且，至少要提前三个月，做些计划，获得必要的政府发布的徒步许可。“旷野的呼声”，一家专为女性服务的高级旅游公司安排了十一天的秘鲁之旅，包括四天的印加古道徒步（费用2995美元起价，510-849-9292，www.callwild.com）。开始这十一天旅行前，会安排你们在神圣峡谷了解传统的纺织、农业生产和印第安克丘亚式的生活方式。要待在“圣地小屋”，这是距离马丘比丘最

近邻妈妈们共游亚马逊

贝蒂和简住在俄亥俄州阿克伦城的同一条街上。1950年代，他们的孩子一起长大，在彼此的后花园玩耍，在对方的家里过夜。当她们的儿子8岁时，贝蒂和简带着孩子们每年夏天都去附近的州立公园做短距离徒步和露营。她们的丈夫在周末时会加入其中。

多年来，她们发现志趣相投，喜欢做的事情都一样：户外运动、探索自然、冒点小险。当孩子们长大离家，她们的友谊也继续升温，从家附近到更远的旅行。简和丈夫，以及贝蒂一起去非洲和埃及旅行；

当简有机会去秘鲁时，她邀请了贝蒂一起。她们穿越了亚马孙丛林，探访了丛林中的小村庄，也向队里的鸟类爱好者学习了如何观察鸟类。

这是她们两个作为已婚妇女的、第一次没有丈夫相伴的出游。让她们惊讶的是，旅游团里60%多的人是女性，且并不都是寡妇。她们发现彼此有很多共同点：热爱自然、喜欢赏鸟、探索新的国家和文化。简和贝蒂在团里待得很舒服，也很感激女性朋友间那种深切的相互包容。

近的旅馆，所以在这里，你将亲见日出日落，享受所有旅游车都离开后，古城里的静谧时光（费用是2499美元起价，888-532-8352，www.adventureassociates.net）。“山游索贝克”高端旅行社设置了十天的经典印加古道徒步旅行和马丘比丘之旅（每人的费用说9509美元起价，四～九人团队每人的费用是3595美元起价，10～14人团队每人的费用是3395美元起价；888-687-6235；www.mtsobek.com）。

投你所好

如果你对嘉年华（每年冬天，拉丁美洲在大斋节前庆祝的盛事）很好奇，但拥挤的人群让你望而却步，那么太阳节就是很好的机会。时间是每年夏至的6月21日，太阳节在很久之前被认为是印加帝国最重要的节日。加入20万当地人和游客的狂欢中吧，涌向库斯科的街道，欣赏现场的秘鲁音乐、传统的舞蹈表演和神圣的太阳祈祷仪式。

鼠标轻点 万事大吉

登录秘鲁共和国旅游发展局www.peru.info/perueng.asp 获取详细信息。

英格兰科茨沃尔德

当你第一眼看到科茨沃尔德丘陵地带，就好像进入了一副水彩画。在喧嚣拥挤的伦敦西北100公里处，你会发现一处葱郁、多山的天堂，有着宁静的乡村、金色的石灰石建筑、茅草盖顶的小屋，还有那巨大的庄园和教堂——所有这些交错着散落于长3000英里（约4800公里）的一条迷人小道上。科茨沃尔德国家步道，兼具最美风景和最舒适行走的特性，覆盖了奇平坎普登，这个美丽村庄的集市西南角，和巴斯，这个古老的温泉水疗小镇之间的100多公里。这条道路相对平坦，最高点只有1066英尺（约365米）海拔。要在一星期之内走完全程，需要每天走15英里（约24公里）。而这条道路如此美丽，你沿路所见二十多个村庄就可以充分领略。你可以自行设计徒步旅程，按自己的节奏来，不要有任何观光的压力：很容易跟随前行的。至于其他交通方式，你会发现火车和汽车安排得非常方便。要是喜欢的话，你也可以加入一个旅行团，让他们专人处理这些后勤细节。当地英格兰民谣有一种干涩的幽默感，经过的旅行者也会笑纳。晚上，你和密友可以在乡村酒吧和当地人聊天喝酒；第二天早起，看看当地农贸市场为午餐准备的原料。经过几个小时的徒步，在花香四溢的草甸上舒展肢体，边大快朵颐边看羊群瞪眼，多么美好啊。再说些天气的事儿吧：春季下旬和初秋是一年中最干燥的季节，但即便如此，要做好下雨的准备（毕竟，这里是英格兰啊）。一年四季雨衣都是必备的。

步道概览

徒步科茨沃尔德国家步道，有多种不同的方式。路边有很多地方休憩，有最便宜的、提供住宿和早餐的农家住宿，也有值得“挥霍”的优雅旅馆。我的建议就是去研究下他们的官方网站，那里列出了所有的住宿情况（www.nationaltrail.co.uk/Cotswold）。选择适合你的旅馆，据此安排行程。一般的经验是，从格洛斯特郡的切尔滕纳姆开始徒步，因为这差不多是这条线路的中间地段。从伦敦过去的火车列次较多（登录www.cotswoldsaonb.org.uk了解时间表）。从步道中段开始，花一周时间徒步，让自己沉浸在整个乡村中，不用太顾忌英里数，别让自己每天最后都累瘫了。至于往哪个方向走，我的建议如下：想要找最好的古董，就走向东北的奇平坎普登郡。要想在旅途最后奖励自己一个热水蒸浴，就去另一个方向的巴斯城，那儿有着最好的罗马洗浴（www.romanbaths.co.uk）——在徒步旅行后，有什么能比来个放松筋骨、全身浸泡更好的庆祝方式呢？

放松享受

一天的长途旅行后，沉浸于让人彻底放松的水疗中是非常惬意的。在切尔滕纳姆的“教堂水疗中心”，你会享受到超好的矿泉水疗，有六个水疗室，反映了不同的异国风格和精髓——有着优雅氛围、舒适宜人。进入“夏威夷房间”，感觉到了茂宜岛（夏威夷群岛中的第二大岛）细如粉末的海滨。我最喜欢的水疗是提拉面部的美容和带着果香的热石按摩。如果你特别需要拉伸肌腱来缓解一直走路的肌肉，可以报一个瑜伽班（30分钟的面部美容、按摩、修甲和足疗，费用100美元起价。www.chapelspa.co.uk）。

完美下午茶

旅途中的亮点是日常的茶饮，此地的茶饮点心有司康饼和蛋糕，蛋糕用的是高度浓缩的奶油，蘸满果酱。这样完美无瑕的高质量茶饮体验要回溯到英国皇家时代。你和密友必须去奇平坎普登的“獾厅”，位于这条路线的最北端。这座石屋坐落于主干道上，于1500年代建成，1996年被改造成一个茶社和含住宿早餐的旅舍。认识下现在的石屋主人凯伦和保罗吧，传统的英式下午茶一定会让你精神振奋。保罗花费了一上午精心烘焙，所以一定要尝尝那松脆的柠檬蛋糕、咖啡海绵蛋糕以及涂满了稀奶油的司康饼（茶饮的费用是9美元起在科茨沃尔德或英国的其他任何地方徒步时，记得要遵循乡村的“郊野代号”。也就是说,你必须关好所有穿越过的大门，不要乱扔垃圾，也不要打扰农庄里的动植物。

——玛丽贝斯

价，双人间的费用是185美元起价，包括早餐和茶；www.badgershall.com）。

购物大血拼

你们要是有人喜欢古董，在科茨沃尔德肯定会无法自制啦。这儿的古董交易商比伦敦以外所有的地方都要多。特别是，每个村庄都有一家店或者一个熙熙攘攘的跳蚤市场。一个叫斯透的村庄（科茨沃尔德的北部）是最好的古董交易地，有实惠的老式装饰品，也有针对那些收藏家的高端珍品。我最喜欢的店铺是巴戈特古玩店，一幢两层楼放满了英国17世纪、18世纪和19世纪的家具、珍贵的精装书以及精美的手工艺品（www.baggottantiques.com）。

自定行程

如果你想自己出行，每天都到访不同的小镇，但又不想背负所有行李，也不愿只为了拿行李就得回趟旅舍，那么，租下“夏尔巴人货箱服务队”来帮你运行李吧。他们也会安排住宿，提供晚间你要到达地的方向指南（每个包每天是14美元起价，预订旅舍额外加25美元；www.sherpavan.com）。

最佳旅行社

如果你想把所有的后勤问题交给某人，就找“一起踏上旅途”，一家位于加州的女性徒步旅行公司，提供七天强度不大的旅行(费用是3150美元起价，707-935-0595；www.goingplacestours.com)。佛蒙特州的“乡村漫步”也安排了一个七天行程，包括在奇平坎普登和巴斯城的过夜。从那儿，你可以开始徒步，每天走大概4英里到7英里（费用是3398美元起价，800-464-9255；www.countrywalkers.com）。“旅行”，一家专业的徒步旅行公司，只为特定女性安排项目，设置了六天的行程，主要是穿过科茨沃尔德和牛津（费用是3495美元起价，800-249-4620；www.thewayfarers.com）。英国机构“科茨沃尔德假日徒步”，提供了一些行程，包括7到11晚的科茨沃尔德自助游（也有其他奢华的安排）（费用是780美元起价，www.cotswoldwalks.com）。

鼠标轻点 万事大吉

科茨沃尔德的官方网站提供了地图和住宿信息，www.cotswold.info。更多细节、公交和火车时刻表以及可下载的地图，登录“科茨沃尔德胜景”网站www.cotswoldsaonb.com。

新西兰路特本

徒步旅行，或者新西兰人所说的转悠，是新西兰全民皆爱的消遣运动。路特本步道，坐落在阿尔卑斯山南部，正处于新西兰壮美南岛的正南端，是地球另一边最棒的徒步道——因其无上的未被染指的阿尔卑斯山的美丽——也因为它非常容易到达。这条世界闻名的步行道是我最喜

新西兰的落寞与爱恋

在新西兰的高速公路上连开一个小时，也不会看到另一辆车！如果喜欢亲近自然和户外运动，你也会喜欢这个小国家。我不是一个鸟类爱好者，但对这里鸟儿们的鲜艳颜色我也惊异不已——它们的歌声也似乎被放大了，因为没有任何背景的杂音。空气中不含臭氧和污染，天空是令人窒息的蓝——我现在才明白什么是蓝色的天空。试着在羊群农场里待一下：整个南岛只有100万人口，在产羔季节，却有7000万只羊。我们参观的羊场主人游历过很多地方，见多识广。和大多数我们所遇到的新西兰人一样，他很随和，经常用些新西兰人爱用的表达方式：“别担心”、“配合下”。我们成为亲密的好朋友，他们正计划来加州看我们。

——温迪·罗斯，50岁，银行执行副主席，
来自加州伯克利

欢的徒步道之一，因为行走容易，也不需要到那令人精疲力竭的海拔就能欣赏到世界上最美的山景。实际上，20英里（约32公里）旅程的最高点——这条路沿着哈里斯鞍，连接了阿斯派灵山国家公园和峡湾国家公园——海拔不过5000英尺（约1500米，实际上，这和丹佛机场是同一个高度）。还有，如果你想慢慢走这条布道，不妨花三天时间来感受下顶峰积雪覆盖、无与伦比的高山全景，坐在草甸上聊聊天，来个长时间的野外午餐，欣赏周围环绕的瀑布、葱郁树林、陡峭岩石和泛着蓝绿光的冰川湖。但是呢，有个问题：路上没有任何旅馆。你只是能在路特本平原和麦肯基湖边的野营地上搭帐篷露营。即便是在12月到次年3月，这样当地的“干旱”季节，也是多风多雾的，所以要带上雨衣和一些毛袜，以便晚上穿上保暖。路上下雨的时候，你也只是能指望下雨衣（实际上，受天气限制，路特本步道只在11月到次年4月间开放）。所以，如果脑袋上能有新西兰公园里四小屋其中的一个屋顶，你会感激不尽的。要是这些对你而言，感觉真的很不爽，唯一能补偿的就是美景了——如此棒的山景是世界上任何其他地方都不能看到的——当然，到时候你要吹牛侃大山也有资本啦。

步行道概览

可以从东向西徒步这条步行道，也就是从皇后镇，这个生机勃勃有着各种冒险运动的小镇开始，然后去往米尔福德峡湾的蒂阿瑙；或者你也可以从西向东。我喜欢这样东西走向的路线，因为皇后镇有无数的运动品商店，是一个存储能量棒或购买你忘带东西的好地方。

如果你和密友打算按照我说的线路走，就沿着澄蓝的路特本河流出发，主要是向上穿过浓密的山毛榉树林，到达路特本平原多草的山甸。

在徒步旅行中，照看自己的脚是头等大事。我知道自己哪儿会经常起泡，在徒步之前就会在那儿贴上创口贴。我也会带上创口贴和胶布，哪个地方疼了就赶紧贴上。把创口贴和胶布缠在登山杖的手把下，这样便于随时取用。穿一双专业的登山袜会让你觉得格外舒服。另外，要时不时地休息下，如果袜子湿了，就得换双干的。在系靴子时，我学到了一招。我发现，如果不把它们一直系到最上端，小腿骨会舒服些。而如果不把它们系到最下端，脚趾有更多活动空间。

——玛丽贝斯

沿途，你可能会看到人们在山脚下钓鱼和野餐，背后就是雪山。在那儿有一个小屋，你可以晚上住进去；或者，你也可以继续步行一个小时左右，到达600英尺（约180米）高的路特本瀑布附近的小屋。所有的小屋都提供了水管设施、采暖设备和乡村厨具，还有宿舍式的房间，能容纳四～六人。只是一定要提前预订好（小屋住宿，每人的费用是36美元，露营的费用是每人9美元；www.doc.govt.nz）。第二天，你将乘坐跨过哈里斯鞍的7英里长的阿尔卑斯索道，到达麦肯基湖和麦肯基小屋。第三天，你将继续相对轻松的路线，步行5英里（约8公里）到如镜般的豪登湖，湖水在群山和阿尔卑斯弗洛拉花丛中闪闪发亮，附近也就是第四个休憩的小屋了。这儿离终点也就两英里了。你最后的奖励，就是高耸的达兰山脉和霍利福德峡湾那惊人的美景！这时，你和密友会迫不及待地想拥抱在一起，来个合照，庆祝你们的成就吧。

继续走，你会看到…

如果天气不错，自己觉得体力还行，就再花一两个小时从哈里斯鞍亭走到锥形山。这条Z字形的小道曲折着通往湿漉漉的岩石、绿草和白雪，一直伸展到霍利福德峡谷、达兰山脉和马丁斯湾，带来360度令人震撼的美景。最后的路通向塔斯曼海。

“简版”徒步

时间很紧？你还是可以享受路特本美景的，交给皇后镇的导游公司吧，让他们来安排短期徒步。他们会送你从皇后镇到格伦诺基（这里是电影《指环王》的拍摄基地），从这儿，只要轻松走个4英里就能到路特本平原。在继续步行到两英里远的路特本瀑布之前，可以休息下，在小屋里尝尝带的方便午餐。晚上就能回到皇后镇（费用135美元起价，www.ultimatehikes.co.nz）。

最佳旅行社

要领略整个新西兰南岛的重点美景，和美国“冒险协会”签约吧，这家公司专门为小团队的女性提供冒险之旅。十八天的旅行包括路特本的徒步之旅、海上皮划艇以及拜访马尔堡葡萄酒庄（酒庄位于新西兰南部，是当地酿酒业的诞生地）（费用是4755美元起价，888-532-8352，www.adventureassociates.net） “野外之旅”的旅行专家提供了三天的路特本徒步，是十六天南岛之旅的一部分，其他的包括在亚伯塔斯曼国家公园、福克斯冰河的观光以及在米尔福德峡湾的夜航（费用是5595美元起价，800-368-2794，www.wildernesstravel.

com）。

鼠标轻点 万事大吉

登录新西兰旅游局www.newzealand.com 了解更多。

瑞士采尔马特

你看过阿尔卑斯的图片吧——高耸入云、白雪覆顶、山麓上落满可爱的小村庄。那里诞生了文学、音乐和第一批冒险者。或许你以为阿尔卑斯小镇里的马拉雪橇和四轮马车，只是过去传说故事里的简单仿制品。但在采尔马特的滑雪圣地小镇，历史仍在继续，并栩栩如生。当你的火车停在这个镇里：小镇坐落在欧洲最著名的山峰马特霍恩峰的山脚北部，你和密友可以搭乘四轮马车去往小木屋，沿着维斯帕河，选择小镇三条铺过的路中的一条。一路前行，呼吸清新的阿尔卑斯里的空气，让烦恼远离。抬眼向山中看去，道路让路于步道，“贡多拉”设备穿梭着将游客运上阿尔卑斯山。这里汇集了共近250英里（约402公里）长的步道，采尔马特是所有瑞士阿尔卑斯山境内最大的游步道群。这个古老的徒步方式仍是像一个世纪前那样普通和易行。你将和友好的欧洲徒步者、带着装饰有羽毛的帽子和登山杖的当地居民，一起分享该步道。别担心，这里总有适合所有女性的一面，所以别让群山的广袤吓住了你。在6月和9月间（这是徒步季节快结束时，意味着迷人的野花胜景）来个轻松的路线，在可爱的餐馆里吃午餐，然后走到阿尔卑斯山中段，会经过晶莹剔透的湖面和瀑布；或者去挑战那最难的五条路，攀登向上进入高耸的山峰。无论你的选择如何，面对哪个角度，你所看到的，都是震撼人心的山景——即使从你居住的旅馆里看出去，也是如此。

瑞士的徒步道是已经发展到一定文明程度的小道。火车洁净、准时。在徒步起点处设置了公共交通工具，这样你就能单程徒步。要确保你对时刻表和末班车都很清楚。电缆车的末班是傍晚。当地旅游局和火车站会列出详细的信息，也会免费提供有关当地徒步道的小册子。

——玛丽贝斯

我用过并真的喜欢的徒步用具包括：及脚踝的靴子，鞋底要厚实；女性特殊生理期用品和束腰带（给臀部做些支撑）；登山杖，减轻你膝盖压力，尤其是下坡时；还有雨衣。徒步登山的日子是静默思考、神清气爽的，和友伴一起的谈话也会火花无数。你会感受到绝对的自由。完全放松，无忧无虑。让烦恼随风吧。只需沿路前行。作为成年人，我们并没有很多这样的时光。

——仙蒂·布劳恩，55岁，冒险协会创始人，来自华盛顿西雅图

步行道概览

这里有许多世界级的徒步旅游道。希望你不要局限于一两条，在自己体力范围内尽可能多地走上不同步行道。我建议你和密友从古老的“帕佩拉酒吧”出发，先做比较轻松的一小时树林穿越，算是热身。这样你呼吸自在，在采尔马特上部的“长廊”随意漫步，从那儿，满眼所见的是马特霍恩峰。在采尔马特徒步最好的回报之一，是去往海拔9000英尺（约3087米）的霍巴尔曼的三小时徒步旅程。当你站在那险峻的山峰，会不由自主地屏住呼吸，因为周围便是海拔14 693英尺（约5039米）的马特霍恩峰耸入云霄，此时蓝天如洗。如果你觉得精力格外充沛，感觉良好，建议继续前行到马特霍恩峰大本营，这可是一段很费劲的四小时徒步旅程，从施瓦尔茨湖（也就是黑湖）一直到霍尔斯利小屋。

马特霍恩小秘密

其实，你甚至都用不着穿上徒步鞋就可以近距离感受马特霍恩峰。该区域有三个小些的山峰——葛拉特、小马特霍恩峰和洛特峰——都可以坐火车、电缆车和索道（倾斜的电梯状）。有一个电缆车直接到达小马特霍恩峰，当它停下时，问问运营人员“高峰电梯”是否开着。那个电梯是到小马特霍恩峰的最高峰的［海拔12 736英尺（约4368米）］，能欣赏到瑞士、意大利和法国的全景。你和蜜友该计划着在某一个清晨特别地早起，坐索道到达洛特峰顶，海拔10 200英尺（约3498米）。你将会看到生命中最壮丽的马特霍恩日出。

当地信息

你的旅馆老板应该是你最有价值的当地信息来源。他们大多数人很愿意花时间和客人聊天，分享他们所知的最棒的当地信息。

大快朵颐

你是在瑞士诶，所以即使有罪恶感，也有必要尝尝奶酪火锅——没什么比和密友一起，把面包蘸入满满融化的奶酪里更好的事儿了。“咖啡桥”是我最喜欢的一家店，奶酪火锅配有美味清洌的白葡萄酒。（www.dupont-zermatt.com）。

入夜狂欢

“戈蓝比”是一家采尔马特机构：三层的俱乐部，有匹萨店和舞厅（www.grampis.ch）。所有人，从爱炫耀的富豪们到放纵的游客，都会去这儿。食物和鸡尾酒的确很棒；如果音乐不合你意，你就吸收点当地的精气神儿，加入到主要的看客队伍中吧。

投你所好

7月的采尔马特马拉松是最考验体力的长跑比赛，从圣尼古拉开始，到采尔马特，一直到高山小镇利菲尔伯格。这个项目不允许新手参加，但作为旁观者，也是难忘的经历了。每年8月，采尔马特会举行民间游行，载歌载舞地庆祝，居民会身着色彩鲜亮的传统瑞士服饰。当地小吃云集，所以要准备好大快朵颐当地奶酪和熟透鲜肉——还有那忘不了的巧克力啊。

最佳旅行社

“一起踏上旅程”公司每年7月都安排女性去采尔马特的旅程。此时，正值繁花似锦（费用是2895美元起价，707-935-0595；www.goingplacestours.com）。冒险专家“乡间小路”则安排了六天的瑞士阿尔卑斯之旅，包括夜间高档住宿和采尔马特附近两条小路的徒步之旅（费用是3898美元起价，800-462-2848或510-527-1555；www.backroads.com）。

参考读物

从采尔马特出发有太多步行道，所以务必预先做出计划，这样，能够花更多的时间在徒步上，而不是每天早上头疼选择去哪条路。可以到www.ski-zermatt.com/walking_guide.html下载“采尔马特徒步指南”看看（费用是12美元）。

鼠标轻点 万事大吉

登录瑞士旅游局www.myswitzerland.com 了解更多。

尼泊尔喜马拉雅

锲入印度和中国之间，藏于迷人的喜马拉雅群山之中，尼泊尔绝对是全世界徒步旅行者的朝圣之地。这儿有着世界最高峰［包括最高的珠穆朗玛峰，海拔29 035英尺（8844米）］、异域风情的加德满都、供奉佛眼的石像庙宇和外向热情、微笑纯洁如珍珠般的夏尔巴人，还有来到这里的全球游客，专注于向更高更远的天空。户外运动爱好者，不论年纪和能力如何，都被尼泊尔吸引着，这是一生中必须来一次的地方：要踏上古老的山路，徒步到庙宇，融入当地风土人情，陷入广袤的群山之中。在喜马拉雅，人工修筑好的道路非常少，徒步是尼泊尔人的生活必须。但对你来说，这可是“奢侈”的行为。路上，你和密友将会分享与当地人一起沿梯田般山脉前行的新奇，和他们一起走上绳索桥穿过湍急的冰川河流，并接受他们的邀请，去家里喝上一杯香甜的热茶（你会知道，这里的小木屋就是当地的茶社）。尼泊尔人生性开朗，热情好客，这也是会传染的哦。夏尔巴人，住在珠穆朗玛峰区域，是专业的登山者和导游，他们很爱大笑。在我看来，最主要的徒步区是珠穆朗玛山区域。如果你有一个经验老道的旅行商帮助处理所有后勤相关事宜，关照你的安全，这就是生命中必须尝试一次的经历，也是非常合理的旅程。至于何时去，唔，尼泊尔的夏天又热又湿，所以还是春天（3月初到5月初）或者秋天（10月到12月中旬）吧。

我在尼泊尔居住15年，从未听说有外国游客在暴动中被杀死或绑架。所有冲突的政党都已经被拨乱反正，以免伤害到游客。在尼泊尔有着大量欧洲徒步旅行者。

沿路，你会惊讶于那些友好又迷人的小朋友们。如果你想送他们些什么，就带上铅笔和文具，向当地学校校长捐赠，他们会邀请你前去一访。

每个从尼泊尔回来的人都会怀有一种敬畏和感激——尼泊尔人的友善，无与伦比的美景，还有那种喜悦：尼泊尔人物质有限却付出情谊良多、热忱好客。

——奥尔加·玛瑞，82岁，尼泊尔青年机会基金会创始人，
尼泊尔加德满都

珠穆朗玛区概览

大多数徒步者都是从卢卡拉开始的，这是尼泊尔东部昆布地区的一个小镇（距离加德满都有90分钟的航程）。徒步者的旅行时间从10天到20天不等，攀登的高度也从12 650到16 400英尺（约4438～5625米）不一，还有更多天数、更高海拔的。但所有的徒步者都会经过古老的夏尔巴村，包括南吉巴札（你可以在这里购物，并在当地居住几天以适应环境），还会去传说中的藤波彻寺（Tengboche Monastery），现居住着40名僧侣（早晨，你可能能听到他们诵经）。也有短期的10天的徒步者，离开卢卡拉后最终只到达藤波彻寺。整个旅途中，你将被生命中最具戏剧性的场景所包围：壮美的白色雪山带着冰雾的漩涡，直入云霄。你和密友则无比惊异，宛若坠入另一个世界。

感觉还可以？就继续吧

如果你想花20天时间徒步到珠峰大本营，你就有机会攀登到海拔18 192英尺（约6239米）的黑岩峰，可以欣赏到珠峰整个南部正面和西部山脊的动人美景。你也可以继续攀登到比珠峰大本营还远的地方，在那里，你将看到安营扎寨的各国攀登者，帐篷外还悬挂着鲜艳的祈祷旗帜。

茶社还是露营？

住宿小屋、阿卡茶社，都些是徒步旅行者的社交集散点。你和密友，还有众多其他的冒险者，将聚集一起，在世界上最震撼的山景之一的“心脏”聊天饮酒。近些年，过去一直极简朴的茶社已经变了模样，不断翻新整饬。大多数都有了宿舍的风格，有私人房间、自来水，很多还有热水澡可以洗。晚餐的食物很丰富：藏式馍馍、扁豆、猪肉、耗牛奶酪还有许多蔬菜。大多数徒步者会在村外自己搭建舒适的帐篷营地，有睡袋、就餐区和干净的厕所，所以，你也可以不去茶社。你可以边享受露天早点，边欣赏日出于喜马拉雅；日落时便在舒适的帐篷里就餐。但别错过茶社里的友情—— 一定要进去来杯热茶或冰啤。

除了徒步，还有更多！

徒步旅行结束，你和密友可能觉得没时间（或者没精力）感受喜马

长裙或裤子在尼泊尔境内是女性合适的着装。短裤、细肩带的上衣或者任何比较暴露的衣服，在这里都是不太合社会习俗的。

——玛丽贝斯

拉雅的游猎了，但是不妨再考虑下嘛。你不会想错过去奇旺国家公园的机会吧，它坐落在尼泊尔中南部，位于加德满都以西。你在那儿可以坐到一群大象的背上，看到恒河猴、优雅的亚洲鹿还有独角犀牛。如果够幸运，你还能瞥见隐蔽的孟加拉虎——奇旺国家公园可是这种巨型猫科动物最后的栖息地之一。

空中鸟瞰

从加德满都起飞，一小时的飞机之旅能让你鸟瞰8座壮丽山川横亘峡谷，带你逐渐抵达最终的目的地——雄伟的珠穆朗玛峰，穿越云层5英里（费用是135美元起价，www.mountainflights.com）。

最佳旅行社

如果你定了一家有名的旅行公司，他们制定的行程将会让你最大限度地适应当地，舒适从容地享受旅程。导游经验丰富，也有专人准备可口菜肴（还有专人清洁）。五星级的“茶社之旅”通常比露营会贵很多。“冒险女性旅行社”组织了一个奢华的两周之旅。包括在海拔稍低些的安纳布尔纳峰的七天徒步、奢华茶社的住宿、两天的色悌河漂流、两天的奇旺国家公园游览——还有骑大象（费用是5695美元起价，800-804-8686，www.adventurewomen.com）。

“野外旅游”则安排了珠穆朗玛区域的两个徒步之旅：“珠穆朗玛终极”是一个25天的探险，最终到达黑岩峰顶。“珠穆朗玛冒险”包括十四天的观光和在较低海拔的徒步，从卢卡拉小镇出发到达海拔12 680英尺（约4349米）的藤波彻寺（每人的费用3595美元和2695美元起价，800-368-2794，www.wildernesstravel.com）。“索贝克山旅”安排了18天的到达珠峰大本营的旅程（费用是2745美元起价，氧气袋还要额外收220美元；800-687-6235，www.mtsobek.com）。

提早准备

为了身体达到最佳状态，我建议你在去尼泊尔之前的几个月就要开始锻炼，每天至少要在有陡坡和阶梯、但总体还不错的道路上行走三个小时，以适应上坡路。高原反应是会有的，即使是最健康的运动员也难免。为了避免这样的状况发生，你应该选择一个10～20天的总行程，但只要求每天走五个小时的旅行团（不要选择那些虽然便宜，但在短时间内达到同样距离的旅行社——省下几个钱，却要冒高原反应的危险可不值得）。

安全旅游

徒步旅行者应该有导游或者至少有个伴侣。在过去几年里，有些地方政治冲突升级，但没有任何外国游客受伤。当地政府应该是一直及时发布尼泊尔安全局势信息的（在谷歌里搜索‘尼泊尔旅游建议’或者去www.travel.state.gov浏览新闻）。

鼠标轻点 万事大吉

登录尼泊尔旅游局网址www.welcomenepal.com 了解更多。

第四章

味觉盛宴

玛丽的故事

玛丽是新生儿科医生，需要花费大量时间照顾新生的患病婴儿。这是一项极度消耗精力、情绪和体力的工作，所以，回到家后她需要有一种方式来恢复精力、获得平衡——需要有一个“按钮”激活自己！“烹饪总是能让我缓解情绪”玛丽如此说道。她会为家人和朋友研磨香料、切制蔬菜、清炒洋葱、卤浸鲜肉，这样的烹饪过程能够让她释放压力、放松自己。

玛丽的母亲是个天才厨师，坚持纯正的美国南部烹饪法，而玛丽总是希望能超越于此。她总想着要创造不同的搭配，呈现出新口味和新质感。当她碰巧从蔡尔德的烹饪书中了解到法式大餐的食谱时，玛丽知道，她终于找到了烹饪新天地的钥匙。随着这么多年不断探索各种美食烹饪，她惊讶地发现，从不同国家的美食中学习到了文化差异有多大。

有人给她建议过一所烹饪学校，位于墨西哥城东南部300英里(约480公里)处的瓦哈卡镇。她很快入学，比学习切蒜头丁可快多了。这个课程主要是瓦哈卡当地的饮食，老道的厨师或者只是有点爱好的菜鸟都可以去学。一般是在11月初，在墨西哥著名的鬼节庆祝日时教授课程。这是墨西哥的传统节日，当地人思念逝去的挚爱，在家里放上祭坛，供上鲜花、美食和纪念品，还去扫墓。而其欢愉的一面是，这是墨西哥不同人群一起欢聚的时光。

玛丽鼓动她的两个内科医生朋友一起加入这为期一周的烹饪之旅，但当她到了瓦哈卡时才发现，烹饪学校本身就是一个结识其他女性朋友的好地方。玛丽结识了艾莲妮，和母亲一起来的一名研究生。和玛丽不同，艾莲妮并不觉得切蔬菜是可以放松忙碌生活的方式。“我一人独自住在纽约，所以总是外出下馆子或者随便弄点吃的。”她承认：“一个真正的厨子会被我吓着的。”尽管是这样的饮食习惯，她还是很喜欢在假期来参加烹饪课。艾莲妮也许不认为自己是一个厨师，但当她花时间在厨房里时，她很享受创造一样新菜的过程。这所烹饪学校里，有像艾莲妮和玛丽这样相聚在一起的女性。她们如此享受烹饪的过程，就像在参与一种类似油画的艺术。

这所大农场里的房子也做旅店之用，学员们一部分时间做菜，另一部分时间就是吃菜啦。晚上，她们外出到镇子上就餐，来个当地夜生活的冒险。“有一位室友对拉丁音乐很有激情”， 艾莲妮说道，“她找到这样一个热闹的地区，我们到镇上四蹿看现场表演。”他们也到了瓦哈卡遥远的村庄拜访学校创始人苏珊娜的朋友们。他们融入苏珊娜朋友们的生活，分享美食，欣赏当地艺术品，游览蒙特卡罗阿尔邦遗址，看当地的农作物如何生长、收获，喝墨西哥的烈酒龙舌兰酒，在传统庆祝中手舞足蹈。

对玛丽来说，这次旅行除了学习到新品种的美食，了解当地居民，融入当地家庭，感受他们的热情，体会他们的文化也是这次体验中的绝妙部分。庆祝鬼节的活动是最大的亮点。学员们都很热忱地投入到鬼节的准备当中，去专门的市场买甘蔗、水芋、金盏花、精美的糖果（都是头骨和骨骼的形状呢），巧克力和塞满糖果的南瓜，还有小型的头骨雕像，代表女人、男人和小孩儿，放置在家庭祭坛上代表他们挚爱的亲人。

学习课程的最后要尝试“摩尔巧克力酱”，一种超级复杂的酱汁，由多种不同的辣椒、巧克力、水果、坚果、香料和草药做成。这被认为是瓦哈卡烹饪的最高代表作，也是鬼节当天必需的部分。要做好“摩尔巧克力酱”不是件容易的事儿——而学校厨房提供了最能激发灵感的布置——“巨大的厨房里画了一个窗户，各个方向都能看到乡村美景，”玛丽说道，“厨房墙壁装饰了美丽的当地陶器、篮子和地毯，鲜花到处都是”。专注的厨师们“伺候”着辣椒、葡萄干、杏仁和牛油果，放在外面的烤架上用木头生火烤着。他们点燃辣椒的种子，制造一种特别的烟味。天空湛蓝，微风带来花的清香，烟穿过房屋的每个房间，平和音乐袅袅。玛丽开玩笑地把这个场景和电影“巧克力情人”联系起来。邻居们带着孩子一起来帮着搭建祭坛，主要有甘蔗、传统的花朵和逝去亲人的照片。然后所有人围坐，一起享用美味的“摩尔酱”调制的鸡肉盛宴。

“我们相聚在一起，学习如何烹饪，但那只是作为一个工具；很幸运的是，我们结识了当地乐于分享本土丰富文化的人们，庆祝生，也庆祝伟大的有尊严的死。”玛丽说道。她也和艾莲妮，这个自称非厨师的女性，建立了一生的友伴关系，结成了烹饪同盟。她们俩后来也曾回到墨西哥参加其他的烹饪课程。艾莲妮总结道：“烹饪是伟大的，能穿越任何语言障碍将女性联合在一起。”

西班牙巴斯克

也许你对传说中的西班牙斗牛非常熟悉，但对于城市里代表性的风景你可能知之甚少。西班牙的城市，潘普洛纳，是巴斯克自治区首府，非常值得你一探，尤其是，如果你是个美食家。因为巴斯克自治区是一个美食天堂啊。那绵延的农场、海滨度假小镇和山中小村——如此美景的巴斯克自治区夹在西班牙北部和法国间，契入比利牛斯山，有着交错的白雪覆顶的山峰和狭长的葱绿峡谷，这些形成了两个国家的天然分界线。巴斯克的文化在欧洲与众不同——当地人说自己的语言，有着强烈的地区自豪感；巴斯克女性自封建时代起就享有平等权。几个世纪以来，美国厨师绝对不知道巴斯克烹饪的奇妙，他们运用异域的海洋和草场动物作为原料：金枪鱼、鳕鱼、蚌、鳗鱼、小鱿鱼，还有农场养殖的绵羊、羊羔、猪肉和牛肉。巴斯克美食主要是来自海滨的新鲜海产品：蛤蜊、橄榄油浸泡的凤尾鱼，还有厚厚的牛肉片、烟熏的有年头的乡村火腿、盐腌鳕鱼、碎洋葱、甜红椒、西红柿以及温和的风干了的埃斯普莱特的甜辣椒（源自南美，现在比利牛斯山种植）。当然，还有当地特产查克利酒（txacoli wine），这种稍微闪烁泛着金色的轻度白酒，带点自然的碳酸，要是没有它，巴斯克美食就不完整啦。在20世纪70年代，从巴斯克最大的城市之一圣塞巴斯蒂安，来了一批年轻的厨师，开始融入比较清淡的新式烹饪。在他们的餐馆里，年轻的厨师们展示饱含情感的创造，带着艺术范儿，采用新鲜香草、花园蔬菜和豆类，用橄榄油稍许，烟熏不寻常的奶酪。这些现代的烹饪方式造就了新的巴斯克美食的诞生。

你和密友或许够幸运，能被邀请去“饕餮社团”——当地的私人社交俱乐部，是巴斯克男人们聚在一起烹饪、吃喝玩乐的地方。根据传统，他们只允许男性进入俱乐部，但如今，女性也可以进入。通常，这些私人的烹饪俱乐部只是一些人在吧台后面安置一些桌子，投入到他们全民的热爱：烹饪。起初，你只是看到一张桌子边围站着一小群男人，在打牌、喝咖啡、饮酒，而毗邻的厨房里生机勃勃，巨大的汤锅在烤炉上慢慢炖着呢。在这里，你就能学到当地人烹饪巴斯克美食的手艺和原料秘方。让这些大厨们为你烹饪吧。或者你也可以参加一个正规的烹饪课程（参见下文）。又或者，我建议你在西班牙港口毕尔巴鄂租一辆车，沿着“女性烹饪”的道路出发吧，穿过乡村，到达圣塞巴斯蒂安海滨。餐馆和酒吧都聚集于此，你会在此流连，因为好多美食都诱惑着你去尝试。巴斯克城的天气终年温和，冬季多雨，所以你最好是4月到10月去，那时白天更长，阳光灿烂。

河流市场

在毕尔巴鄂，去往当地的“河流市场”，对于你们中的农贸市场爱好者来说，都是一个眼界大开的经历。同时，也让你对当地的食材有一个笼统的了解。“里贝拉格兰仕”是一个三层楼的美食家天堂，有180家店铺，出售你所能想象的所有当地美食。第一层主要是海鲜，其他两层有大块的肉、奶酪、橄榄油、蔬菜和水果。

小东西，大尝头

近年来，所有类型的美国餐馆都提供餐前小吃（小菜）：无论是希腊的、美国的甚至是日本的。如果你到西班牙其他的地方旅游，肯定会注意到这些小吃无处不在。而正是斯巴克人第一批制作了餐前小食。让人稍微有点困惑的是，在巴斯克的菜单上，餐前小吃被写成“巴斯克特色”（大家对着菜单，都会停留思忖下这个词的意思。）如果你时间充裕，何不花上一天，从一个酒吧去往下一个，不断试吃着或热或冷的各种餐点？圣塞巴斯蒂安的贝尔加拉酒吧里供应最有创意的小食——尝尝苹果蜜制的鹅肝，洋葱佐配的墨鱼；然后就着查克利酒（有着果香嘶嘶冒泡的白酒）一并扫光，，服务生喜欢从桌子上将酒高高地倒进你的玻璃杯里。他们可从不会漏一滴或将酒飞溅到你身上（www.pinchosbergara.com）。

全情投入的烹饪课

如果你想学习制作一些斯巴克美食，最好是向新巴斯克烹饪的创始人学习。主厨路易斯·伊利萨尔是最早一批的倡导者，如果你和密友的西班牙语足够好，就能在伊利萨尔本人执教的圣塞巴斯蒂安学校里学习。如果你们的西班牙语仅限于打招呼，他受到提携的女儿——维斯，在夏天开设的课程里会用英文教学。这些课程包括六天住宿（含早餐）和每周三节到四节的厨艺实践，还要去食材市场、历史遗迹和当地葡萄园参观，为你的大餐选择最好的搭配（一周的费用是1100美元起价，www.gourmetsafari.com）。

烹饪速成班

“品味西班牙”，提供了在圣塞巴斯蒂安的半日课程，在那里，你可以在由“蓝带烹饪艺术学院”培养出的、专于巴斯克美食的大厨娜塔莉亚的指导下，学习当地流行的烹饪。在厨房忙碌一上午后，你将享受到劳动果实——就着美味的西班牙红酒，大口咽下吧（费用是322美元起价，www.atasteofspain.com）。

大快朵颐

谈到食物，我的一条座右铭是：当你遇到一家米其林星级的餐馆，别管你正在干什么，去求（如果有必要的话）一个预订吧。圣塞巴斯蒂安的阿萨克餐厅是值得一去的地方：它是西班牙3家米其林三星级餐馆中的一家。店主人基恩·马利·阿萨克是业内的传奇人物，也是新巴斯克烹饪的创始人。这家温暖的海滨餐馆坐落于一个酒馆中，由阿萨克的祖父在1897年创建。今天，基恩和女儿艾琳娜一起工作；艾琳娜自己也是一个受人尊敬的巴斯克厨师。巴斯克美食分量很小，这意味着你和朋友能点上所有听起来不错的食物一起分享，并不会在离开的时候觉得撑得不行。在阿萨克，你会喜欢烤茄子泥和酸奶慕斯、鳄梨汤、凤尾鱼片配上煎鸡蛋、“蛋黄”橘子泥和麦芽啤酒佐的羊羔肉。吃完所有这些，你还能吃下饭后甜点。尽管巴斯克并不以甜食闻名，但阿萨克的巧克力汉堡会让你甜蜜地微笑。它有黑巧克力慕斯——汉堡包——以及干水果和白巧克力——还有小面包（就餐费用是每人平均195美元，不包括酒。www.arzak.info）。

不能错过的博物馆

当你需要休息，想从食物的话题转开，就去弗兰克·盖里[1]的建筑代表作，毕尔巴鄂古根海姆艺术博物馆，这座建筑让毕尔巴鄂名声在外、凸显在地图上。它主要由石灰石建筑块、弯曲的钛材料和玻璃墙圈成，是巨大的现代艺术排列组合。你无法抵抗那标志性的“小狗”——一座43英尺高的雕塑，覆盖着鲜花和绿植（每人的费用是15美元，www.guggenheim-bilbao.es/ingles）。

住宿首选

喜欢欧洲都会中心的女性应该以国际性的毕尔巴鄂市为大本营。这儿有你所能想到的有关城市的一切——橱窗琳琅、人群观望、咖啡馆——你都可以了解一二。但是，这些细节也有微妙的变化，我们喜欢通过乡村发现乡村，通过城市了解城市，对不？一个你用来夜间放松的地方，多米内毕尔堡大酒店的美学气息被它的邻居古根海姆艺术馆深深影响着（双人间的费用275美元起价，包括去博物馆的门票；www.hoteles-silken.com）。而对于懒散的、喜欢巴斯克乡村的人来说，也许更喜欢随意的氛围，想要临着海，在圣塞巴斯蒂安镇就餐。那欧德蕾塔公寓应该是不错的选择，距离海边仅两个街区，可以睡六个人，厨具一应俱全还有个私人阳台（双人间的费用是220美元起价，www.friendlyrentals.com）。 在圣塞巴斯蒂安的欧德蕾塔海滩附近还有很多低价位的旅馆，如著名的伊莎贝拉B&B旅馆是一个可爱的无烟旅馆，有

1 译者注：一位年过七旬的老建筑设计师，也是凯悦饭店集团创立的普立兹克建筑奖得主——普立兹克建筑奖每年颁给全球一位建筑师。

四间卧室和两个独立套间（双人间的费用是80美元起价，套间的费用36美元起价，www.roomsisabella.com）。

投你所好

去参加西班牙打鼓节前不要自觉地塞上耳塞。这是你所参加过的最喧哗的美食节了。从1月19日的午夜开始，烹饪协会成员们在街上游行，穿着打扮如厨师、士兵一般，并要重重地敲鼓。如果你和密友并非夜猫子，也别担心。第二天的任何时候你都能看到游行——游行时间满满二十四小时，只是偶尔来点丰盛的大餐。

鼠标轻点 万事大吉

登录西班牙旅游局www.spain.info了解更多详情。

墨西哥瓦哈卡

瓦哈卡是知名的7种摩尔巧克力酱之乡。最著名的摩尔巧克力酱是“黑人鼹鼠”，混合了各种完全不相干的东西，如干红胡椒粉和传统墨西哥巧克力蘸酱的鸡肉、火鸡或是猪肉。学习如何制作这种当地的巧克力酱，对任何喜欢烹饪的人都相当有吸引力，而享用它则是去墨西哥旅游最大的愉悦之一。瓦哈卡州位于墨西哥城东南300英里处，而瓦哈卡城，位于整个州中心，是游人重地（此处有国际机场）。谈了这么多的摩尔巧克力酱，你或许会觉得瓦哈卡不过就是“只有这一招”，但并非如此。在这里，有几乎无穷尽的各路美食，其文化多样性也让人惊异。至少有十七个不同种族生活在这里，种植着当地特产、养殖肉、可口的香薄荷和药草等。瓦哈卡城也是观赏墨西哥殖民建筑的好去处：巴洛克建筑风格的圣多明戈寺庙是墨西哥最美的建筑之一，有着圆形穹顶和精致的金色祭坛。这里一年四季阳光充足，气候干燥，你和朋友可以一起漫步鹅卵石街道，凝视色彩鲜艳的建筑，参观博物馆，当然，还有品尝美食啊。城市广场叫做左卡罗广场，是熙熙攘攘人头攒动的餐馆中心，还有售卖墨西哥传统美食如玉米粉蒸肉、西班牙香肠、腌渍芒果和自制冰激凌的街边小摊。如果你很有兴趣参加一下烹饪课，在左卡罗广场步行不远、或是一段距离很短的车程，就有几家世界一流的烹饪学校。让瓦哈卡城成为你墨西哥美食之旅的开始吧。

全情投入的烹饪课

烹饪、饮食和睡觉——除了这三样，还有什么是我们生活中真正必须做的事情呢？我好像提不出来什么异议。如果你也同意，你会被“我心之季”所能做的这三样所震惊，那就是相对应的住宿、早餐还有美食学校。“我心之季”是外籍大厨苏珊娜开设的，她在自己的旅行烹饪书和美国公共广播公司的烹饪系列节目中，和美国人分享瓦哈卡美食的秘密。学校坐落于兰乔拉·奥罗拉，是苏珊娜和家人的家园。这间精巧有趣的早餐和住宿之地位于山坡上，隐现在棕榈叶间，而埃特拉峡谷的沙漠仙人掌就在瓦哈卡城外。如果你想待在熙熙攘攘的瓦哈卡，可以安排专人每天接送你到城里去。苏珊娜提供下午的半日班、周末班和为期一周的烹饪班，她会向学员教授瓦哈卡烹饪的光色秘诀。你会品尝到在辛辣猪肉和新鲜香菜里捞出的、稠滑的黑人鼹鼠巧克力酱，并会为传统瓦哈卡巧克力布丁浓郁香甜的味道所着迷。你还可以漫步于市场，参观当地不同的艺术家包括制陶匠、纺织工和木雕者等，这样的经历会让你更深地融入当地文化（半日班的费用是50美元起价，为期一周的烹饪班的费用是1995美元起价，www.seasonsofmyheart.com）。

烹饪速成班

对于时间有限的女性朋友来说，瓦哈卡城半天的烹饪班是不错的选择。在卡莎克雷斯波（也是包括住宿和早餐），奥斯卡·卡里索萨大厨每天早上会开设四个小时的课程，周五下午也有课。作为卡里索萨的学生，你会到当地市场桑切斯帕斯艾斯购买各种食材，然后回去准备下午的食物。和大家一起，聚集在阳光满地的庭院，享受你的劳动果实吧；在你回房午睡前，不妨去品尝下梅斯卡尔酒，从龙舌兰提取酿制的一种当地烈酒。

超级美食大市场

在瓦哈卡州，每天你都能找到一个真正的墨西哥市场，但一定要安排好你的行程能在周三早上去往埃特拉市场（位于城市西北9英里处，可以乘坐公交到达）。这是埃特拉峡谷最大的市场，也是找到正宗的瓦哈卡奶酪的最佳场所，这种奶酪在当地称为小鲜奶酪或是芝士干酪。一旦到了这儿，你和密友可以在拥挤的市场里观察埃特拉当地的奶酪专家，名叫西尔维亚的女性，她会演示拉伸、揉捏凝乳，然后将凝乳弄成球的整个复杂过程。最后用细绳将其分成几块，蘸点热热的墨西哥玉米饼，就是美味的小食。

想找陶器？炸鸡？还是驴？在“梅尔卡多食品市场”里这些东西都有哦。这个市场距离左卡罗广场以西十个街区处，每天都营业，但周六最为忙碌。当地居民会进进出出，印度的手工艺人也开始准备自己的工作。当你迷失在那鲜亮的色彩、奔波的人群还有烤玉米和甜酱料的香味中时，你会觉得自己已是瓦哈卡的一部分。但你得专门找一天，好好吃顿自助餐，也就是去“梅尔卡多11月20日”市场吧（mercado 20 de noviembre），这是一个室内市场，有各种美食摊位，距离左卡罗广场约两个街区。你可以一边漫步一边吃点小食，或是从一家摊贩到另一家摊贩拼凑你自己的混搭午餐。一定要尝尝克拉尤达斯（tlayudas）这传统的瓦哈卡玉米饼，含黄豆、肉和奶酪。穿过街区就是“梅尔卡多贝尼托华雷斯”——瓦哈卡最早的城镇市场。乳品摊贩会骄傲地展示当地自制的奶酪，这里满了各种肉类、农产品和圆圆的大块烤面包。这些市场每天都开放，但试着周三或周五去看看，因为这样的日子是当地传统的市场集市日。

纪念品

如果你想找一种特殊的纪念品如碟子或碗，回家后可以成为自己动手做新式瓦哈卡美食的好伴侣，那么著名的瓦哈卡黑陶应该列入你的购物单里。你会在发明该陶器的小镇——圣巴托罗尤托贝克——找到各种选择（出租车可到）。1953年，一名女性制陶者罗莎小姐发现（完全是偶然），如果她在烧制之前用石英摩擦黏土，成品会很有光泽且平滑。你可以去参观“罗莎小店”，现在是她的儿子瓦伦汀继续制作有她签名的黑陶，不断向游人展示制作方法。瓦伦汀售卖陶罐、盘子、花瓶和水壶——甚至还有圣诞树的装饰物。他们的东西惊艳，价格不贵。

住宿首选

“我心之季”提供住宿和早餐，四周攀爬着鲜花和野生植物，为你和朋友聚会一周提供静谧之所。如果你想寻求小镇氛围，可以去“埃塔娜旅馆”，一个有二十三个房间的殖民时期风格的旅馆，可以看到整座城市美妙景色，距离左卡罗广场几个街区远（费用是58美元起价，www.hotelaitanaoaxaca.com）。同时，“卡萨科洛尼亚”旅馆也是一处胜景，很安静，有十五个房间，距离左卡罗广场越八个街区。这个古旧世界的优雅大房子，以葱绿庭院出名，由一对优雅的美国夫妇经营，还有一位从1977年起就相伴的大厨，为食客提供绝顶美食（费用是95美元起价，www.mexonline.com/colonial.htm）。

投你所好

在瓦哈卡有很多节日，最棒的一个是“共享日”（guelaguetza），这是每年7月下旬举行的州范围的庆典活动。所有瓦哈卡本土的团体都会相聚于此，身着艳丽的服饰，喷撒鲜花，举行传统的舞蹈表演还有提灯游行。还有“逝灵日”（Dia de los muertos），紧随万圣节后，是主要的全国假日，墨西哥人相信逝去的人会在这两天重返人间看望爱人，他们会在鲜艳的祭坛上供奉头骨形状的蜡烛和高高堆起的食物。“品味瓦哈卡”（之前作为“上帝美食的节日”出名）则是美食盛典，每年10月和12月举行，那时游人如织，知名的瓦哈卡厨师会现场演示烹饪过程（www.taste-of-oaxaca.com）。

鼠标轻点 万事大吉

登录墨西哥旅游局网站www.visitmexico.com了解更多详情；瓦哈卡的游客指南提供了该州景点、历史和文化的信息，具体请登录www.oaxaca-travel.com。

意大利托斯卡纳

意大利和意大利人的热情在他们的美食里体现得很充分，而在托斯卡纳，这种热情显得更加淋漓尽致。托斯卡纳位于意大利中部，是女性愿意花上几小时（甚至是一天时间）来研制具有浓郁风味，可以经几代人传承的食谱。意大利面、比萨、薄面包片和松露油，都来自于托斯卡纳。你可以在当地厨房学习几个世纪的美食秘密——或者，和最好的朋友每晚享受它们吧。无论怎样，去托斯卡纳旅游吧，品尝当地基安蒂红葡萄酒，享用意大利冰激凌（我自己是每天都吃一个），饱览向日葵满地的田野风光，从葡萄园里直接剪下一串串甘美的、还带着阳光温度的葡萄，品尝柔滑的意大利面、饱满成熟的无花果。女性会不由自主地传染着意大利式的对食物、美酒和美丽的热情。即使你回到家，薰衣草的香味或是浸润成熟葡萄酒味的西红柿都将你带回到如风吹般的记忆中。也要去佛罗伦萨城旅行，毕竟在艺术史上扮演着重要角色，但千万别错过托斯卡纳里小镇令人窒息的美景。大多数托斯卡纳乡村都可以从佛罗伦萨坐火车或汽车抵达，包括著名的锡耶纳、比萨和卢卡等。游览更小的村镇，真正走在乡间的小路上，你会希望租辆车，这样行动更方便自由。我个人觉得，游览托斯卡纳的最佳时机是9月和10月，这是收获季节刚开始。4月和5月也很宜人，气候温暖，阳光充足，夜晚凉爽。

鲜为人知的美食之路

如果能深入托斯卡纳中心，寻觅无上的美食，你就拥有了吹嘘一生的资本哦。位于蒙特佛罗尼科山（montefollonico）深处的基乌萨迪，是一家深得托斯卡纳精髓的餐馆，也是一所烹饪学校还是一座度假村。基乌萨迪度假村改造于一座农舍，供应托斯卡纳美食，带有现代优雅的范儿。传统主义者喜欢手工制作的匹兹（pici），一种托斯卡纳经典的意大利面；而冒险者会选择料酒浸制的羊肝。但没有人能抵挡精致奶酪的诱惑——有3种类型的帕马森奶酪，还有葡萄酒——有120种选择呢（每人每晚的费用是15美元起价，包括中餐和晚餐，www.lachiusa.com）。

我和一些朋友在过去的一年里对托斯卡纳做了功课或是旅行过。我们了解到，就餐时，你应该检查菜单里是否有单词“附加费”(coperto），这是对干净的餐巾、银盘和桌布收的小费或服务费。我们要小心，不要将这些费用计入小费。当你进入一辆出租车，确保开启计价器。如果不是，他们可能会多收费的。夜晚，当卖花人接近你的餐桌时，要小心你是否碰到了其中的玫瑰，不然你就必须得买一支玫瑰了。意大利男人很帅，被形容为“视觉糖果”，对外国女性格外青睐，要准备好会被调情！高跟鞋很可爱，让我们充满自信，但在意大利，穿着高跟鞋简直就是要自毁脚踝。即使你很擅长在鹅卵石路面穿高跟鞋，你的脚后跟最后会像是和野狗打输了似的被磕破或被撞青。

——凯特琳·寇克丽，21岁；摩根·艾比内德，22岁，学生，

来自西雅图华盛顿大学

全情投入的烹饪课

在托斯卡纳女性烹饪课堂，你会了解到四代意大利女性在蒙特佛罗尼科里小山镇的传统，蒙特佛罗尼科是锡耶纳的一个省，位于佛罗伦萨以南一小时车程处，靠近蒙特普齐亚诺。蒙特普齐亚诺带来你关于托斯卡纳小镇想象的所有东西。这座小镇建于古老的伊特鲁里亚时期，是罗马人遗址，周围是破碎的城墙。作为学校里的学员，你将在别墅和在当地餐馆的厨房里烹饪，五天都在当地不同女性的指导下研究——比如其中一位，82岁的伊奥兰达，靠一把钢刀和金子般的心统领厨房。当手肘深入意大利面团，你会呼吸着专用橄榄油制成的咖喱香味，很想品尝自己做的浸透朗姆酒的提拉米苏。你也可以将自己浸入当地文化，去参观市场，在佛罗伦萨花一天时间闲逛，品尝750年历史的酒窖里的葡萄酒。在附近四星级的拉科斯塔酒店住宿吧（费用是3750美元起价，www.TuscanWomenCook.com）。

烹饪速成班

坚持要去熙攘时尚的佛罗伦萨的女性和坚持要去博物馆的女性，都可以在“迪维纳库奇纳”一天的课程里学到有关托斯卡纳烹饪的东西，这是由美国移民的厨师茱蒂·威特开设的。你可以从“圣洛伦索市场”里开始这一天——设计自己的四道主菜单，运用当季的食材——热门菜肴包括塞满南瓜花的意大利调味饭、手工意大利面还有意大利奶冻。当地配酒师会根据菜单，为你准备合适的酒水（费用是420美元。www.divinacucina.com）。

购物的秘密

在品尝了所有食物之后，你或许需要一整套新行头——或者就用“吃太多”了作借口，逛街消食，购入欧洲风尚的别致衣服吧。忽略佛罗伦萨景点街边的廉价假名牌吧。佛罗伦萨特惠中心是女性们的购物天堂：阿玛尼(Armani))、古驰（Gucci）、芬迪（Fendi）等这些大牌在这里的售价还算可以承担得起，这是佛罗伦萨“众人皆知”的小秘密。不要错过普拉达（Prada）特惠店，有缪缪（Miu Miu）、吉尔·桑达（Jil Sander）这样的大牌。当你到家，穿着在佛罗伦萨淘到的、黄油般柔软的皮革外套，而价钱却只有在国内的一小部分时，你或许成为朋友们嫉妒的对象哦（佛罗伦萨，www.outlet-firenze.com）。

文化飨宴

佛罗伦萨是意大利文艺复兴时期伟大的艺术家米开朗琪罗的家乡。你可以自助游，欣赏米开朗琪罗的作品——从艺术学校开始，在这里可以看到其名作“大卫”雕像；然后是美蒂奇礼拜堂，这是他在1500年专门为美蒂奇家族设计的。下载米开朗琪罗主题的旅行指南——或是了解参观佛罗伦萨其他博物馆、宫殿和教堂的旅行线路——请登录www.aboutflorence.com。

住宿首选

如果你想将佛罗伦萨当做大本营，我最喜欢的一个地方是大卫酒店，位于市中心的一个别墅，有温暖如家的房间和令人惊异的欧式早餐（双人间的费用是119美元起价，www.davidhotel.it/en）。托斯卡纳里小镇的吸引力或许超过了峡谷。在基安蒂的格雷沃小镇，遍布着酒厂，住宿迷人舒适。其中最出名的就是圣安德烈亚别墅，有着占地1300英亩的酒厂，提供住宿和早餐；还有三个改造自农舍的公寓（双人间的费用150美元起价，有两个卧室的公寓的费用是190美元起价，www.villa-sant-andrea.com）。在锡耶纳小城，最奢华的是“大陆大酒店”，那儿有一列壁画，还有一流的服务、可爱的花园酒吧和餐馆（双人间的费用是565美元起价，www.ghcs.it）。

投你所好

蒙特普齐亚诺每年举行“滚葡萄酒桶”大赛，因电影《托斯卡纳艳

去年夏天，我完成了“吃遍意大利”之旅，这是我的建议：要穿宽松可膨胀的衣服！当你在托斯卡纳，每次下车，每个毛孔都会扩张。喝杯葡萄酒或品杯茶，看夕阳余晖落在美丽的托斯卡纳峡谷，人生有此足矣。对于美食，我钟情于比萨饼，因为正宗的意大利比萨饼真是太好吃了，可又如此简单。饼皮很厚，就像玉米饼似的。玛格丽特比萨饼就是面饼、橄榄油和西红柿——却是相当美味。橄榄油也是致命诱惑。你会习惯于在用餐前混上盐和胡椒粉，用面包蘸上这些再吃。

——弗吉尼亚·皮尔特，35岁，“托斯卡纳美食之旅“参与者，冒险家，来自佛罗里达州奥兰多的迪士尼

阳下》而闻名，可以追溯到14世纪。在每年8月的最后一个星期日，有八个公社（村庄地区的意思）相互挑衅比赛登山滚桶；一周后演变成一个竞赛，每个公社都有自己的夜晚派对，欢迎游客享用美食、游戏、音乐和自由流动的美酒。想想强壮的男人和美酒，赶紧订票吧！

在托斯卡纳还有葡萄酒节，理论上是9月份的每个周末举行。最棒的一个是陈酿古典康迪葡萄酒节，在格雷沃（距离佛罗伦萨以南50英里）9月初的收获时节举行。到了那儿，你和密友买个杯子，从一个酒厂喝到另一酒厂，一路畅饮，中间就在户外餐厅吃点比萨作为午餐。从佛罗伦萨坐火车和汽车都能到达格雷沃（www.greve-in-chianti.com）。

家庭游

如果你和妈妈、祖母或是女儿想要“学点手艺”，可以加入迪士尼的“托斯卡纳美食之旅” ，让导游带着去看托斯卡纳的亮点。为期七天，所到之处包括罗马、奥维多、托斯卡纳别墅、圣吉米尼亚诺、锡耶纳和佛罗伦萨（费用是1990美元起价，要尽早预订；877-728-7282，www.AdventuresByDisney.com）。

鼠标轻点 万事大吉

意大利旅游局网址请登录www.italiantourism.com；托斯卡纳地区的旅游局是所有活动、交通信息和住宿的一站式资源，请登录www.tourism-in-tuscany.com 。

泰国曼谷

作为泰国的首都和东南亚的金融中心，曼谷是精致都会，也是文化中心。它活力无限，任何事情都有可能发生在此。在大多数街道上，你会看到脚穿便鞋、披着外套的欧洲背包客，混在急匆匆的繁忙人流中；他们所有人都被城市裹挟着、不间断地奔忙、寻找自己的路。现代曼谷中央塞满了各种摩天大楼、玻璃幕墙和巨大的购物中心，来往车辆和嘟嘟车造成交通严重堵塞。而曼谷的历史沿着奔流不息的湄南河演进。在湄南河沿岸预订一个旅馆，这样你可以乘船到大量的庙宇和宫殿去参观。你或许会瞥见大象穿过小巷，到处都能看到安静的僧侣身着鲜艳的橙色长袍。许多小运河蜿蜒着穿过城市，成为建在高处的木质房子的边界，那样的木质房还带有外露门廊。仔细观察精心雕刻的“灵厝”（别误认为是喂鸟的），那是家庭放置熏香、鲜花和食物的地方，是供奉心灵护卫的。你们中会有人对乡间摊铺感到惊异的，那儿有古老的手工艺品；而其他人会涌入高档的购物商场欣赏设计师的衣物。对于每个人来说，曼谷都有其自得其乐之所。就我个人而言，美食家是最能享受此处精华的。城市里充满了各种各样的廉价小吃，带有异域风味，如红辣椒、绿辣椒、柠檬草、椰子肉、九层塔（又称金不换，是一种香草）还有香叶。泰式美食运用了芒果、咖喱、辣椒和花生作为调味。到了那儿，你得先学会怎么用筷子去吃泰式炒面（有鸡肉或是小虾米和花生酱佐料的面条），还要学会如何用黏黏的米面饼把大块鸡肉从筷子上弄下来。几天后，你可能会觉得自己正在经历特殊的冒险——果真如此的话，尝尝那油炸蚱蜢或是甲虫吧。

全情投入的烹饪课

曼谷东方文华大酒店，位于市中心附近的湄南河岸，提供世界知名的半日烹饪课程。你会从顶级泰菜大厨那儿学到一些技巧，从基础的令人垂涎的泰式香料和药草开始，然后逐步是研磨、切菜和油炸技巧——当然，中间会不断试尝味道。你可以随意找一天时间，学习如何将食材卷起，油炸成诱人的春卷；研磨辣椒成粉，放到炒鱿鱼中；慢炖可口的椰奶汤，慢搅更稠；将热乎的泰国奶油冻覆盖在黏黏的米饭上。课程每天上午对所有人开放，而不仅是酒店里的客人，随后你还会享用自己劳动果实的丰盛午餐（费用是140美元起价，www.mandarinoriental.com）。

一日游

依据传统，泰国村民在流动的市场上买卖物品。平底船沿着运河售卖新鲜蔬果、鲜花，甚至饭菜也是在船上厨房做好的。丹能沙郡水上市场，距离曼谷35英里（约56米）处，是现今仍保留的最活跃的水上市场。你和密友可以租一条自驾小船，沉浸于这似乎无穷尽的传统泰式美食，而身旁当地人和游人成群列队，拥挤不堪。随着时间的推移，市场会变得越来越拥堵，所以尽量早点去那儿，最好是早上六点到八点之间吧（关于租船的更多信息，请登录www.tourismthailand.org）。

大快朵颐

对于想要欢乐热闹氛围和美味晚餐的女士们来说，蓝象餐厅是理想之所。餐厅看起来“奢侈”，但相对泰国消费而言，物超所值。这是一家连锁餐馆，在美国还没有开设，但在欧洲、俄罗斯和中东都有分店。在曼谷的分店是一幢私密性强的殖民期风格的建筑——小楼两层都是就餐区，而顶楼则是另一家很棒的烹饪学校。菜单里列的都是传统的泰式菜肴，也结合了现代加工方式，如鲑鱼代替了传统的碎鸡肉，鹅肝酱配的是泰式罗望子酱，烤香牛肉（而不是鸡肉），放了辣椒和罗勒属的鳄鱼肉（每人的费用是40美元起价，www.blueelephant.com/bangkok）。许多泰国人喜欢在街边小吃摊吃东西，非常便宜，也很美味，但卫生条件当然是有问题的。餐馆的质量虽然参差不齐，但比街边小吃摊还是要卫生的。

烹饪展示

在曼谷超多的海鲜市场和餐馆里，许多厨师面对1500名客人，在160英尺（约54米）高的展示台展现他们的神奇烹饪，这里充满了各种你能想象得到的所有海产品。订餐本身也是一种难得的经历：你从水箱里选择想要吃的海鲜，挑出想要配菜的农产品或配料，如大蒜、生姜、辣椒、豆类和蘑菇。在餐桌，你决定希望食物如何加工，例如，要蒸鱼，配上辣椒和豆豉酱，虾要配上奶油酱，煎虾球或者是炒素菜配上蚝蜊油。这是一种你永生难忘的经历（www.seafood.co.th）。

购物大血拼

在扎都贾周末市场，你会觉得自己陷入了一片皮革手袋、古玩和珠宝的海洋里。这是曼谷最大的市场，也是所有喜欢配件首饰的女性不能错过的地方。你可以花一整天的时间，在每个摊位那儿细细瞧，直到不想再看。因为有15 000多家商铺，占地35英亩。你很可能会发现自己带

如果你想参观曼谷的寺庙或宫殿，必须把肩部、膝盖和脚后跟都覆盖起来，以示尊重。如果你穿的是背心、短裤或是凉鞋，是不能进去的，除非在入口租了合适的衣物。

——玛丽贝斯

曼谷的交通真是神奇啊。交通灯根本就不定时，而司机根本就无视交通灯。在曼谷开车、坐出租或是坐嘟嘟车简直就是个噩梦，所以要在湄南河沿岸订一个旅馆，坐公共水上巴士（价格不菲）或是乘长尾船沿河前行。从你的旅馆窗户或是户外露台望出去，你会看到驳船、渡轮还有木船在日夜穿行。

——玛丽贝斯

回家的礼物远远超重。另外，既然价格已经是相当便宜，你也不用担心会败家。还有，在我看来，在这儿购物特开心的一点是和这些摊贩讨价还价的过程，有的东西你能讲下50%的价钱。大多数摊位在周六和周日的七点钟开始营业。

安全旅游

在曼谷，那种对性的挑衅态度确实很让人震惊（很多妓院明目张胆，挂着按摩院招牌，还有脱衣舞俱乐部和人妖表演等），但要放心的是，曼谷是对游客很友好的城市，女性在这里是很安全的。只要遵循常识即可。当我和13岁的女儿一起游览曼谷时，我们住在湄南河沿岸的旅馆里，很容易坐渡船到很多庙宇和宫殿，甚至在菩提寺（也叫卧佛寺）里著名的传统泰式按摩学校里做了全身按摩。你可以避开城市里不太好的那一面——我们就做到了。

最佳时节

为了不要让自己热得吃不消，我建议你每年11月到次年2月去泰国，主要是享受美食和尽情购物，这是泰国一年里最凉爽的时候（白天气温在28摄氏度左右）。8月和12月都是旅游旺季，游人如织。

鼠标轻点 万事大吉

登录曼谷旅游分局网址www.bangkoktourist.com；泰国旅游局的网址是www.TourismThailand.org。

法国普罗旺斯

美味调料、橄榄树林、缠绕的葡萄藤、薰衣草田还有波光粼粼的海岸线，这让普罗旺斯展现出明显的地中海风情——当然，还有美味。普罗旺斯坐落于法国的东南区，在意大利边境、阿尔卑斯山、隆河和地中海之间，尽享了天赐的近乎完美的气候、壮美的山景还有大片的葡萄园。如此美景，脑子里不由地浮现出保罗·塞尚或是文森特·梵高的画作（两位艺术家都曾居住在普罗旺斯，描绘过普罗旺斯的风景）。实际上，梵高最出名的一幅代表作“星夜”，便是在普罗旺斯小镇阿尔勒附近绘画的。而正如它的风景一样，普罗旺斯的美食也是绝对的诱人。如法式炖菜和法国炖鱼等，在美食之旅和该地区的烹饪学校中会很盛行。如此多的城市、小镇和乡村聚集在一起，对于喜欢租辆车，沿着乡间来个公路之旅的女性朋友们来说，的确是理想的旅行地；而对于很多观望族——喜欢待在一个地方消磨时光，晒着太阳，喝点小酒——的人们来说，普罗旺斯更是一个不错的选择。另外，南部主要的城市如亚维侬、尼斯和马赛，都可以乘坐火车或汽车到达；租车是最便利的了，可以游览一些小村庄。春秋季是游览的最佳时期。夏天人太多，也太热了。

来采松露吧

在“安妮的厨房”里驻留会儿吧，就像拜访一位老朋友。安妮非常欢迎学生们到位于“普罗旺斯米尔餐厅”的私人居所。她有特殊的黑松露制法——这些辛辣的块茎比一星期的食物还要贵。在1月份的松露季节，安妮会安排专门的松露相关的烹饪课程，到时一定要进她家看看。这意味着要坐下来和洛克西一起玩，洛克西是采集松露的狗狗哈。你们会学习如何将食物与这美味的调味混合在一起。小团队的课程会完全采用英语讲授；住宿不包含在内，但会提供附近旅馆，不过要额外付费的哦（费用是2950美元起价；www.annieskitcheninprovence.com）。

大快朵颐

普罗旺斯充满了——我的最爱——米其林星级餐厅。有这样的经历吧——拿出你的信用卡，然后就会开始担心费用——嗯，在格朗普雷餐厅就是如此。这家餐厅位于Roaix，处在亚维侬北部，驱车不远就可抵达。这座美食珍宝由出生在比利时的厨师拉乌尔和其墨西哥妻子弗洛拉共同经营。这里就像朋友家，你们可以安顿下来，感受这里的温馨。它坐落在一座传统的普罗旺斯小屋内，在庭院里有一个就餐区，周围是布满芳香的草药园。拉乌尔是很花心思的厨师，设计了一些优雅精致的食物，如夏季的松露沙拉，嫩烤羊羔肉和山羊奶酪冰激凌。弗洛拉则是专业的配酒师，会引导你品尝最好的美酒，如可爱的“罗纳河谷”、“玫瑰”还有其他地区的葡萄酒（四道菜的正餐是75美元起价，葡萄酒不含在内。www.legrandpre.com）。

甜点时光

巧克力、巧克力、更多的巧克力！这是知名的巧克力大亨乔尔·杜兰德在圣雷米的小店主题（距离维亚侬以南11英里处）。在这里，乔尔和游客一起精心制作出醇香的、一口就能咬下的巧克力和糖渍水果。试试甘那许（一种巧克力酱），里面是蒸馏过的普罗旺斯薰衣草，用舌尖感受那沾满蜂蜜的松露的香甜——味觉上的惊异来自于除了巧克力的醇香，还混合着不同寻常的风味，像是罗勒属和百里香（直接电话去预订行程、询问价格吧。www.chocolat-durand.com）。

全情投入的烹饪课

“普罗旺斯一周”烹饪学校为初出茅庐的厨师们提供了真正融入普罗旺斯美食的机会。如果你召集了足够多的朋友，就去入住那有五个卧室的18世纪的农舍，就在孔多塞村庄外（尼翁东北20分钟车程处）。女士们可以分享对烹饪的那份热情（准备成为更棒的厨师），从主厨丹尼尔那儿学习如何制作经典的普罗旺斯菜肴，如法式烤鸭、架烤羊羔肉。你将学习从屋后的花园里采集新鲜的普罗旺斯药草食材（马郁兰、迷迭香、百里香），还和当地人一起酿造独特的葡萄酒，参观古老的橄榄作坊，学习如何从鲑鱼池里挑选合适的鱼（平均每人一星期的费用是2950美元起价，www.frenchcookingclasses.com）。

有一次，在返回普罗旺斯的路上，我想自己肯定得在车上过夜了，因为当时汽车已经没油了，也找不到一家营业的加油站。驾车在一个陌生的国度，我必须要知道加油站晚上什么时候会关门，在显示只有一半油时我就会加满。然后我才不用担心。

——玛丽贝斯

美食市场

在普罗旺斯，几乎每座城市和乡村，每周都有市场；在20英里（约32公里）半径的范围内，你其实每天都可以去购物。其中最棒的市场是雷阿勒，这是亚维侬最著名的室内市场，除了周日，每天都开放。你和密友可以花上几个小时，在四十多个摊铺里寻找刚出的新鲜农产品，以用来准备野餐或在居所的正餐。而身旁到处是压榨橄榄油、蜂蜜坛子以及新鲜烘烤的长棍面包。亚维侬南部的圣雷米市场，每周三开市，在那里花上一下午逛逛，就好像是参加了一个嘉年华。围绕在鲜艳的摊位中，让自己完全沉浸于街边表演者的演出吧。

住宿首选

如果你和密友是庆祝重聚或是生日聚会，考虑在亚维侬租住一座独立农庄住宅吧。18世纪的“亚维侬宅邸”可以容纳最多8位女性，有着优雅的装潢和所有你可能用得上的现代便利设施（一星期的费用是4949美元起价，800-726-6702，www.rentvillas.com）。而地理位置居中的“亚维侬大酒店”提供高档标准间、套间和公寓（双人间的费用是299美元起价，在线预订有很大折扣，www.thegrandhotelavignon.com）。在普罗旺斯还有很多旅馆可选择：在圣雷米，从市中心步行5分钟便可到达的“太阳旅馆”很舒适，有二十四个房间，是被改造过的独栋住宅（双人间的费用是85美元起价，www.hotelsoleil.com）。

鼠标轻点 万事大吉

更多详情，请登录法国政府旅游局网站www.franceguide.com。

第五章

水疗天堂

玛丽莎的故事

旅行并不总是意味着放松——实际上，有可能非常累人。有那么些时候，我们所需要的就是去某个地方，在旅途中休息会儿，放松，放下所有的责任，享受疗养。一次有女性朋友陪伴的水疗之旅也是女性重获生机的机会。一些女性，如玛丽莎，觉得每次旅行都应该有疗养和护理自己的时间。玛丽莎和密友出游享受水疗是有长时间的传统了。无论何时，只要有机会，她们就去疗养胜地，在静谧的自然中享受日光，浸泡在温泉中，远眺绿色草甸，漫山野花。

5年前，她向公司请休一年的假，周游全世界，看望女性朋友，一起享受水疗。在四大洲的冒险旅程中，“我在寻找度假胜地和健康水疗，”她说道，“从泰国到新西兰，把自己疲倦的身躯沉浸于有治疗功效的水中。”

其实，玛丽莎并不是依据水疗来制定旅行日程，她只是很自然地被吸引去了水疗，即使在那些并不可能的地方。在法国，这个她开始旅程的地方，她了解到名叫“清真”的水疗地就在巴黎的市中心拉丁区。这是充满异域情调的土耳其蒸气浴，玫瑰色的大理石柱和马赛克嵌花营造了温馨的休闲氛围。淋浴后，她往身上打满了传统的黑色肥皂泡，这些随后会自然从皮肤上脱落。然后，她沉浸于浴盆里，饮着摩洛哥薄荷茶。随后躺在大蒸汽房的一个平台上等待按摩。两个协调按摩的女性，按照从平台到按摩桌的顺序来按摩疲倦的身躯。“我们就像一千零一夜里的空虚的皇后们——褪去衣服，”玛丽莎说道。感受巴黎的土耳其蒸气浴只是她开始全球水疗之旅的第一步。

当她最终抵达泰国，便前往苏梅岛，一个著名的水疗胜地，度过了难忘的七天苏梅水疗之旅。她所接受的泰式按摩包括很多配料，如野生薄荷油、柠檬草爽肤水和红橘油。果树掩映的长木板上，五六个微笑的按摩师会精确地触摸她的身体，并力道适中地按摩。他们推拿、拉伸、按压她身上的关节，涂上她所选择的合适的精油。泰式按摩既让人放松，又让人充满活力。“有点像做瑜珈。”她说道，“但不需要投入任何努力，就能得到针压法治疗所得到的效果。”

玛丽莎后来在新西兰逛了两周，拖着行李徒步旅行，不断乘坐汽车和飞机，一身倦怠后她泡在罗托鲁瓦的愈合之水中。“在罗托鲁瓦，我感受自己身体的每一个成分，”她解释道，“我泡在27摄氏度的温泉池里，体验波西尼亚温泉”。AIX按摩，是在不断喷射的水柱中往身上抹很多椰子油，这样能帮助她从长途旅行中恢复精力。

经历了20年不断的水疗体验，玛丽莎发现：“和其他女性一起相互陪伴，水疗和浴缸往往能营造一种深深的归属感和焕然一新的感觉”。

水疗预约

预先确定时间、按摩师的特点和个人喜好。如果临到最后还没决定好，他们可能就没有女按摩师了，或者你只预约到当天的最晚一班，也就是晚上九点。那时大家都很累，都想回家了。

——玛丽贝斯

巴厘岛乌布

迷人海滩、冲浪天堂、密林掩映的火山群、稻田美景和热带风光，这让巴厘岛成为国际名流富佬们心中特殊的胜地。而该岛的省府，坐落于东南亚印度尼西亚群岛中，如果你想卸下我们每个人生命中都会背负的沉重包袱，这里也是一处理想的水疗放松天堂。除了乌布村，我想不出还有什么更合适的地方。乌布村是巴厘艺术、音乐和传统舞蹈中心，是拓展文化视野的地方。在这儿，你能花最少的价钱，感受生命中最放松的一段时光。与你一起分享的女性朋友需要被宠爱，需要将整个假期完全投入其中，在水疗时“成为焦点”，乌布村就是为你们而存在的。喜欢乌布村的朋友们也别错过这儿绝美的风景。梯田围绕、流水淙淙，小村就是一个静谧的绿洲——除了夜晚，青蛙开始哇哇合奏。这里被认为是精神的平衡点，因为正处于巴厘大海和圣洁高山的正中央。数十个当地的水疗更加深了这样的氛围——我最喜欢的是乌布疗养地。这是非常放松的“禅别墅”（zen village），由很多通风的私人度假别墅改造作为客房，是根据和风水相似的巴厘原则所设计的。你居住的私人居所会被热带花园围绕，附近瀑布的声音清晰可闻。当你漫步于乌布的街道时（这里不需要租车），可看见印度教庙宇、宫殿还有临近的稻田美景。相对岛上的其他地方，乌布是最适合几日游的地方了。来点地理小知识吧：巴厘小岛（长140公里，宽80公里），而乌布位于巴厘岛地理位置的中央，这意味着从乌布去往岛上任何一个角落都不远。面包车是安全便捷的交通方式——你可以在路边随时拦车。至于岛上闷热的气候，3月到10月是巴厘的旱季——其他时期雨量多些，会很潮湿。

全景概览

在乌布萨里，有水疗中心、桑拿房、旋涡浴、美容沙龙，还有一个健康诊疗中心、户外露天剧场、素食馆，健康小铺和私家别墅，这些在密林地上星罗棋布。

套餐项目

乌布萨里健康度假村的项目分成好几种套餐，伴随不同水疗设施的使用。大多数饮食都是热腾腾的。要安排自己的水疗计划，先预订一个房间，提前订好你想要做的一系列治疗。如果这是你第一次到巴厘岛，这是让自己熟悉当地疗养方式的好方法；第二次，当你和密友计划在巴厘重聚，你们可以参加一些特殊的套餐（晚上的费用45美元起价，双人间的费用是60美元，含早餐；www.ubudsari.com）。

水疗

在乌布萨里健康度假村中，你需要做的最重要的决定应该是，是做按摩（15美元）还是做泥浴（25美元）。你会很快地适应躺在水疗池中，把自己交给他人来做水疗，或是从头到脚、从里到外地接受排毒诊疗。如果你选择后者，这也是为期一周的健康项目的一部分，包括清洁、禁食、每日瑜伽和促进排毒的练习。若你需要独处，就在黄昏落日里，漫步于梯田周围吧。

经典疗养

在一个半小时的爪哇露露香熏水疗中，疗法师会集中关注你的身体，用草药和米粒的混合物摩擦你的身体，去掉死皮和角质（25美元）。然后，你沉浸到鲜花和草药浴盆里，来个温暖的泡澡。如果你的肌肤正排毒，试试来自阿贡山（巴厘岛的火山峰）的灰烬做的火山泥浴，这是要在一小时的按摩后进行的（费用是25美元）。

焕然一新

如果吃了不太健康的饮食，让你难受，你可以预订一个帮助排毒的水疗。乌布萨里提供有如下项目：从一整天到一周的果蔬汁断食；生食；或是二者混合（如果还是没有排干净，去素食馆也不错）。如果你想来个饱满的充电，两周的“新生疗养”包括大肠水疗、果蔬汁断食和生食——配合生食烹饪课，还有健康的生活方式指南。最棒的是，你将获得十次按摩、一系列美容治疗、私密的健康咨询、冥想课程和每日瑜伽练习（2700美元）。

位于热带地区，所以尽量要求水疗房有空调或是露天的。一些人对于潮热气候更敏感——我自己也不希望做水疗时会出汗。我喜欢少量着衣，躺在沙滩的长椅上，享受当地女性的按摩。这比在度假胜地便宜，也少了些私密性，但微风吹拂，这里就是天堂。真的：这里很多美事儿的集合，实在是太棒了。

——玛丽贝斯

新生疗养

两周的“新生疗养”（如上所述）是整个套餐中覆盖最广的——我推荐给你们中想要认真重塑身体、控制不良饮食习惯的人。对于时间有限或是讨厌大肠水疗法的人（我不能说要责备你哦），乌布萨里也提供了不同的选择。其实，为期一周的身体、心灵和精神焕发的一套项目是很有吸引力的，这包括从颅骶治疗到反射疗法，还有美容如脸部美容、身体磨砂去角质、日常灌肠和果蔬汁断食以及每日的瑜伽和冥想练习（费用是1000美元）。

别样享受

如果你想在“四季”挥霍假日，巴厘岛是理想之地。世界上还有哪个地方如“私人天堂计划”般，是任你享受的？距离乌布15分钟的车程处，这片美丽的绿洲有着葱翠的热带植物、荷花池还有阿勇河景。它的奢华套房和别墅都采用印度尼西亚风格的装饰，还有手工纺织品。一定要在离开前试试巴厘岛式全身按摩，按摩师长时间的手掌按压以平整肌肤，还有很棒的脚部按摩（结合了芳香椰子油，调入茴香、生姜和香根草）。你应该也认真考虑来个同步按摩，就是两个按摩师同时在你的疼痛处开始按摩——也就是说，有四只手作用在你身上（最后，要让密友把你扛回房间去哦）。在“四季”的水疗亭，你甚至很享受背景的声音：附近阿勇河的淙淙流水声有着神奇的抚慰作用。如果你要问我的感受，嗯，天堂一定也就是如此。三晚的桑拿水疗体验，包括到达时的花浴、60分钟的双人按摩和日常早餐，一共是770美元起价。晚上的价格是460美元起价（800-332-3442，www.fourseasons.com/sayan）。

投你所好

你们中的书虫可以将水疗旅程与乌布的作家和读者节结合在一起，这个节日每年9月或10月举行。出版物作者、知名戏剧家和诗人都会从全世界各地赶来参加各种工作坊，进行热烈讨论。召集你的密友，早早地报名参加热门的瑜伽课和写作工作坊；聆听大师们讲述他们在烹饪和旅行方面的建树；也学习下制作蜡染或是写回忆录的基础要领（www.ubudwritersfestival.com）。

水疗粉丝们看过来

如果你想了解巴厘岛不同的水疗方式、有关水疗的项目（瑜伽课、冲浪课以及其他更多），登录网址www.balispirit.com进行查询。有个小贴士：尽量要求诊疗室是通风的或是带空调的。一些人对于潮湿的气候很敏感——我个人在水疗时就希望不要出汗。

鼠标轻点，万事大吉

关于巴厘岛的更多信息，请登录www.bali-tourism-board.com。

捷克卡尔斯巴德

贝多芬、巴赫、歌德、马克·吐温、佛洛伊德和爱迪生，所有这些人都在捷克水疗小镇里的愈合之水待过。20世纪90年代早期，捷克水疗做了很大的改造，很快向大批游客开放。这里的水疗和美国的不同。首先，价格便宜很多，足够吸引你到东欧来旅游。它不是涵盖一切的水疗度假地，而是带有室内水疗馆的旅馆。并且，很多东欧的水疗中心是一种医疗方式，而不仅仅是放松的途径（信不信，有些甚至还提供牙科治疗）。如果和大多数人一样，你也有个头疼脑热或一般性的疼痛，或者你有些具体的病症如关节炎，你和密友会爱上这儿的水疗，因为这里还是不错的治疗方式呢。当然，或许你只是寻找一种放松的方式，探索一个新国度。那你和密友就会爱上卡尔斯巴德，一个古雅安静的水疗小镇，能够享受女王般的浸浴。在这个小镇，有一百多个温泉流淌着，汩汩作响（在捷克，大家叫此地卡罗维发利），从捷克首都布拉格向西坐两个小时的公交车就能抵达这里。其中的十二个温泉已被圈在池里，喜欢温泉的欧洲人会成群结队地前往，开始了解这里的美国人也开始纷至沓来。卡罗维发利有着荫径、凉亭和廊柱，会让你沉浸到一种古典情怀的优雅氛围中，而无须花费很多金钱。

所有的旅馆都以矿物温泉为中心来开设，都有水疗，让宾客沉浸其中。住在位居中心的旅馆，然后每天去看看小镇的风景，享受温泉。即使你不在那儿逗留，也要参观“美丽时代风格大酒店”——若你在这里预订了水疗，就可以享受两个小时的温泉浸泡。在水疗和泡泡浴之间的空档，你们可以走过人行桥，沿着“尼泊尔河”，穿行在色彩柔和的巴洛克建筑间；或是聚在咖啡馆里，品味咖啡；要不，就在路边观人、看风景吧。小镇位于峡谷中，周围树林环绕，是个安静的世外桃源。我最爱这里夏季欢快的氛围，而夏天也是一年中人最多的季节，所以你得早早预订好。如果你穿得很暖和、在非假日的冬季来，会有很大折扣的（此时，东欧建筑银装素裹，分外动人）。

水疗概览

“古堡水疗”是卡尔斯巴德的主要景点——幸运的是，距离大酒店只有5分钟的步行。在“古堡水疗”，有一两个天然泉水引流成的温泉。主要是泡泡浴和温泉。你和密友可以坐在温泉池里，看着泉水在身边嘶嘶着，而你的肌肤逐渐柔顺光滑。如果你胆子够大，泡温泉时用陶瓷杯喝酒水——别害怕，这是当地人很多年的传统了。你也很快会相信这里矿物泉水的复原魔力。考虑下他们三个小时的项目，包括两种治疗（不同的按摩方式），48美元起价。长袍和毛巾是赠送的，但别忘了自己带泳衣（www.english.edenhotels.cz/castle-spa-karlovy-vary）。水疗驿站提供美容和水疗，涵盖了在古堡水疗里的浸泡（抗老化水疗的费用是60美元起价，包括脊柱、足部和头部的按摩，还有氧疗法，碳化或矿物浴，www.harfa.cz）。

住宿首选

你或许认出来了，华丽装饰的蒲普大酒店是007系列电影最新一部《皇家赌场》的场景！主楼有着华美装饰的露台，当你进入时会看到19世纪的油画、安静的雕像、闪亮的水晶大吊灯，还有灰泥装饰。蒲普饭店建于1701年，由蒲普家族经营了100多年（费用是260美元起价，www.pupp.cz）。而位于中心的普若门内德大酒店，有十六个大房间，服务出色，价格合理（费用是76美元起价，www.hotel-promenada.cz）。

把首饰和值钱的东西放到房间里安全的地方。不是所有的水疗场所都提供带锁的柜子的。

——玛丽贝斯

特色项目

如果你喜欢高尔夫、徒步——甚至想要来点更疯狂的，那就乘坐小型飞机以特技方式飞过峡谷——在蒲普大酒店，总有一个项目能满足各种人不同的需求。比较缓和的套餐包括三晚的住宿、早餐、芳香按摩、反射疗法、全身泥浴还有面部按摩（费用是480美元起价，www.pupp.cz）。普若门内德大酒店有特殊的圣诞套餐，包括四晚住宿、早餐、圣诞晚宴、草药浴、经典按摩，日常泳池和桑拿，还有自制饼干哦（费用是425美元起价，www.hotel-promenada.cz）。

大快朵颐

在优雅的蒲普大酒店，你会在有镜面装饰的、欧式古典风格的餐厅里巨大的水晶吊灯下就餐。你可以点一系列捷克和国际美食，当然还有很多当季点心。春天可以尝试鲜嫩的绿芦笋，夏天有黑松露。一定要尝试捷克的美味，如菜炖牛肉、奶油酱拌的嫩牛肉（主菜的费用是15美元～30美元）。如果你对烈性酒很感兴趣，试试温泉酒（卡夫酒），一种本地产的草药苦酒，当地人认为有医疗功效。另一个饮食的好选择是“大使馆”，小镇最古老的餐馆之一，位于“大使馆旅馆”中。尝尝这家餐厅里的捷克特产：辣辣的菜炖牛肉、猪肝饺子汤、德国泡菜、炸猪排或是烤鹅（主菜的费用是10美元～40美元）。

绿野仙踪

在卡尔斯巴德，沿着塔普拉河漫步，或是在蜿蜒入林的小径上散心，你都可以伸伸腿脚，好好放松。从蒲普大酒店出发，你可以徒步到山顶，或是沿着奥赫热河步行两小时到达迷人的洛克特小镇。

购物放松

在卡尔斯巴德，购物也是一种疗养。在有150年历史的莫泽玻璃厂里可以找到你所喜欢的。不妨去看看他们的吹制玻璃品和玻璃博物馆。然后，当然，买一些成品带回家吧。大多数女性对于优雅的高脚器皿是没有免疫力的，19世纪的国王和大使们就利用了这一点，那里还有缤纷的水晶碗和花瓶（www.moser-glass.com）。

经典“顺道”旅行

来这儿享受水疗朝圣感觉的女士们，如果没有去玛丽恩巴德一逛，旅行就不完整了。玛丽恩巴德位于卡尔斯巴德西南的25英里处，这是一座小型的温泉小镇，有一个水疗体验是必需的：就是在“新水疗”或“诺夫蓝泽”（nove lazn）里泡温泉，这里很受作曲家们的欢迎，如施特劳斯、肖邦、马勒和瓦格纳等都曾来过。英国国王爱德华七世就是在这里陷入爱河（他曾九次到访于此），你也会的！当你和密友沉浸在古罗马风格的皇家浴场，你会感同身受那样的心醉神迷。皇家浴场是专门为国王修建的，到处有彩色的玻璃窗户（www.marienbad.cz）。

投你所好

电影迷们应该计划一个7月份的卡罗维发利国际电影节之旅，这个电影盛典源于“二战时期”（www.kviff.com/en）。很多大牌明星都会出席，很多参赛的知名电影也是在此赢得世界级的认可，其中有《天使爱美丽》、《玫瑰少年》等。8月，玛丽恩巴德会举行肖邦音乐节，古典音乐在这里奏响，有钢琴、管弦乐、交响乐还有声乐表演，向这位波兰大师致敬（www.chopinfestival.cz）。

鼠标轻点 万事大吉

关于捷克温泉小镇的更多信息，登录www.spa.czecot.com或者www.czechspavacations.com；捷克旅游局官方网址，请登录www.czechtourism.com。

新西兰罗托鲁瓦

在电影《指环王》三部曲中，你肯定已经见识了新西兰惊人的美景（即使你只是看了阿拉贡的部分）。如果你想和密友来个经典的公路之旅，想看迷人景致，又想享受水疗，那么，这个有两座美丽岛屿的国度，你又怎能抗拒呢。奇异人（也就是新西兰人）设计了令人眼花缭乱的冒险方式，鼓励人们来探索他们的两座岛——每一座高山、每一个海湾和每一条河流。方式多种多样：有直升机、自行车、漂流、徒步、独木舟，甚至还有蹦极。在首府奥克兰租辆车（奥克兰位于新西兰的北岛），然后就和女伴一起开车上路冒险吧。随着你们不断深入岛屿，会逐渐到达罗托鲁瓦，一座毛利文化重镇，地热活跃的小城（空气里有硫黄的味道），正位于北岛中心。这里栖于惊艳的罗托鲁瓦湖边，群山环绕，密林覆盖，正是想找点刺激的人的热门境地——放松也是件激烈的事儿呢。在这儿，天然的矿物温泉和火山泥浴会舒缓你疼痛的肌肉。我会建议女性尝试罗托鲁瓦的波利尼西亚水疗，是由两个温泉酝酿成的二十六个温热的矿物泉浴池。波利尼西亚水疗不是传统意义上的水疗地，这意味着它没有旅馆房间。但就我个人而言，这是有利的：你可以选择住在罗托鲁瓦，从经济的汽车旅馆到五星级的豪华酒店，任你选择。一定要欣赏毛利文化的表演，传奇就在这美丽的歌曲和舞蹈中传递着。另外，既然你都到这儿了，一定要去新西兰的南岛看看（参见第三章：绝妙漫步）。新西兰气候温和，降雨适量，阳光照耀着大部分疆土。因为新西兰位于南半球，越往南旅行，气温会逐渐降低。新西兰北部是亚热带，南部凉爽些。最温暖的季节是12月、1月和2月，最冷的季节是6月、7月和8月。当许多新西兰人过暑假时，也正是旅游旺季的12月和1月（很多海外游客飞到这里来享受大把的阳光）。当然，如果你在新西兰的冬季来，人就不会那么多，价钱也会便宜些。

水疗概览

波利尼西亚水疗分成四个部分：豪华区、成人区、私密区和家庭区。你和密友如果去湖边水疗的豪华区（带有四个蒸汽泳池），还可以看到花园美景和罗托鲁瓦湖（一天的费用是27美元，包括毛巾和锁柜）。当你需要从热腾腾蒸汽中凉快下来，可以去有酒吧的休息厅。如果想要私密些，可以预订你自己的湖景泳池（每人半小时的费用是15美元，www.polynesianspa.co.nz）。

招牌水疗

这里的水疗充分利用新西兰的自然资源。主要运用罗托鲁瓦的热泥或是新西兰的麦卢卡蜂蜜来抹满全身，最后还有头皮按摩（一小时的费用是107美元）。当地的奇异果牛奶蛋白水疗是一个半小时的护理，包括

当你在做水疗预约时，要问问价格是否包括税费，避免最后误解。也还要问一下他们接受的信用卡类型，是否能将小费通过信用卡结算，还是他们更喜欢现金交易？在付完账后，将小费留在收银台即可。

——玛丽贝斯

盐磨砂去角质、用奇异果的酶素粉涂抹全身，最后还有全身按摩（费用是146美元）。

住宿首选

第一个一定要去的地方是“树顶旅馆”，距离罗托鲁瓦9英里（约14公里），位于2500英亩（约1000公顷）野生动物保护中心。这儿温泉细流、古树参天、充满原生鸟和各种珍稀动物；还有43英里的徒步小径，可以来个高山攀登或者是马背骑行；看你想要什么样的气氛和心情了。你和密友可以在旅舍的独立房间、别墅里的床铺或者整个三居的大房间里商量个大概路线。在餐厅里用餐，在图书馆炉边冥思，玩游戏、吃鲜鱼和当地特产，还有一系列新西兰最好的美酒（包括住宿、早餐、餐前鸡尾酒、晚餐还有精心挑选的旅馆活动，每人费用是397美元起价，www.treetops.co.nz）。

如果想临着水疗，享受小镇生活，那试试千禧旅馆罗托鲁瓦。就在波利尼西亚水疗的旁边，走不远就是罗托鲁瓦闹市区的商铺、酒吧和咖啡馆（费用是120美元起价，www.millenniumhotel.com）。旅店也有自己的水疗包括用紫锥花、海藻还有卡瓦卡瓦身体护理、足部或头皮按摩。许多房间都有阳台，可以远眺湖水和波利尼西亚水疗中心。

“疯狂”一下

在新西兰，要没有稍微疯狂点的经历，似乎不可能。罗托鲁瓦位于美丽的湖水和群山间。你可以坐“克利尔沃特游艇”特许运营的小船进入罗托鲁瓦静谧的湖水区中，渡船载你到塔塔湾的水池中。带上香槟！“克利尔沃特游艇”也安排飞机观光这片火山区（www.clearwater.co.nz）。如果你想到这儿来纪念一些特殊的时刻（生日庆典或是退休祝福），和你最亲密的朋友一起去跳伞吧，没有比这更有纪念意义的了（www.nzone.biz）。

在很多场合，围裙有多种用途。我自己那鲜艳、易洗棉柔、轻巧的围裙，曾被当做野餐桌布（在巴厘岛的沙滩上）、泳衣外搭、临时性的裙子（在曼谷寺庙里来遮盖我裸露的腿部），还有毛巾（在哥斯达黎加，淋浴后又没有准备），在新西兰还可以当做夜晚的披肩。

——玛丽贝斯

大快朵颐

你或许会把新西兰美食和记忆中美味的英国美食等量齐观——这里曾是英国的前哨啊。但听我说，品尝了新西兰美妙的新鲜海产品、鱼和肉后，你会挪不动步了——那样的美味啊。在罗托鲁瓦小镇，去小酒馆1284（费用是24美元起价，www.bistro1284.co.nz）尝尝烤羊腿、甘薯和葡萄干蛋糕，或者是去奥拉基山顶（费用是25美元起价，www.aorangipesk.co.nz）欣赏壮丽的美景，品尝法式、日式的美食。在波利尼西亚水疗的温泉咖啡馆，你可以啜饮超可口的冰沙和其他健康食品。在罗托鲁瓦要做的另一件事是：欣赏毛利人别具一格的歌舞表演，品尝地道的石头火锅（和夏威夷式烤野猪宴类似），把不同类型的肉、番薯、叶子包裹的蔬菜放进地上的热石头里煮着。

继续深入

霍克斯湾位于新西兰北岛的东海岸，其美酒、艺术和美食备受赞誉。长岛之旅，让你享受从罗托鲁瓦开始的全天美食之旅，走进蔓延的葡萄园、果园、农贸市场、咖啡馆和餐馆，也可以在当地毛利人的引导下，安排一个艺术工作室之旅（半天旅程费用是160美元～180美元，全天每人的费用是340美元，www.longislandtoursnz.com）。也可以在"葡萄园美食之旅"指引下自助游，有85处看点（下载指示地图，登录www.hawkesbaynz.com）。

酒吧狂欢

你或许是为了自身健康而来，而新西兰酒吧的风景，也是一剂良药。和密友商量下，在罗托鲁瓦有年头的"小猪与口哨俱乐部"，来个夜晚狂欢吧。你会发现新西兰最好的啤酒，还有健康有趣的酒吧食物哦（www.pigandwhistle.co.nz）。

开车上路

租辆小休闲车——或者是露营车，他们这儿是这么叫的——然后开车上路到峡谷里。在这个小国家开车很安心。这也是一个建立亲密关系的好方式，尤其是克服要靠左开车的困难！试试KEA露营者（www.keacampers.com）或者Britz(www.britz.com)，找一辆能让你难以忘怀的露营车吧（一周的租金是450美元）。

鼠标轻点 万事大吉

关于罗托鲁瓦的更多信息，登录www.rotoruanz.com；关于新西兰之旅的详情，请登录www.newzealand.com。

哥斯达黎加阿雷纳尔

闭上眼睛，想想自己将整个身体沉入天然温泉，而眼前是瀑布风景、葱绿的热带植物，还有，夜晚时迸出的橘红色火山岩浆——无比沉醉啊。塔巴肯大型温泉度假村，在哥斯达黎加最活跃的火山——阿雷纳尔火山脚下，就在这样的环境里享受温泉。哥斯达黎加位于中美的尼加拉瓜和巴拿马之间，以其城市友好和注重环保闻名。有着全套服务的度假村位于首府圣约瑟以北90分钟车程，最近刚花了2500万美元升级，包括加入了大温泉。温泉就在度假村客房的街对面（如果你在浸浴或按摩后，实在是高兴地不想走回房了，可以跳跃着快速回去哦）。如果有四个朋友一起，你就可以预订一个高级套房——晚上可以泡在私人的户外按摩浴缸里，或是穿上舒适的睡袍躺着看电影。别忘了，要加入极致简单的一项：在泳池边的酒吧喝着可乐贾云鸡尾酒，那是相当惬意。哥斯达黎加从11月底到次年3月是旺季，所以，如果你想避开沉闷的冬季，这是去旅游的好时机。圣诞节和复活节会尤其有气氛——当然人也会超多。但是，如果你和密友都只能协调到夏天去，也是没问题的。在雨季，午后通常都有阵雨，其他日子天空碧蓝。这意味着你可以在午后打个盹儿——以淡季的价格，就能享受亮丽的风景。

全景概览

塔巴肯（Tabacon）大型温泉度假村有十一个私人户外的水疗小屋，每间小屋都有按摩浴缸。也有户外瑜伽房、健身中心、餐厅和酒吧。温泉遍布这里、热气腾腾，瀑布、花园还有步行道都在等着你的发现呢。

招牌疗程

在塔巴肯按摩中，按摩师拉伸你的身体，帮助你理顺身体的能量流动；随后来一个激活能量的火山泥按摩（80分钟的费用是145美元）。这里三个小时的火疗套餐包括：热石按摩有精华油、火山泥敷及浴疗法（费用是315美元）。塔巴肯衍生了当地的一种排汗疗法（huey temazcal aahutlan），当地文化认为这样能够清洁身体和洁净灵魂；会有一名原住萨满巫师引导你完成整个过程——顺序是：念咒语、积聚热量和释放毒素。和密友一起分享这种身体和精神体验吧（但是，如果你朋友中有谁是幽闭环境恐惧症的，还是你自行结束后再会合吧）。结束后，喝杯果汁或茶水（报团费用每人是65美元，散客每人是145美元。www.tabacon.com）。

大快朵颐

有很多种晚餐可选以合你胃口，绝不会让你厌烦。有露天的图肯尼（los tucanes）餐厅，汇集了全世界的美食，还带点拉丁风味。你可以叫一份意大利调味饭或是番石榴烤鸡胸。帕伦克酒吧（el palenque）是烧烤的好地方，可以看到阿雷纳尔火山。想想吧，女士们在私密雨林小屋里，吃着私人厨师和服务生奉献的晚餐，真是陶醉了呢。这是度假村个性化的晚宴，是女士们享受欢乐气氛所必需的哦。

最棒的冒险

度假村有各种不同的全天或半天的导游之旅，会让你很充实。穿越热带雨林的遮蔽，可以鸟瞰整座热带雨林（还有可能看到很多原始物种）。当你沿着绳索攀爬向上时，会很兴奋的。如果你想观看哥斯达黎加的丰富景色，又不想过于惊心，不妨乘船去往内格罗河野生动物保护基地，看看树懒、宽吻鳄、甲鱼和猴子，当然，还有各种彩色鸟类。另外，还可以找一个导游，和你们徒步到阿雷纳尔火山国家公园附近。

费用涵盖

房间价格涵盖了住宿、在你停留期间去往塔巴肯温泉的水疗（餐点不包括在内）。

费用和套餐

当地旅馆都要求至少住宿两晚，价格是230美元起价。“热带隐居套餐”包括两晚住宿、温泉、日常的早晨自助餐、一顿晚宴、双人按摩、两个额外的50分钟的水疗，排汗仪式、半天旅游以及去往圣约瑟或其他地方的接送（费用是1700美元起价，877-277-8291，www.tabacon.com）。

住宿首选

如果你偏好温泉一日游，可以在阿雷纳尔瞭望旅店住一晚，购买一个无限的塔巴肯温泉全天卡（55美元）。在旅馆，你会和lava-spewing火山有更亲密的接触，5英里（约8公里）的蜿蜒小道（寻找林中鲜艳的犀鸟）是很容易行走的。“史密森学会”的房间也不错，带有如画的窗户，框住了阿雷纳尔最美的风景。如果你们是一个大团，不妨租下整个白鹰别墅（带早餐的费用是55美元起价，别墅每晚的费用是425美元，www.arenal-observatory.co.cr）。

鼠标轻点 万事大吉

关于哥斯达黎加的更多信息，请登录www.visitcostarica.com。

泰国 苏梅岛

泰国绝对是水疗胜地。这个东南亚国家选择了抚慰众生的佛教文化作为精神生活的基调——芳香清淡的美食很容易在身体里消化，按摩和瑜伽融入日常生活，如锦缎的沙滩，还有奔放的人们。苏梅岛，这泰国海湾地区的小岛，距离曼谷一小时的飞机航程，是一片静谧之所，会吸引你和密友充分享受这种泰式放松。女性朋友会喜欢那宁静温暖的海水、水边超值的按摩、微风拂面还有新鲜水果和海鱼可享用，当然，还有热情的泰国人。不妨在户外的亭子（sala）来个全身按摩，或者在白色沙滩上看书打盹儿。热带气候的苏梅岛水疗很丰富，容易四处闲逛。你的选择有很多：在一个水疗中心待上一星期，享受奢侈的温泉、不同类型的各种水疗；或者下榻一个酒店，随意在岛上某家水疗馆待着。苏梅岛是热带气候爱好者的理想水疗之地。为了充分感受日光，12月到次年8月期间来此是合适的。只是要确保当你到达时，水分供应充足——尤其是做好水疗后。当然，如果你想外出游玩或者尽情跳舞，夜生活正等着你呢——何况，你总是可以在第二天来个容光焕发的水疗！

奢华水疗

“希拉艾文森悠境度假村”位于苏梅岛北部，是“有识之士”们必到的岛上水疗度假村。你们中最挑剔、最见多识广的人也会被这里巨大

芳香疗法：草药油

芳香疗法：草药油

在传统的泰式按摩里，芳香草药油运用得十分广泛。在做水疗前，他们会问你要选择哪一种。以下是最常见的几种和其出名的功效：

肉豆蔻——暖身的草药油，深层组织的按摩。

北美野薄荷——能让人神清气爽，振奋精神，尤其是在炎热的夏天。

柑橘——香甜的草药油，刺激肌肤，能让人非常放松。

生姜根——调理皮肤非常好。

依兰——香甜的草药油，能让人释放紧张，通常作为香精里的基础油。

柠檬草——振奋精神，是天然的驱蚊剂，能调理呼吸。

——玛丽贝斯

的泳池所倾倒，附近还有两层楼的海景别墅、20英亩（约8公顷）的蔬菜园。在别墅阳台上的长椅或是沙滩太阳伞下，尽情放松吧——渴了，会有私家服务生为你倒上果汁。在这个世外桃源，你可以选择在室内别墅或是大厅（有蚊子和电扇）里做水疗按摩等。要尝试泰式按摩，在这里——泰式按摩的发源地——不才是最佳的吗？尝试下这个国家最有标志性的按摩吧：传统的泰式皇家按摩，用了类似于瑜伽的拉伸和按压，来放松紧张，释放压力（费用是83美元）。“悠境水疗”结合了泰式和西式按摩的技巧，加入了泰国药草按压（90分钟按摩的费用是108美元）。如果你像大多数游客一样，钟情于泰式按摩，还有机会从经验丰富的按摩师那儿学一招哦，他们开设了两个小时的课程（费用是140美元起价）。然后你在整个一周可以锻炼瑜伽、太极和普拉提，这些都是免费的。

“希拉艾文森悠境度假村”的周末双人套餐包括住宿、早餐、机场交通费、每人一次的按摩、度假村标志性餐馆的一顿晚餐，还有欢迎酒和新鲜水果（费用是1470美元起价）。对于瑜伽练习者来说，这里也有每天两个半小时的瑜伽和焕肤水疗，包括两次日常瑜伽、冥想、生活方式评估和私人咨询、两次按摩；还有额外的招待（费用是1560美元起价，不包含住宿）。房间价格因季节变化和别墅档次而不同，居住在悠境别墅里的费用是530美元起价（www.sixsenses.com/hideaway-samui）。

多样选择

为了更好地感受小岛和沙滩——也为了能以各种方式更尽情地享受——考虑下“混合水疗”。找几个水疗胜地：水疗沙滩和班萨拜日落海滩。在前者，你可以找到能承受得起的项目。知名的是身体清洁、瑜伽、冥想和素食。度假村有十个新建的A字形房屋，带着露台甲板、空调，可以很便利地走到沙滩、泳池和热带花园。度假村也有标准间、别墅和小公寓。项目有艾扬格瑜伽、冥想、气功、灵气疗法和泰式按摩等，当然，这些都只是其中的一些修身方式了。当然，即使你正参加其他按摩课程，别错过这里一小时的享受（费用是10美元）。水疗度假村里，水疗沙滩房间的价格：A字形小平房的费用是40美元起价（www.spasamui.com）。

在小岛西南边的班萨拜日落沙滩，则提供了很好的私密性，对于没有太多选择的人来说，不失为一个好去处。这里有空调套房和别墅，还有按摩浴缸。但是，你大概想听听疗法：嗯，是传统的泰式按摩（两小时的费用是74美元），桑拿有4种不同的类型（蒸汽房、冰房、干热屋和

每次我去曼谷旅游，感觉累了或是要倒时差，我都会去位于菩提寺（卧佛寺）的传统泰式按摩学校里做按摩。这里不需要预约。我建议你试试热敷按摩——用冒热气的草药膏——里面是芳香的药草和调料理疗品，通过揉搓来减轻肌肉疼痛的症状。热敷的药物要回溯到泰国的大成府时期（14世纪到18世纪），当时，芳香的热敷主要用于回到家满身创伤的疲惫的士兵身上。经过几小时飞行，一直待着不动，我的身体很难受，这样的按摩很有效，也能减轻倒时差的问题。传统的泰式按摩一小时的费用是12美元，更高级一些的草药按摩的费用是15美元。

——**玛丽贝斯**

芳香房），随后进入冰池。——班萨拜对于每件事都细致入微。试试茉莉套餐（费用是305美元），包括身体磨砂去角质、蒸汽房、泰式按摩、芳香浴还有足浴和按摩，长达五个小时。度假村的“拉纳斯”餐馆，有独特的泰式沙拉和新鲜海产品，如香蕉叶包裹的烤鱼。你也可以安排私人的海边日落烧烤，带着自己的厨师和服务生吧（两个人的费用是117美元）。你还有很多套餐可选。要特别指出的是：五天的“蓝宝石套餐”包括机场来回交通费、十次水疗、早餐和住宿（费用是1670美元起价，www.ban-sabai.com）。

自定水疗

想灵活按照自己的时间安排水疗？选择一天或多天的水疗方案是明智的。尤其是如果预算比较紧张，就更为合适。你只需为一次水疗付费，而不需要购买整个套餐。我最喜欢的一家是罗望子度假村，不张扬、纯天然，位于椰子园的山坡上。首先是在两个史前巨石之间搭建的蒸气浴，蒸气里混合着姜黄、生姜、柠檬草、佛手柑、樟树叶还有罗望子树；然后，可以在瀑布边淋浴，沉浸在岩石下的浅池里。最后，在巴厘岛式开放的茅草覆顶的亭子里接受按摩。柔缓的音乐伴着周围椰子园里的鸟叫蛙鸣，真是自然之美，无上享受啊（费用是83美元起价，www.tamarindretreat.com）。预先查看苏梅岛水疗指南，了解更多水疗项目（www.siamspaguide.com）。

第六章

古堡探秘

你可以让自己小女孩儿时期的童话美梦成真啦——驻留于一座城堡中，尽情呼吸吧；而且你不用忍受昔日宫殿里处处鹅卵石的阴冷。各个国度，从爱尔兰到印度，有许多城堡被改造成旅馆，摆设着令人惊异的古玩，也安排了现代的便利设施如水疗、高级餐厅以及高速网络。还有奢华的秘道，对于沉浸于白马王子想象的女性来说，真是绝佳幻想地。如果你是跟团旅行，流连古堡里也不一定会狂花钱。诚然，这是生命中的一段奢华。而在大多数古堡里旅行，若你和密友一起分担这些费用，其实并不比你住美国的高级酒店要贵。在如此多的世界一流的风景名胜中，古堡仍然是一个很好的景点，能窥探世界的角落。许多古堡本身就是一个旅行地——你和密友会希望完全沉浸其中，花上几天感受宏伟院墙和豪华卧室，寻觅他们的秘密角落。我精选了那些真正的古堡，完整保留其精粹；大部分经过艺术修缮，有着舒适的床和古玩装饰。古堡还提供精美食物。租车或者乘坐交通工具都能很方便地抵达；并且，它们都坐落于壮丽的自然风景中，毗邻其他胜景。我列出了如爱尔兰等一些国家的多个古堡。如果是开车会更好，可以在不同古堡度过多个美丽的夜晚。即使因为时间或财力所限无法过夜，一定要考虑喝杯下午茶，享受露台香槟和音乐，或是尽享皇家晚餐。

谢丽尔的故事

近年来，谢丽尔，这位加州索萨利托的市场负责人，不断参加她所有密友的50岁生日聚会。一些是小型的亲密的聚餐，一些是精心安排的去葡萄酒乡村或是巴哈马群岛的旅途。当自己的生日临近时，她决定给自己计划一个盛宴。“在我生命重要的阶段——结婚，我没有一个盛大的婚礼；怀孕，也没有安排准妈妈派对——实际上，我成年后的大多数日子都是独自一人，所以我习惯了要为自己安排些不一样的大事儿。”谢丽尔说道。她希望有一个盛大的、一生一次的生日聚会，能让她觉得自己是童话故事中的公主。为了完成梦想，她找到了欧洲的一座古堡，是举行盛大庆典的理想之地，成为生命里重要阶段的亮点，也让她能和所有的女性朋友重拾联系。

在伦敦女友的帮助下，她在苏格兰租赁了一个皇家城堡，就在爱丁堡外，距离机场不过15分钟，却距离现实世界几光年啊。邓达斯古堡，嵌于美丽宁静的苏格兰乡村草坪内，建于1818年，在1995年大规模翻新。其巨大足以震惊所有人，而同时也保留私密空间的小角落，还配备了舒适的现代设施。

第一晚，大家小酌香槟，在15世纪的氛围里，在武器和刀剑下，回溯勇敢的心的那些岁月；随后，在石墙暮色里享用烛光晚餐。

谢丽尔生命各阶段的20位好友，包括她在弗罗里达的“发小”和父母，都从世界各地飞往爱丁堡来为她庆生。她的生日是1月2日，这时天气很不错——气候凉爽、森林霜覆、天空湛蓝——很适合冬日漫步和长足徒步——穿着羊绒外套走在地上，或是坐在船屋里看天鹅悠闲于湖面。大家可以登上14世纪的石塔，远眺爱丁堡全景和弗斯河。然后，宾客们放松身心，在客厅休息室的火炉前饮着温暖的下午茶，或是在台球室玩游戏，或是在图书馆里捧上一本好书，边读边饮雪利酒。

贴心的爱尔兰早餐每天会准时奉上，团队成员享用完早餐后，可以前往当地的修道院参观，去南昆斯费里附近的村庄购物。某天下午，谢丽尔还邀请了世界一流的苏格兰酿酒大师来古堡（当然，穿着苏格兰裙），向客人们介绍苏格兰威士忌酒。另一天，谢丽尔安排大家坐专车游览乡村景色，沿路驻足不同的酒吧。当大家返回古堡时，男管家约翰总是在大门前等待，问候各位，送上古老的苏格兰式服务，递上热茶和饼干。

古堡主人斯图尔特·克拉克勋爵，在古堡南翼小心谨慎地生活。而一架钢琴前摆放的全家福相片提醒着人们，他们是在一个家庭中，而不是在没有人情味的旅馆里。

谢丽尔50岁生日的庆祝活动——安排在新年前夜，苏格兰称为除夕——在古堡的乔治亚餐厅中举行，是一场“半正式”的“安排就座”的盛宴。“所有人都盛装出席，晚礼服、苏格兰呢绒、礼物夹克——还有我自己，还戴着公主皇冠。” 谢丽尔笑着说道。身着苏格兰短裙的吹风笛者逗乐了所有客人，大家涌入餐厅，宣告苏格兰特色食品哈吉斯来了——这是肉馅羊肚——“看起来，闻起来，都很可怕——但其实味道好极了，有点像腊肠”。她解释道。苏格兰人开玩笑说，吃哈吉斯真是勇敢的心才能承受啊。

吃完餐点，喝完美酒，大家到休息室跳舞，很多人唱苏格兰的著名民歌“友谊地久天长”。他们在古堡门廊处欢呼新年，焰火从爱丁堡七座山中喷薄冒出，尽染水晶般清澈的午夜天空。

谢丽尔满怀深情地记得，第一次沿着绵长曲折、绿树成荫的小路驱车来到这片土地的情景。“我们转过一个弯，它就那样展现在眼前——一座宏伟的建筑，沉浸在古朴的绿色海洋中，”她说道，“照片其实没能完整表现那样的场景，实际上，整个庆典远远超乎我的想象。”

大大的梦想强烈催促着我们；一座古堡是生命中必须经历一次的地方，是“独有的生命段落”，这样的聚会，不仅仅是为一个人，而是为所有女性朋友。

爱尔兰

爱尔兰有着翠绿色的风景，星罗棋布点缀着数以百计的城堡。一些是中世纪遗产，还有一些是宫殿式旅馆。当你驱车沿着曲折而开满紫红色鲜花和黄色金雀花的小路，穿过山丘交错的十字路口、古老的石墙，再经过被咩咩羊群凝视的绿草地，你就会看到古堡了。我去过爱尔兰四次，曾骑车、徒步和开车。没有什么记忆会如此难忘：精美晚宴后，沿着城堡场地漫步，闻着新鲜切割的青草味儿，看着月光下人们在古老城墙舞蹈，捕捉从城堡塔楼的窗棂照进的一缕月光。尤其是，如果你已经有爱尔兰情节，待在古堡里是开始感受它的绝佳方式，也是体会爱尔兰的开始。对于不同背景的女性来说，爱尔兰都是通往另一个世纪的遁世之地，是一片迷思境地，也是田园牧歌所在。如果你是每年一起参加高尔夫课程的俱乐部成员，这里也是一个不错的选择。在爱尔兰西部，城堡就在乡村间四撒开，你可以和朋友一起自定旅程，白天参观村里最好的景点——还有偶尔的高尔夫课程——夜晚回到自己的古堡房间休息。古堡之旅若能有一周时间，对于开车上路提供了很好的节奏和空间，也有机会融入所有宫殿的生态环境。飞到香农机场——这是爱尔兰西海岸的克莱尔郡，就开始三座古堡之旅，了解爱尔兰西部峻峭的海边悬崖、惊人的乡村美景还有大家都知道的当地人的热情好客。在香农，可以租辆车（如果能找辆自动挡的，在道路左边行驶的时候就少了件麻烦事儿），这样沿着迷人海岸线去往不同古堡会更容易。第一站去德鲁姆兰德城堡吧，离机场仅8英里（约13公里）的车程。在那儿放松几天后，向北行车50英里（约80公里）去往戈尔韦充满活力的大学城，然后向西北行驶30多英里（约48公里），到达有着粗犷魅力的康涅马拉，这里是不毛之地，有着高峻的大山和绿色的湖水，还有巴利纳欣奇城堡。当你拜倒于这座城堡的魅力，再继续向东驱车数小时，去往优雅的阿什福德城堡。从那儿返回香农机场不过两个小时。注意，所有这些美丽的绿色风景都有一个死穴：阴雨不断，特别是在夏天。5月到10月是参观的最佳季节：除了意料之中的雨，还有彩虹光临、阳光点点、云彩更甚。

德鲁姆兰德城堡，位于克莱尔郡弗格斯的纽马基特，距离香农机场8英里（约12公里），一旦你们开始沿着起伏的牧场、绕着隐蔽林地前行，你和密友会完全被包裹在布莱恩皇家领地里。11世纪，这片土地属于爱尔兰国王布莱恩·博茹，你今天所见的城堡久经岁月，已经被加固修缮了：欣赏下华丽的安妮女王时代的居住风格和哥特式城堡的石墙。古堡在1962年改造成一个奢华酒店，其装备设施非常适合你倒时差哦。有八十五间客房，十三间高级套房，锦缎墙饰和古董，到处散发迷人味道。18世男爵英奇昆，布莱恩·博茹的后裔，仍居住在这片产业，是在乔治亚时代风格的托蒙德别墅里。所以，从某种程度上说，你和密友是皇室的宾客哦。

皇室生活

在410英亩（约164公顷）的产业上居住生活，可以有尽可能多的活动，也可以就懒懒地待着不动，选你自己喜欢的方式。在城堡穿行，浏览广袤的花园群——那是基于凡尔赛园艺规划师的设计，偶尔可以看见小鹿和野鸡（一定别错过玫瑰花园啊）。漫步之后，一下午泡在德鲁姆兰德城堡水疗中，会让你觉得自己不仅是宾客，也是带着皇室优雅范儿的（我选择的水疗：斯莱戈海藻疗法）。如此放纵后，如果觉得还不

古堡着装

在城堡就餐如何着装呢？我的经验法则是：要像你要去好的餐厅就餐时那样穿着。对于古堡晚宴，我穿过简单的小黑裙，配珍珠搭长披肩；酒会短裙；定制的黑色宽松裤，黑色高跟鞋，低调珠宝。而T恤、短裤、背心和牛仔裤都不合适。

——玛丽贝斯

是太累，可以去参加休息室的怀特夫人下午茶。当你落座于爱尔兰式晚宴，品尝法式大餐时，俗语所说的“吃得像皇帝”就体现得淋漓尽致了，美食如鹅肝配羊羔和丰盛的爱尔兰炖肉，周围还弥漫着竖琴的悠扬音乐。如果舒服的床铺和床头小说并不能让你尽早入眠，不妨戴着睡帽到图书馆，参加烛光爱尔兰民谣哼唱。

爱尔兰绿茵

德鲁姆兰德城堡还保留着另一个爱尔兰传统，就是世界上最好的高尔夫胜地之一。你们中若有谁喜欢高球，可以在这18洞、72杆的球场挥洒。还有很多其他运动项目可选：参与度假村的教学课（配有十个自动发球机），或是去俱乐部的健身中心锻炼、游泳、打网球或是高山徒步。

费用和套餐

费用从280美元到2000美元不等。旅馆在冬季的周末会降价，每人两晚的费用是600美元，包括爱尔兰式早餐和一次晚宴（800-346-7007，www.dromoland.ie）。

乐在古堡群间

当你沿着爱尔兰海岸线向北前行，一定要花些时间去莫赫悬崖，这是古堡度假村“碰头”的地方——那海浪雕刻的悬崖和起伏的山峦，挡开了喜怒无常、奔腾不息的大海，而古老海战的记忆正混合着野花的清香。在精致有趣的都林小镇，这座传统音乐重镇，你可以从长途驾车的疲倦中轻松下，找家热情的酒吧，就着栗色的吉尼斯黑啤，来场有趣的谈话。找个座，叫杯酒，感受优美的音乐：从小提琴到长笛，从弦乐到管乐。脚趾轻点，蠢蠢欲动，你会感受到节奏不断加强，四处弥散，更有力、更自信。你会发现自己迷失在这音乐韵律和意境中，歌词很私密却又深入每个人的内心。爱尔兰酒吧的快乐是一种你所不能抗拒的力量。因为你应该会在晚上前往另一座城堡，所以会正好经过爱尔兰的文化中心：戈尔韦。你可能可以赶上一些节日，比如夏季艺术节或是10月份的啤酒节：遇到传统的克拉达友谊之戒、经典的爱尔兰亚麻和水晶。当穿过街道时，你甚至可以听到传统爱尔兰盖尔语的抒情浪漫。

巴利纳欣奇城堡

在康涅马拉荒凉景观的中心，巴利纳欣奇城堡一直以来都是那些不墨守成规者的天堂。格蕾丝奥马里，康涅马拉的海盗女王在16世纪期间居住于此；为人权和动物保护而战的理查德·马丁在17世纪时是这里的居民。今天，你可以发现，城堡四十个房间中有一个地方，隐蔽隔离的宁静角落是冒险女性的完美胜地——无须付出国王的赎金。

皇室生活

古堡周围是“十二奔驰”山，俯瞰巴利纳欣奇河，最令人愉悦的地方就是风景。每个房间都能向外看到庭院、河流或高山，所以，很容易发现，自己停下脚步的同时就是融入风景中。房间内部则如画——大部分卧床有四根帷柱，其装饰也反映了城堡的历史。你和密友会想立刻走入这迷人的风景，沿着小路去往平台花园，这儿有一个迷宫和一个网球场，继续穿过城堡450英亩（约180公顷）的地面，沿河流漫步。回到城堡，在欧文莫餐馆，看着河流风景，你可以蜷曲在壁炉前品尝当地鲜鱼。甜点是爱尔兰农场丝滑的奶酪。

爱尔兰旷野

巴利纳欣奇让你把当地和粗犷的吸引力联系起来。在康涅马拉国家公园，当云雀和鹧鸪飞过天空，你可以徒步穿越沼泽和荒原。如果你是在渔季旅游（2月到9月），你会看到巴利纳欣奇河流湍急，活跃着大马哈鱼、鲑鱼，还有很多从岸上给它们喂食的渔夫。除了钓鱼，还可以徒步、航行和骑小马，要不就渡船去阿伦群岛，此处距离海岸线30英里（还有传说中的手工编织的埃尔郎针织衫）。远离大陆的阿伦群岛，是传统盖尔风俗、语言和文化的大本营，星罗棋布着各种石屋和小马拉车。巴利纳欣奇城堡能为你所热衷的任何活动安排旅程和指导。

费用和套餐

价格会随季节变化和房间类型而不同，从标准间的183美元到靠河套房的293美元不等，包括早餐。要和巴利纳欣奇古堡确认细节和日程：在冬季一些月份，城堡会关闭（www.ballynahinch-castle.com）。

阿什福德城堡

从巴利纳欣奇古堡向东不远，绕着科瑞布港湾海岸线，就前往奢华的阿什福德城堡了。这座漂亮的雉堞状城堡，结合了优雅气息和乡村魅力，距离戈尔韦30分钟车程。最初是作为修道院，建于13世纪。这座城堡非常独特，因为著名的都柏林酿酒师本杰明·吉尼斯在1855年买下它，将其改造成了家庭居所。阿什福德城堡在1939年成为一个旅馆，350英亩旅行前一定要节食！行走爱尔兰带来的惊喜便是从一个乡村漫步到另一个乡村，同时，发现每个地区利用当地作物所烹制的绝妙美食。你或许会对烹饪的发展感到惊讶，是的，在爱尔兰，岁月流逝，时代变迁。随着经济的发展，饮食文化也繁荣起来。出色的烹饪大师不再急于出国，他们安然栖于故土，培育爱尔兰特色的深刻的新式食文化。可以说，爱尔兰的美食丝毫不逊色于甚至超过大多数国家的饮食。一定要尝尝新鲜牡蛎、有机羊肉和当地的食草牛肉，还有超级新鲜的海产品——大西洋海岸的鲑鱼、鳟鱼和淡菜（贻贝）。我发现当地餐馆有一种特别的沙拉，抹了大量的特产奶酪，包括用了山羊、母羊和奶牛的奶制成的奶酪。问问当地人，最好的餐馆在哪儿。我的建议是：放开肚皮大吃特吃，回家一个月后再量腰围吧。

——玛丽贝斯

（约140公顷）的土地吸引了很多名人，如罗纳德•里根、U2乐队和皮尔斯•布鲁斯南（他在这儿举行婚礼的）——当然，现在，是你，还有你的密友啦。

皇室生活

当你入住阿什福德八十三间客房中的一间时（还有六间包房和五间套房），会有瓶雪莉酒或爱尔兰乳酒欢迎你。搁起脚，喝上几口欢迎酒，从窗口向外望城堡广袤花园的全景或是科瑞布湖（爱尔兰的第二大湖）和“宋河”远景。安顿后，和密友们一起聚会，在林中漫步，周围橡树成排、沙滩如金、栗子树摇曳。你很快会了解到，这里的城堡很适合爱运动的女性（看看以下便知），除了能够户外漫步，意味着你有机会活动活动肌肉，然后来个水疗；或是在桑拿房、按摩浴缸和蒸汽房里消磨放松。继续和朋友在舒适的休息房里享受晚餐吧，有精心雕刻的壁炉，满眼的科瑞布湖景色。你们中的夜猫子还可以去地下酒吧，感受夜幕下爱尔兰烧烤的欢愉。

皇室休闲

阿什福德是一个可以让你尝试皇家过去消遣方式的好地方。如果你对头顶展翅高飞的猎鹰很惊讶，不妨在猎鹰课程里了解这种巨型鸟。也可以试试箭术和飞碟射击；或者和当地用假蝇钓鱼的导游一起撒开网。你或许认为这听起来像是某人过周末更合适的去处，但看到你最好的朋友晕乎乎地蹒跚着炫耀她钓到的第一条金枪鱼时，女士们，你们就感受到莫大的欢喜了。

抵御严寒

在爱尔兰乡村保持温暖的最佳途径是，做热石按摩，再来杯爱尔兰咖啡，然后在阿什福德诸多的壁炉中挑一个中意的，随后坐在壁炉前面读书。很是惬意吧。也可以向更远的地方前行，花一天时间去往凯尔特海藻巴斯浴，这里距离阿什福德以北两小时的车程，将自己因公路长途旅行疲倦的身体泡入热热的浴缸中，这是多么爽的事情呀（泡泡浴的费用是30美元，香料按摩的费用是80美元；www.celticseaweedbaths.com）。

费用和套餐

阿什福德费用随季节变动，大约是183美元。阿什福德的夏季水疗套餐，包括两晚住宿、爱尔兰早餐、一顿晚餐和按摩，河流风景的房间，每人费用是790美元起价（800-346-7007，www.ashford.ie）。

鼠标轻点 万事大吉

如果你想看更多的爱尔兰城堡，想要更长的公路游，看看完整的、最好的宫殿名单，请登录www.celticcastles.com，可以找到爱尔兰和欧洲地区城堡的有用信息。有关在爱尔兰旅行的更多信息，请登录www.discoverireland.ie。

法国

没有人否认，“登峰造极”这样的词就是来形容法国城堡的。法国所有美妙的东西都在诱惑着女士们结伴去旅行——巴黎、美酒、奶酪、调味酱、面包、甜点、购物还有很多很多——你可以加上这条：乡间古堡。提醒你一下，我这里说的“乡间”，指的是葡萄庄园。皇家古堡的两个代表作恰好位于世界著名的博若莱红葡萄酒区和卢瓦尔河谷白葡萄酒区。我建议你选择一个地区，然后深入体验，将一座古堡当做你的大本营。除非你时间很充裕，在法国穿梭于两座城堡间才是可行的。Chateau de marcay古堡，位于卢瓦尔河谷，从法国南部驱车一个半小时就能到达；而巴诺勒古堡在博若莱红葡萄酒区，靠近里昂，位于南部；我建议你乘飞机、自驾车或坐从巴黎到里昂的火车去。

夏季温暖，也催生了田野里金黄色的向日葵盛放、芳香的薰衣草园、集市和节日。在里昂，可以发现整个夏天音乐和戏剧节接连不断，咖啡馆沿着繁忙的河边活跃着整条街。但是，也别排斥冬天：这时的卢瓦尔河谷和博若莱地区游人稀少，并且，里昂最著名的活动，灯光节，是在每年的11月8号举行。法国的冬天多雨阴冷，日短——这是在古堡里，靠着温暖的火炉品尝葡萄酒的好时候。

巴诺勒古堡

巴诺勒古堡有着令人惊讶的塔楼和蜂蜜色的石墙，占据了博若莱地区和葡萄园地势的核心风景。古堡偎依于葱翠群山间、葡萄园中和壁垒里，距离法国东南部的里昂17英里（约27公里）。你可以从美国或巴黎飞往里昂，还有一个选择是乘坐从巴黎至里昂的法国高铁。从这儿，可以租辆车一头钻进法国乡村，去往13世纪的古堡。安顿后，你和密友们会上第一堂历史课：1400年代，当查尔斯八世到达这里，在卫兵厅的餐厅里，人们在石头壁炉前雕刻盾形纹章庆祝。在法国大革命期间，卫兵厅是革命者议事的地方。整个“二战”期间，古堡的地下室隐藏着彩色玻璃窗和艺术品，保护里昂的珍宝免遭抢劫。在1992年，经过4年的修复，这段历史与古堡之间架起了沟渠——优雅的葡萄园旅馆，金色铺路石的庭院，文艺复兴时的墙绘（在修复期间偶然惊喜发现的）——所有这些都被蔓延的葡萄藤围绕着。

皇室生活

巴诺勒古堡相对不大，因此私密性也更好，有十二间客房、八间套房还有一个公寓。如果你们是一个大团队，可以考虑租下整个古堡：这是女性朋友们欢庆的绝佳地。房间里充满了17世纪～18世纪的古玩、廊柱和四角柱古床，还有来自里昂的亚麻和丝绸。清晨，在翠绿的古堡里随意走动，或许会走入有喷泉、樱桃园的法式公园、菜园和花园，还有百年柠檬树。在这迷人风景里，摇椅四处摆放，所以你可以随时停下脚步休息，静观这片引人入胜的土地。

饕餮大餐

古堡的卫兵厅餐厅本身值得你飘洋过海去法国看看。有很多美食：抹上黄油撒点香槟的小丑鱼，慢烤的鸡胸肉，还有带松露的土豆（很受欢迎的一道点心，混着土豆泥和碎牛肉），你或许并不是专业的美食家，也都知道自己吃的是一种艺术品啊。一定要在海湾临窗的位置订个座，听听巨大的石质壁炉里柴火爆裂的声音。在夏季，你可以在露台的柠檬树下用餐。斟酒师会随时为你服务。

品酒盛事

你和密友会想多花些时间来充分感受山边里满是葡萄的葡萄园。博若莱可以说是法国最美的葡萄酒区，值得一看——夏季满眼绿色，秋季紫色金色交错，这些风景甚至远胜它的美酒。数百名小酒庄的主人会邀请你品尝他们的酒。你将永远不会忘记，沿着花香满径的狭路，通往小小的石头酒窖——在那儿，你安静坐下，在巨大的橡木桶间品尝美酒。而距离里昂45分钟车程的葡萄公园和其博物馆，也会让你回溯历史，对法国人这最爱的饮料增长见识（www.hameauduvin.com）。回到巴诺勒，为你们团队安排一个私人盛宴，伴着酒作坊里的橡木酒桶和几个世纪沧桑的榨酒机，开怀畅饮。

购物大血拼

这里距离里昂，这座充满各种古玩的热情城市不过17英里。高手买家会在里昂内外650家商铺不断地淘货，买下一双好鞋（法国风格、意大利样式）或者丝绸衬衫（有无数季节性的流动市场；对于喜欢法国“宝姿”的朋友来说，那儿有相对便宜的价钱）。当然，坐巴黎到里昂的高铁的话，只需两个小时（参见第二章：时尚都会，可以了解关于巴黎的更多详情）。

费用和套餐

巴诺勒的传统房间是每晚700美元起价。一些套餐，主要是在假期和葡萄收获季节，比如“发现博若莱”这一套餐，包括双人住宿、抵达时赠送葡萄酒和新鲜水果、欧式早餐和卫兵厅晚餐，还有私家导游带领的半日葡萄酒品尝之旅，这样一共是1195美元起价（www.bagnols.com）。

马赫克古堡

葱绿的卢瓦尔河谷是法国贵族的皇室城堡之家，位于巴黎西南部的180英里处。游览该区最佳方式是汽车。马赫可古堡（Chateau de marcay）建于1150年，曾作为有秘密的地下通道的堡垒。尽管一些部分因年代久远已经毁坏，但和其他坚固的壁垒一样，历经沧桑而仍坚守着那份美丽。

皇室生活

女士们，作为有34间房间城堡的客人，你会把压力和各种要求阻隔在坚固的城墙外。你会发现自己很容易贪恋周围美丽的风景，在城堡里的生活会“分心”：租辆自行车绕着乡间骑行，或者乘坐独木舟顺流而下维埃纳河。也许和密友来一场网球赛、草地保龄球友谊赛，或是在户外泳池的游泳，这些都会让你放松下来——卢瓦尔河谷酒窖里有700种不同的选择，都会列在古堡餐馆里。傍晚，你可以静坐下来，在优美的管弦乐伴奏下，品尝地区美味的羊肉、小牛肉和海鲜，还有卢瓦尔河谷自制的奶油蛋糕，里面放了甘草糖。

费用和套餐

每晚费用是171美元起价，最高是431美元。“美食套餐”，包括双人住宿、欧式早餐还有双人四道菜正餐，这是740美元起价。旅馆在11月的最后几周会关闭，在3月中旬和4月中旬也会歇业（www.chateaudemarcay.com）。

鼠标轻点 万事大吉

想了解去法国旅行的更多信息，请登录www.franceguide.com。

苏格兰

苏格兰的古堡不会让你们失望的：无论是着迷于吹风笛人寂寞的音符，热爱高尔夫运动（这里有世界上最古老的球场），还是好奇那穿苏格兰裙的男人，或是喜欢和朋友一起，在葱绿的高地上经历雾蒙蒙的

避免牙病

在行程之前，看看你的牙医，要求他检查牙齿填充物是否松动或者牙冠是否不稳。牙齿问题通常会带来强敏感甚至牙痛。带上一小包便宜的牙齿修复工具箱：包括临时性的牙齿填充物。这在大多数药店都有售。

一天，然后在壁炉前来杯麦芽茶。从传统音乐到现代剧院，从艺术到建筑，从文化到购物，在绿色的峡谷里穿行，沿着荒凉的海岸线漫步，在苏格兰有如此多可尽情感受之处。你可以选择一家古堡来度假，也可以和姑娘们计划多个苏格兰古堡的驱车之旅。租辆车，但要指派一名脑子反应快的司机，在苏格兰乡间要靠左行驶的。如果你情愿靠着座椅看看风景，你也可以安排一辆出租车或是私家车，一一穿过预先订好的古堡。我建议一个很棒的三古堡之旅：先飞去爱丁堡——看看标志性的爱丁堡城堡，感受下苏格兰皇室。城堡坐落于山石顶上。然后驱车向南不到一小时就到了非凡的水疗古堡：斯多博古堡的健康水疗。在放松了疼痛的肌肉和疲劳的精神后，驱车向北行驶一个半小时，经过爱丁堡，到达法夫王国，这里过去是苏格兰君王的家园，然后到达梅勒斯古堡。而这三个古堡才是你最大冒险的开始——继续向西北方向进发三个小时，到达湖泊、高山还有苏格兰高地瀑布。你将对这片土地的惊人美景目瞪口呆。相机一直闪个不停，你会觉得这里简直就是理想世界，开始消解自己的防御心理。继续向上到达茵维洛奇古堡旅馆，这里是维多利亚女王19世纪最喜爱的地方，你会看到苏格兰高地闻名于世的景色：绿色湖泊、云覆高山、茂密森林和荒野沼泽。

斯多博古堡

斯多博古堡在爱丁堡南部25英里（约40公里）的乡间安静矗立着。在苏格兰边区若隐若现，这里美景如画：绿色的起伏山峦、静谧的高泽荒野还有鲜花盛开的峡谷——是拍摄电影的绝佳地，也是你和密友来苏格兰度假的好去处。

皇室生活

斯多博的著名水疗为人所熟知，有25米长的泳池、独特的水疗法，还有四十间治疗室（有多达70种水疗项目）。在这里，你的家就是你的城堡——自由随意，穿着浴衣闲逛吧。“开士米亚套房”很适合非常想放松自己的朋友，装着华丽的石灰岩浴缸，到处是显示屏。

动起来

在古堡，你可以聆听日式水景园轻柔的声音；在职业网球手指导下提高自己的反手能力；在瑜伽课上体验下犬式，或是在私人教练指引下体验普拉提呼吸。但是，最让人振奋的还是自然风景。建议你花一下午时间踏车或步行周边。旅馆提供自行车和路线图。

费用和套餐

古堡的住宿包括餐点、所有设施、身体锻炼和健康项目，双人间每人的费用是145美元起价。开士米亚套房，有巧克力和宝林歇香槟酒欢迎你，也是值得花些钱一住的（费用是380美元起价）。女性水疗套餐，包括精致修甲、香料按摩还有柔润平衡美容，费用是240美元（www.stobocastle.co.uk）。

梅勒斯古堡

梅勒斯古堡在1530年仅是一座堡垒要塞，经过几个世纪的发展，逐渐剥落当初的粗陋（这个惊人的方形塔由灰石块垒成，1616年建成）。古堡坐落于苏格兰乡间深处，临近奥赫特马赫蒂别墅，距离爱丁堡北部不到一个小时车程。只有九个房间的梅勒斯古堡是朋友聚会或生日宴会的理想之地，适合6名到18名女性朋友。这座占地44英亩的庄园，被一座古老的石墙和隐秘的树林围绕，私密性好，确实是和朋友相聚的好去处。

皇室生活

你们或许会因为卧室而争夺——每间房间都有自己的迷人之处，但都提供特别服务：热毛巾。有几个最著名的房间——标名“教室”的房间放着孩子们的读物、红木床；而叫做“乔安娜”的房间，则提供从浴室望出的玫瑰园路风景；“女王的房间”则布满奢华的蓝色和金色，有着祖传的挂毯和婚被，这些都是19世纪时就挂在墙上的。

皇室休闲

晚餐前，看看你们中有谁是桌球专家。看看花园里的池塘风景后，在优雅的红木餐桌前享受精美的食物。在可爱的休息室里，聚在水晶大吊灯下，饮些鸡尾酒。另外，势必有一两个晚上，你想穿着睡衣、捧着爆米花一头扎进图书馆，“沦陷”在沙发里，这里有200多张CD和DVD。

饕餮大餐

梅勒斯古堡的菜单随季节变化。在夏季，你或许可以找到把自己那么美丽的白色短衣染上斑点的浆果，在奥赫特马赫蒂甚至还有完美的鹿肉，古堡大厨，克里斯多夫·特罗特，受训于伦敦的萨伏伊，在法国和瑞士工作过，也会开设烹饪课。

动起来

如果你能说服自己离开梅勒斯的房间，就让自己呼吸下城墙外的乡野空气。漫步于在古堡里就能看见的洛蒙德山会让你振奋。还可以在草地上玩一下午的槌球游戏，来一场高尔夫球，或是在梅勒斯的网球场打场网球，最后来杯皮姆鸡尾酒吧。

费用和套餐

古堡有两晚住宿的最低消费，6名及以上的客人要入住必须要提前预订，每人每晚的费用是730美元。这个套餐包括所有餐点（丰盛的早餐、午餐、下午茶和五道菜的晚餐）以及古堡里所有设施独有的使用权。如果你住宿不止两晚，早餐和住宿的套餐也是提供的。如果你的团比较大，价钱相对便宜些（www.myrescastle.com）。

最棒的“顺道”之旅

如果你是挨个地参观古堡，一定要绕道去圣安德鲁斯城去，沿着海岸线向北，看看古老的高尔夫球场（如果你想玩，要预订的）：或者只是在沙滩漫步，看看高尔夫球手开球。花时间在意大利面似的街道和狭窄的巷子里逛逛吧，这里构成了古老城市的中心，或是在圣安德鲁斯大学——这座15世纪建成的象牙塔，在其树荫下的长椅下静静地坐着。

茵维洛奇古堡

维多利亚女王1873年到茵维洛奇写生。她说自己从未见过如此美丽的景色。我想你也会同意的。在苏格兰高地，茵维洛奇（距离格拉斯哥北部两个半小时车程，距离爱丁堡三小时车程）有幸临近这里最出名的景色。本尼维斯山，英国最高的山，是古堡的背景。附近还有尼斯湖及一系列壮美的峡谷、湖泊和群山。1863年，在13世纪的堡垒旁建立了这座古堡，1969年以前一直是私人庄园，如今改造成一座旅馆，因其服务、美食和总体氛围，赢得无数赞誉。

皇室生活

古堡的十七个房间都有自己独特的装饰。豪华的女王套房里，床是四角柱的，可以看见一弯湖水和周围群山古堡里的威尼斯式水晶大吊灯会让你目瞪口呆，而三座餐厅里充满了华丽的装饰，这是来自挪威国王的礼物。

饕餮大餐

在此地的餐桌上，不是一般好吃的东西：这可是米其林星级的美食啊。你可以尝试苏格兰最棒的食物，如斯凯岛的绿苹果沙拉，带着白松露的黑香肠的白汁红肉、炒蛋，还有小牛烤肉。

户外游览

值得外出一天去往苏格兰的格兰克高地，（距离茵维洛奇30分钟车程）为钟情自然风情的人们（还有电影迷们）展现了电影《勇敢的心》中那田园牧歌般的河流、激动人心的高山。对于喜爱运动的人来说，可以来个高山远足和漂流。要是没有在本尼维斯山，距离茵维洛奇4英里（约6.4公里）的一座4406英尺（约1511米）高的山处停留，苏格兰之旅可就不完整了。从山顶所见的景色十分壮丽，登上高山的过程也是加深朋友间友谊的过程。

投你所好

苏格兰，尤其是爱丁堡，在漫长的夏季会非常热闹。你们中的电影迷会很希望将古堡之旅和爱丁堡电影节结合在一起（www.edfilmfest.org.uk）。爱丁堡国际电影节每年夏天举行，为期三周（通常是在8月），你可以看到经典音乐、剧院和歌剧院，还有剧院里上演的舞蹈、音乐会和街头表演（www.eif.co.uk）。但是，苏格兰假期庆典会让冬季成为参观古堡的黄金时期：茵维洛奇古堡，新年前夜（苏格兰除夕）的庆典会从半正式的礼服晚餐开始，然后是传统的苏格兰希利达舞会。最后传统的风琴演奏者，着传统的苏格兰群，演奏风琴结束这个夜晚。

费用和套餐

11月到次年3月（包括节假日）会有特殊套餐，含正餐、住宿和早餐，平均每人的费用是370美元。淡季价格是600美元左右（888-424-0106，www.inverlochycastlehotel.com）。

鼠标轻点 万事大吉

苏格兰旅游局会帮助你制订古堡旅行计划，请登录www.visitscotland.com，关于在古堡过夜或驻留的更多信息，请登录www.clansandcastles.com。

抵御寒冷

飞机上的温度能从热带般的炎热到北极的寒冷这样极度变化，别想依赖航班上都能有毛毯。要多穿几层。在手提袋里放上毛衣和袜子。把行李放到头顶行李架或是座位下的时候，你再把它们拿出来。

意大利

闭上眼睛，想想彩色的文艺复兴时期的别墅吧：塞浦路斯树对称夹道，浮于蓝色湖泊，远眺带雪的阿尔卑斯山顶；还有丰盛的意大利美食，美酒叮当碰杯，阳光洒满整个下午——和你的密友一起——感觉像天堂吧。阿尔卑斯山中的科莫湖，靠近意大利和瑞士的边境，湖边有一串迷人小镇，岸边有一排婚宴蛋糕别墅——你和密友将会参观或居住于其中最棒的一座。

埃斯特庄园

切尔诺比奥的埃斯特庄园不仅仅是一座历史性皇宫酒店，它是一个自成一体的世界——仅有少数特权阶层能享受——有花园（占地35英亩）、舒适的套房、茉莉花香的露台俯瞰湖水。这里被很多人认为是欧洲最大的旅馆，它的客房就像是博物馆画廊。这是16世纪国王、红衣主教、公爵们的庭院，旅馆仍保留着过去年代的奢华和宏伟。埃斯特庄园以其优雅和私密性出名，吸引着从伍迪·艾伦到乔治·克鲁尼等名流前往。

要让自己感觉像皇室——或者是如今的好莱坞——派头？飞到米兰国际机场，让别墅区安排一位司机来接你们（还有所有行李）直接到接下来几晚下榻的顶级住所吧，向北驱车不到一小时就可抵达（也可以参照第九章：绚烂花园，来了解科莫湖地区更多的信息）。

埃斯特庄园每年11月中旬到次年3月1日是关闭的，所以你要好好计划行程。为了有度假的感觉，选择更安静的春秋季吧；喜欢节日的朋友会想在夏天去，在夏季的科莫湖节，有温暖的白天和芬芳的夜晚，还会伴随着爵士乐（www.comolakefestival.com）。

皇室生活

古堡里152间满是古玩的房间各异，但是，如果你可以，尽量入住别墅区里能正对湖水的房间。“主教套房”是你一生中奢华的经历，有私人阳台尽享阳光，还可以凝视科莫宝石蓝的湖水。洞穴状的、可轻易走入的小秘室会让你意乱情迷。另一些便利设施是三个游泳池。在看起来像是漂浮在科莫湖表面的泳池边，饮着金巴利酒和苏打水，你感觉就像个超级明星。

饕餮大餐

不用跑很多的地方，就能品尝到正宗的意大利美食。毕竟，埃斯特庄园能满足你所有的感官。他们的餐厅和阳台，能俯瞰湖水和古典花园，这里有手工制成的新鲜意大利面、调味饭和鲜鱼。更多的日常食物，你可以直接去烤架那边品尝。你和密友也可以学些手艺，回家的时候自己试着做做这些美食。埃斯特庄园的长期主厨，卢西亚诺，会指导你如何做出他那美味的意大利调味饭。

旅行小贴士

黑色手提箱（带轮子的）是很热门的。所以越来越多的、急匆匆的游客会在旋转行李传送带那里拿错包。为了避免这种情况，要把你的行李贴上鲜艳的标志，比如黄色或红色的身份贴，或者在手柄上系上一条丝带，要么就在整个行李箱上绑一个吉他皮带。

动起来

幸运的是，你可以运动去消化掉一些意大利面和奶酪，比如八个网球场挑一个打场网球，打一轮高尔夫球，在湖面帆板和滑水，或者还有科莫湖最大的活动：在当地夜店里跳舞。

要不，你就穿上徒步鞋，坐索道缆车从科莫到布尔纳特镇，这里海拔2160英尺（约740米），有徒步小径、湖水和阿尔卑斯山的美景。

时尚惊喜

10分钟渡船会带你到科莫镇，一个丝绸重镇，有很多丝绸工厂和成品。相对设计师的精心设计和时尚的面料，是物超所值的。在科莫的丝绸博物馆，你还可以看到丝绸制作的整个过程（www.museosetacomo.com），以及丝绸最后如何制成围巾、披肩和衬衫。

奢华水疗

埃斯特庄园会让你惊喜连连，还会让你对它复杂而昂贵的水疗项目而惊讶。试试新胶原蛋白和芦荟焕肤面膜（费用大约160美元），或者来个旅途后的全套恢复性疗养（费用是345美元）。

湖滨游弋

魅力的科莫湖是诗人和作曲家的缪斯女神。你和密友可以花一天时间在湖面游弋，湖边的庄园别墅此时呈现壮观的景象。游船一天里会不断在不同港口起航。气质不俗的船夫身着硬挺的制服，在船上欢迎你，并引你去往甲板。游船会停留在湖心突起的最豪华的“百乐宫大酒店”。坐在岸边的一个旅馆咖啡馆里，喝一杯酒，看蒸汽船来来往往（船是电动马达，比较安静，所以从不扰民）或者徒步向上，到铺有鹅卵石的小巷和道路，从湖边到镇中心的小路种植着凤仙花和天竺葵。还可以跳上另一艘船到瓦伦纳，看看赏心悦目的彩色房子、餐馆、旅馆和商店。

傍晚去科莫镇是不错的选择，这里是湖边最大也是游人最多的小镇。沿着狭窄的街道，看看街边的橱窗或是沿着湖畔的林荫大道，向下去观赏镇里的灯光倒影在湖面上。黄昏里，精心装扮的当地人也会在此漫步（关于科莫湖美丽花园和购物的更多信息，请参看第九章）。

继续深入

别墅是整个意大利之旅精美的大本营，尤其是对于第一次到意大利的人更是如此。你可以自己驾车或者找一个司机送你和密友到附近的葡萄园或是时尚之都米兰。无论是去斯卡拉歌剧院，还是去看米兰达·芬奇的名作《最后的晚餐》，埃斯特庄园的管家都会让艺术爱好者、购物者和其他任何类型的人都满意。

在去之前

可以酝酿下情绪，看看电影《湖畔迷情》，由凡妮莎·蕾格烈芙（英国著名演员）、乌玛·瑟曼（美国女演员）和爱德华·福克斯等主演。

最佳时节

科莫湖是米兰人周末休闲的热门地，所以不妨将你的旅行计划放在工作日。春秋季人会少些，且气候宜人。

投你所好

科莫镇在当地的“萨格拉乔凡尼”（sagra di san giovanni）节的活动中沸腾。第一晚，儿童在家长的陪伴下，在湖面会放生数百只小羊羔；然后傍晚会有大型焰火表演。第二天清晨，会有传统的船舶队，装饰着花朵，人们跳着民间舞蹈；还会有扔国旗比赛。这个节日是在6月下旬圣约翰节前的最后一个周末。

费用和套餐

费用随季节变动。单人间大概是400美元，双人套间带湖景的是840美元起价。“观美景放松套餐”包括三晚的商务间、两顿三道菜的正餐、三次水疗还有健身中心的使用（费用是1420美元起价，www.villadeste.it）。

鼠标轻点 万事大吉

关于在意大利旅行的更多信息，请登录www.enit.it。

印度

想到印度，很多画面在脑海中出现。色彩鲜艳的莎丽、大象、金手镯、香料、漫长而闷热的夜晚、还有王公宫殿渐渐衰微的图景。有两个古堡在我心目中尤其占据一个特殊的位置。在印度，每个女性都能够实现作为公主的梦想：生活富裕、舒适、高贵。参观这些宫殿旅馆是我感受到的最接近皇室感觉的时刻。皇宫湖滨酒店在拉贾斯坦邦充满活力的地区，乌代布尔，最浪漫城市的一座小岛上。兰巴皇宫酒店位于新德里南部的斋浦尔，曾是斋浦尔皇室的宫廷，现在改造成有八十五个房间的奢华酒店。我建议这两个地方，是因为他们都是“淋漓尽致”地反映印度传奇般的古式杰作，而且，你可以回环的方式绕着拉贾斯坦邦来参观这两座宫殿。

为了你这闷热的皇室日子不要变得更潮湿难受，最好是在10月到次年3月间去参观印度宫殿。春季也是一个很好的观光季节，可以感受生动的节日；在乌代布尔的“干高尔节”（Gangaur Festival），你会发现，涂着指甲油的女性正送出春季的祈祷，寻找另一半（如果你是单身，不会受什么伤害，对吧？）或者为了丈夫的健康长寿（如果你是已婚，我们或许也需要这些祈祷）然后还有碰巧一起的迎接春天的节日（Mewar Festival），洋溢着活力的传统游行、歌唱、舞蹈和焰火（参见第一章：异域风情，关于该地区有更多介绍）。

皇宫湖滨酒店

从皇宫湖滨酒店，你将带走的记忆包括西塔琴音乐、在皇家游艇上漂流、满是木槿和喷泉的花园、还有落日余晖洒向小岛时海岸亮起的万家灯火。王子杰加特辛格二世在1746年修建，这片绿洲传闻是杰加特辛格的父亲禁止其在附近乱晃后，王子建的供王公贵族们在皮秋拉湖的后花园。现在，欢迎你的是优雅的白色大理石（这里也是007第13集《八爪女》的拍摄场地），有八十三个房间，其中包括十八间舒适套房。飞到乌达布尔后，你可以叫辆出租车载你穿过城市，扫一眼市场、堡垒和博物馆，或者让他经过城市其他的河边宫殿。一旦你到了皇宫酒店，皇室后代的男管家会等候着你，为你准备好一切，让你觉得自己就是皇后。

皇室生活

坐落于占地4英亩（约1.6公顷）的小岛，皇宫湖滨酒店让宾客可以以360度视角全景俯瞰湖水（也许是355度）。尤其是他们的套房，提供了很多便利设施，如室内的按摩浴缸、鲜艳的丝绸、还有精心雕刻的木制家具，甚至还有大理石镶嵌的浴室。对于已经粗略游览这个国家的你们来说，这是一个极好的放松方式。游客可以选择个性化的瑜伽练习，欣赏传统木偶表演，在泳池游泳，去健身中心锻炼，或是加入乌代布尔区的观光之旅。

湖滨游弋

历史上，皇室成员在皮秋拉湖畔亲密聚集，举行宴席。你和密友可以在皇家游艇上重现这种传统，伴着西塔琴悠扬，身着传统服饰的划桨人，烛光里微笑的朋友们，还有最后盛大的焰火。你会爱上真正的印度美食：新鲜的薄煎饼、传统的炭烧炉烘烤的鸡肉或羊肉串、香辣咖喱，新鲜蔬菜。或者，如果你想要更私密的促膝谈心的环境，试试西卡拉，一种长扁平造型的传统木船，有缓冲的垫子，有着品尝香槟的好氛围。夜晚，躺在船上，仰望星空，闻着温暖空气中茉莉花的清香，聆听庙宇钟声回荡。

奢华水疗

每一个奢侈的招待都是从欢迎足浴开始的，然后是冰椰子汁。有一个特殊的仪式渊源已久，但能让你在现实世界感到舒适：春祷按摩，这是过去皇室用于准备婚礼的。这个部分主要有檀香木焚香，用姜黄谷芽去角质，最后是长达数小时的按摩，根据你的需要运用相应的阿育吠陀草药油。所有人都会找到自己的乐子：椰子磨砂去角质、修脚。你只需一天就能找到自己的最爱。

街边漫游

女士们，租辆皇宫酒店的葡萄酒车，让司机带着你转转乌代布尔的街道，看看皮革店里手工做的鞋子，布料店里的丝绸床罩，还有艺术画廊，陈列着名人的细密画、信笺和手工木偶。

历史课

在皇宫酒店导游的陪伴下，酒店250多年的历史宛若一本厚厚的书被

行李打包小贴士

有些你真的不能缺的东西，记得要带双份哦——比如隐形眼镜、有度数的太阳镜、护照和驾驶执照复印件、润唇膏、钱、耐心，还有幽默感。

逐渐打开，他将带你穿越这历史的建筑，复杂又厚重。也会有建议说，可以穿越乌达布尔来一个受教育漫步——还有，你可以根据他们的引导，灵活地穿梭于当地最好的市场（关于乌达布尔的信息，可以查看第一章：异域风情）。

饕餮大餐

参观阿姆利特萨迦尔，也就是“花之海”酒吧，有法国、澳大利亚、加利福尼亚、新西兰的酒，当然，也有印度的酒。是的，你说的没错——印度葡萄酒是用孟买附近的葡萄酿制的。一定要尝！每晚，你可以从选个餐馆尝尝——比如，“尼尔卡迈勒”的拉贾斯坦美食很出名，其餐馆有着金色的拱形大门、水晶吊灯还有奢华的室内装潢。印度美食相当棒，大厨会邀请你到厨房去体验用当地香料做酱汁的鲜肉、咖喱烧烤肉架。我想自己永远不会忘记那柠檬草甜点：焦糖布丁。

费用和套餐

随季节价钱变动：淡季是355美元起价，旺季，也就是5月到10月，是533美元起价。有些特殊的夏季套餐包括皇宫酒店，含早餐和水疗折扣。夏天很热但潮湿，也是不错的旅游季节（www.tajhotels.com）。

兰巴皇宫酒店

位于拉贾斯坦邦、有着八十五个房间的兰巴皇宫酒店，是斋浦尔的明珠。实际上，它在1957年以前一直是斋浦尔皇室宫廷。从乌代布尔出发，坐飞机或是私家车，向东北方向行驶200多英里（约320公里）都能到达，或者，你也可以从德里出发，驱车大概四个小时可以抵达。

皇室生活

宫殿房间相异，但都是奢华装修：厚厚的丝绸窗帘，大理石镶嵌的浴室还有无比舒适的床。占地47英亩（约18公顷）的苍翠皇家花园和月光庭院是亮点，带有美丽的喷泉。如果够幸运，你会碰上鲜艳的孔雀在路上昂首阔步。

皇室休闲

兰巴皇宫酒店的餐厅“苏瓦娜·马哈”也是一大看点。你会被穿制服的侍者引导着穿过长长的镜墙，到靠着壁画墙的水晶吊灯下的餐桌；你会沉浸于从印度皇室的原始菜单里精挑细选的菜肴。试着融入另一个宫廷嗜好：马球，在前英联邦是非常受欢迎的项目。在炫目的马球吧，来杯鸡尾酒，周围全是印度王公的马球纪念品哦。

水疗胜地

兰巴水疗于2007年4月份开放，是如此热的印度最好的放松地。如果感到对印度的太阳有些适应不了，试试旃檀疗养。檀香木和芦荟会透过有机的亚麻衣清凉你的肌肤。另一个新的选择是：室内和室外的游泳池，都有精美的蓝色瓷砖，铜质浴盆和淋浴，在水疗隐蔽处也有带空调的休息厅。

费用和套餐

兰巴皇家酒店提供三晚的水疗套餐，涵盖几种疗养。从6月到9月间，每晚费用是680美元起。在旺季，10月到次年4月，豪华房间的费用是585美元起价（www.tajhotels.com）。

鼠标轻点 万事大吉

关于印度的更多信息，可以参看第一章：异域风情，也可以登录www.incredibleindia.org。

第七章

游学之旅

在日常生活中尝试很炫的娱乐方式、学习全新的东西——像这样爬高枝担风险并不容易。但是，到另一个国家旅行，会让你身心解放，有动力去做这些事情。通过学习之旅，参加成人教育项目，你对一个国家会格外熟悉；学习一门新语言，修炼自己的艺术能力，或者来个新的体育项目（比如皮划艇），邀请你的密友一起在世界的另一端上一堂课吧。毕竟，你在没有竞争压力的环境下学习会更有趣，在其过程中和密友一起大笑，分享彼此的经历。全球有无数项目可选择，时间为期一天或者持续一月。从这样的浸润中回归，你和密友就能分享可以带到下次团队旅游中的新技能和知识。

桑德拉的故事

过去10年里，桑德拉挥洒着热情，她参加了很多夏季课程，从爱丁堡到戈拉格斯，从阿西西到萨尔茨堡。她选择一个城市，找到一个课程，然后就花上一星期甚至更多的时间沉浸于这样的经历。“我并不是一个观光客，”她说道，“我非常乐意在假期里能学到一些东西，对自身、对绘画、对整个世界有新的观察视角。我喜欢待在集体宿舍里，结识当地人，参加那些不是美国人教授的课程。”

桑德拉可不是欧洲旅游的菜鸟。20多岁的时候，她在德国居住了6年，一开始是留学，然后出国工作，最后在那儿结婚定居。多年后，她重返那片土地度假。“布拉格一直是我想去的地方，”她说道，“去年，我在网上寻找项目，发现了阿特布雷特安排的‘艺术沉浸之旅’，我就开始给这位社会学博士发邮件。这正是我一直想要找的项目。6个月后，我去了布拉格。”

每天上午，学生们在工作室里和当地艺术家一起通过不同的媒介合作。桑德拉头几天塑了一个女性黏土形象，过几天她又做了拼布画，她还花了很多时间画油画——不是她在家时通常做的水彩画。这些艺术实践运用了不同媒介——让她跳出自己的框框——经验丰富的当地艺术家给了很多指导，帮助她有一个新的绘画视角，重塑自信。

下午，他们会和美术史学家一起参观博物馆，游览当地历史建筑的杰作。傍晚，他们会拜访私人画廊，饮些小酒，然后吃晚餐，通常是在传统的捷克酒馆里。晚餐后，连续六个晚上，他们聆听了一场交响乐、一场现代舞表演还有捷克市政厅的音乐会，一场芭蕾，音乐剧和爵士俱乐部。“我们走路去上课，乘坐交通工具去往各地，”桑德拉解释道，“在布拉格，这样很方便。”

看起来要求很苛刻的安排表也正是桑德拉所希望的。而且并不只有她如此。“和我一样，其他学生也多见多识广，乐于接受新体验，他们也不是什么专业的艺术家。”桑德拉说道。他们也是通过参加一个课程激发自己的创造力，也了解了布拉格的艺术世界。

“布拉格现在是我最喜欢的城市之一，”桑德拉补充道，“人们都很友好。在布拉格学习的一星期里，我绝没遇到什么不好的经历。回来后，我的绘画水平有提高。专业的指导和丰富的艺术场景都激发着我，让我在新路上继续探索自己的艺术。我希望能和女儿、外孙女一起再去布拉格，因为它实在是太有魅力的艺术之城了。”

英格兰剑桥暑期学校

如果你希望有一个经典的常春藤名校经历——或者你曾有过，现在想怀旧——不妨试试英格兰传说中的剑桥大学安排的暑期国际学校。剑桥大学，位于伦敦北部60英里（约96公里）处，是世界上最古老最知名的大学之一，牛顿、弥尔顿都毕业自该校。剑桥大学是学院制，将学校划分为31所学院——常春藤密布的院墙，各式华丽建筑（如国王学院哥特式的礼堂），广阔的草坪，中世纪的小桥和塔楼——如此令人振奋，激发着此地求学的莘莘学子们。还有谁比密友更合适一起这项高等教育之旅呢？重新做学生，你们相互鼓励、彼此扶持。暑期课程范围很广，从融合了艺术和科学的跨学科项目到专注于艺术、历史和文学的课程。有160多项课程可供选择，你和密友总会找到自己喜欢的——每天放学后，一起啜饮，分享一天的故事和有趣的经历。天气温暖的时候，学生们聚集在康河边的草坪上，在垂柳下野餐，在树荫下的长凳上接吻。消磨午后时光的最佳方式是租辆叫“康轮”的小船，试着自己撑杆随水流而动，当你站起时，要保持好船体中间的平衡。学校也会安排周边地区的田野调查之旅。当你在剑桥时，不需要有车——可以步行和乘坐交通工具，出租车也随处可见。此处去伦敦的火车约需要一小时；去巴斯，著名的温泉，需要三个半小时；而要去牛津大学，三小时之内可到。

在大学时，我总是对于大量的课程选择力不从心——这就像在一家很棒的餐馆，菜单上的每一样东西看起来都一样美味可口。如果你考虑参加暑期学校，有个建议可以帮助你缩小自己的选择范围。在剑桥大学，暑期学校提供两个选择：一个是每年7月份的为期两周的剑桥暑期学习课程，还有一个是更严格些的暑期国际学校，为期三周，面向想认真专注于两三门课程的学生。

两周课程表(暑期学习课程)

两星期的剑桥暑期学习课程，每年7月份由唐宁学院开设，主要由来自二十～三十个国家的中年国际专家们组成。你可以挑选了解英国文学、历史和艺术的课程。这个项目一直吸引着人们不断参加——有近半数的学生都不只上过一次了。而集体宿舍生活也比你想象的要棒得多：宁静的唐宁学院有巨大的新古典主义庭院和广阔的草坪，学员们置身于优雅的学术氛围中。

课程由一些小组讨论构成（最多的小组是十五人），上午一直有课，下午偶尔有课。在可选择的课程中，有一项是英国一战期间的文学——你将研习当时在战场上和守候在家的人们所写的或者是关于他们的小说、信件、日记和电影等。另一项课程是关于盎格鲁-撒克逊的迷思和医学。还有，或许你想研究1678－1759年的革命——这是一个极好的视角来看待不列颠群岛的政治震动。而建筑之光会在古堡和中世纪教堂的课程中焕发神采。不论你选择何种课程，在课堂时间里要去做田野调查。在你到达剑桥之前，学校会提供一张书单，让你对于所选择的科目有所准备。在剑桥期间是没有家庭作业的。这意味着你无须放弃在酒吧里的欢乐夜晚。课程、住宿都涵盖在此项目的费用中了（每人的费用是4828美元起价，www.cont-ed.cam.ac.uk/instsummer/cssp）。

三周课程表（暑期国际学校）

暑期国际学校是为想获得学分的学生们准备的，需要每天上四到七小时的课程，在历史、莎士比亚、文学、科学、艺术史和中世纪研究这些科目中，需要做家庭作业和写文章。时间从十天到三周不等，你可以选择多种不同课程，也可以决定退出有学分的课程。不住校的学生费用是从1217美元到2446美元不等。含住宿和学费的话，费用从2048美元到5988美元不等（www.cont-ed.cam.ac.uk/intsummer）。

周末放松

你并不想在周末去学习，对吧？至少不想待在教室里。学校安排的旅行让你对英格兰有更深的了解——包括皇家植物园、温莎古堡的莎士比亚剧作演出，还有桑德灵厄姆的女王领地。你和密友也可以独自计划，前往伦敦的博物馆和戏剧院，还可以去巴斯享受罗马式的水疗。

避免超重导致额外费用

海外航班允许两件大行李。行李重量基于每个旅行袋，大多数国际航班对超出50磅的行李箱要额外收费。要确定你乘坐的航班规定的载重量。如果你随身只携带一个旅行包，但担心超重，就在行李箱外面的袋子里放一个小包。在机场，如果行李超重，可以把小包拿下来，把身上的重东西放进去，这样成为两个袋子分担重量。

——**玛丽贝斯**

校园导览

下载校园导览地图，安装介绍你新学校和城市的介绍软件，请登录www.stridedesign.net/shapewalks。

课外活动

别错过在康河上撑篙的机会啊——就是划平底船。这项运动既没有浆，也没有橹。所有人都在岸边，看着新手们全力以赴，把船“开起来”。看起来容易做起来难。所以我建议你们雇用一个英俊年轻的剑桥学生帅小伙，把你和密友载到英里范围的美丽“后院”。你会经过八所学院，钻过九座桥，来个独一无二的校园建筑之旅——在建于1547年的国王学院的礼堂那儿要停下看看；还有叹息桥（更多自助雇用撑篙信息，请登陆www.scudamores.co.uk）。午后另一个消遣是：马丁利大厅的英式下午茶，这座可爱的16世纪建筑位于剑桥大学以西3英里，花香弥漫，绿草茵茵，还有精心修剪的花园。

完美读书季

在三一街上去浏览书店吧。新书店、珍本书店、二手书店——如此众多，你会找到自己想要的书——终于构成有一个如此完美的暑期读书季。你和密友可一起逛书店，然后互相交换着看。

投你所好

在大学城里你想要做的一件事一定是艺术活动。在7月和8月初，剑桥暑期音乐节带来音乐的夜晚，傍晚的室内音乐会、四重奏、独奏在不同的场地上演（票价是16美元起价，www.cambridgesummermusic.com）。而在剑桥莎士比亚戏剧节，这位吟游诗人最好的剧作也将于七八月份时在户外上演——你可能可以在仲夏的晚上欣赏到《仲夏夜之梦》（www.cambridgeshakespeare.com）。影迷们可能希望将旅途安排在7月，有为期十一天的剑桥电影节，在室内外放映新电影，和演员导演互动，还有讲座和工作坊(www.cambridgefilmfestival.org.uk)。

长途飞行中，要准备一流的让自己愉快的工具箱。在旅行袋里，要放上耳塞、眼罩、睡袜、唇膏、小瓶护手霜、牙具牙膏套装，还有你最喜欢的巧克力棒。

—玛丽贝斯

饕餮大餐

整个旅途中，你将每天在古老的就餐大厅里享用三餐。巴特利学院在午餐时间，对于饥饿的学生来说是很具诱惑的。在校外，剑桥——或者英格兰大部地区，在这方面——美食并不出名，但一些高端餐馆有着顶级的餐点，还是值得炫耀的。如果你要庆祝一些特殊事情，可以在“盛夏屋”预订，这是一家法式的地中海风味餐馆，横跨可爱的维多利亚别墅和一座通风温室。这是英国少数的米其林二星餐馆之一，他们名为“盛夏之味”的套餐备受推崇，包括手工酿制的奶酪、炒制扇贝和鹅肝酱（三道菜的午餐是52美元，三道菜的晚餐是99美元，www.midsummerhouse.co.uk）。对于美食来说，钱包鼓鼓就好办。尝尝新开的“阿里曼屯”——也是法式烹饪，带点意大利和西班牙的风味，所有食材都是当季新鲜用料。午餐和晚餐都很棒，菜单不错（费用是35美元左右，www.restaurantalimentum.co.uk）。逛完校园或者白天旅途归来后，你确实需要一些可口的食物，阿伦德尔家酒店的音乐啤酒屋提供了美味的腊肠、约克郡布丁和厚皮面包（www.arundelhousehotels.co.uk）。

鼠标轻点 万事大吉

关于剑桥大学暑期国际学校的更多信息，请登录www.cont-ed.cam.ac.uk/intsummer；剑桥旅游局的网址是www.visitcambridge.org。

波罗的海国家

如今，很多资深旅行家都会把这些地方作为欧洲最具活力的旅行地，波罗的海国家如爱沙尼亚、波兰和俄罗斯，形成了可亲身体验的生动的欧洲历史课堂。你和密友会享受学习这些国家的历史和过去10年这些国家所经历的变化。随便堆放的商店和官僚做派的银行前那长长的队伍消失了，取而代之的是户外新鲜物品市场和自动取款机。沉默不再，人们涌向街道，每个城市都能听到笑声、音乐声，手机里传来兴奋的对话声。更重要的是，你能感受到波罗的海国家正在进行的社会政治改革。“长青会馆”（Elderhostel）是全球知名的专门安排学习旅程的机构，有55年历史了。在“北部首府”城市的项目中，你将沿着波罗的海，穿越这些国家的首都，包括哥本哈根、斯德哥尔摩、圣彼得堡、爱沙尼亚和波兰的港口城市。17晚的旅途，你的大本营是这条邮轮“发现号”。一些天你将待在海上，另一些天你将离船到城市里。每天上午，当要进入一个港口城市之前，你会有一个“课堂时间”，一位旅游导师（剑桥大学退休教授、英国广播公司讲师、国际考古学家和海盗研究学者）会告诉你所在地的历史。下午，当地导游会介绍当地历史遗迹和现代日常生活。为了最大化利用波罗的海区域漫长的夏季夜晚，旅行安排在5月、6月底和7月初。天空高远的夜晚，温暖的气候，很适合各种户外节日和野餐，吸引人们逗留和观看人群，直至深夜。而音乐，无所不在。

你的船

你或许很快就觉得“发现号”似曾相识——她的姐姐是“太平洋公主”（爱之船）但别担心，你不会陷入那种过时的挖掘中。这艘新近翻修过的邮轮，可容纳650名乘客，结合了现代设施如艺术画廊和互联网，融入了过去的流行魅力如木质甲板。

海上学校

你的船上专家，保罗·埃里克·坎达普，曾是联合国教科文组织丹麦全国委员会的一员，他吸引了很多人——一起共事的船员都说愿意追随他到天涯海角呢。他会告诉你波罗的海国家的文化，从早期的海盗故事到现代俄罗斯经济，再到路德教、犹太教和俄罗斯正教地区的介绍。课堂讨论是很受欢迎的。船员们还开设了很多独立讲座，欢迎参加。如果你错过了，可以在房间里电视机上看重播。

欢乐满载

在“发现号”上，你和密友将会有一个欢乐舞会。650人中只有40名乘客是长青会馆的项目一部分，所以你也可以充分利用这个小团体个性化的讲座和城市游览。还可以和所有的船员一起品尝瑞典肉丸、七大洲餐厅的甜可丽饼。在船上，可以加入正进行着的桥牌比赛（还可以学习技巧）或者和密友一起在影院里看电影。去藏书丰富的图书馆，多研究下你的旅行地，享受完美的夏日翻书。如果你想独处，戴上太阳镜，浸泡在露天浴缸里，或者去做个全身按摩和脸部美容。傍晚，观赏船上的演出，在游船上的夜总会跳舞来享受夜晚吧（或者在“旋转木马休息室”聆听交响乐）。

斯堪的维亚半岛风光

旅途最初的三站是丹麦、瑞典和芬兰的首都。这三个国家都位于水边，适合漫步。在哥本哈根，这座斯堪的纳维亚半岛最大的首都城市，位于西兰岛，以多样化的建筑出名，还有建于1200年代的高塔遗迹，毗邻现代建筑。早晨醒来，你可以开始漫游这座迷人城市里的教堂、大学和犹太会堂。夜晚，你可以去狄佛里花园，这是小而干净的老式游乐公园，花香四溢，有戏剧、交响乐和烟花，那里木质的滚动船实际上雇了一个制动员。在斯德哥尔摩，这座建于十四个岛上的城市，可以看到绚烂的绿色公园和美丽街区，了解中世纪建筑；购物中也可以体会该地的时尚潮流，顺便在莎迪玛区享用美食。想感受“天才的杰作”？你可以去金色镶嵌装饰的市政大厅看一眼，这里是每年诺贝尔奖宴会的举行地。你的下一站，赫尔辛基，按照欧洲人的标准来说是座年轻的城市（城市建于16世纪中叶，而哥本哈根和斯德哥尔摩分别建于1167年和1252年）。在这里，可以欣赏到芬兰湾的美景以及周围的岛屿，其中新古典主义的建筑让人印象深刻，还有那迷人的公园和广场。市集广场是为家人购买礼物的好去处，商贩们售卖纪念品、农产品还有波罗的海的银鱼。

游弋波罗的海

我选择去波罗的海是因为它是我不太了解的欧洲地区，包括爱沙尼亚、俄罗斯、瑞典、波兰、德国北部。我想了解我的瑞典祖先，维京（北欧海盗）的历史；以及汉萨同盟——1400年代北欧最大的商业同业公会组织。

夏天去波罗的海是很棒的选择，因为气候相对凉爽干燥，人也不多。最好的是，白天非常非常长——晚上十一点后天才黑。夜晚，我们去圣彼得堡看芭蕾舞天鹅湖，然后返回到船上享用露天的俄罗斯自助餐，还有俄罗斯民间音乐和古典音乐相伴。

——茱蒂·桑福德，70岁，历史迷，来自北加州

下一站，俄罗斯

当你到达海滨城市圣彼得堡时，看见华丽的教堂，白色圆顶上绘着金色、绿色和黄色——美得让人窒息。三天的圣彼得堡行程中，亮点是爱尔米塔什博物院，这是世界上最大的博物馆之一，陈列着石器时代至今的300多万件藏品。在逗留期间，你还可以观赏芭蕾舞，感受传统的俄罗斯音乐和舞蹈，乘坐地铁了解圣彼得堡的居民生活。在知名的俄罗斯餐厅“帕德瓦杰”（podvorje）品尝多道菜的午餐；参观皇宫和沙皇村，这些曾是俄罗斯贵族的夏季居所。

港口小镇

离开圣彼得堡，你会继续深入欧洲，有机会看到很多欧洲旅行者没见过的地方。来到在塔林，爱沙尼亚首都（1991年刚独立），在集体农场吃饭时，你会了解到这个国家骚乱的历史。去参观爱沙尼亚和爱沙尼亚俄罗斯的郊区，你和当地学生聊天，了解当地的日常生活。在波兰的格丹斯克，可以感受漂亮的老城区，迷人的团结博物馆（前波兰总统瓦文萨开始活跃的地方），还有美味的食物——你不想错过15多种半圆小酥饼吧（pierogarnia u dzika，类似于土豆包）。还可以去德国的吕贝克参观，在那里你沿着鹅卵石小道散步，品尝当地的杏仁蛋白软糖，这可是当地最甜美的糖果之一啊。

旅途最后

游船会停靠在英国的哈维奇，但并不意味着你的旅程就此结束。你会被送往伦敦，待在威斯敏斯特城市茵饭店，那里靠近泰晤士河畔，临近泰德现代美术馆（文艺青年们，欢呼吧）。你和旅行团的朋友可以商量着去看西区剧院最新上演的剧目。

费用涵盖

包括课程、船上食宿（十六天的费用是5684美元，800-454-5768，www.elderhostel.org）。

鼠标轻点 万事大吉

关于旅行计划和每个城市的更多信息，请登录www.cruisebaltic.com。

捷克布拉格艺术课程

你是否曾想过放下一切，飞到欧洲，过个艺术家般的生活？或者，你是一个老道的画家，很有心想提高自己？无论你是哪种情况，布拉格，世界上最美的城市之一，这里的艺术学校会为你的艺术追求带去灵感。绘画师、雕塑家、还有制陶艺人，你艺术圈的朋友都会把布拉格视作自己的缪斯女神。这是捷克的首都，也是波希米亚重镇——看到布拉格的第一眼就把你点亮：各种建筑风格和重新修复的建筑棱角划过天际，纵横着不同的线条，从哥特式到奢华的巴洛克再到现代令人震惊的艺术形式。蜿蜒的鹅卵石小路连接着咖啡馆、古玩店和书店。城市远景或许让你灵感突现，有了新的创作作品。布拉格是非常适合漫步的城市，最好是慢慢地步行来体会这座城市。布拉格中心区不大，适合步行或是乘坐有轨电车穿行。我们当时刚好住在城堡下，距离查理大桥步行6分钟。我和女儿一起穿过河流上巴洛克式的建筑，路过优雅的街区，横跨壮丽的查理大桥，然后到达老城区主要的景点。夜晚，我们看着月光给河水度银边，老式煤气灯发出温暖的光，隐隐约约的老式啤酒馆，微微发亮的板岩塔，柔和色彩的巴洛克建筑。闭上眼，感觉布拉格几乎就是巴黎——20世纪20年代的巴黎。

为了促进艺术上的提高，加入“艺术放松”，一个女性的艺术感受项目，提供日常的艺术课程、私人美术馆之旅，还有夜晚在城镇的旅行，居住在充满现代艺术感的旅馆。布拉格的天气就像脾气不定的艺术家：春季和夏季算是充满阳光的月份，但在5月和8月之间是一直多雨的，所以，准备着点，即便阳光满满的日子间或会也有雨的。冬天的布拉格则很少下雪。

挑你所爱

“艺术放松”的沉浸之旅都是关于女性的——参加者来自全球，年纪在40～50岁。周一至周五，学员们早晨在MUDDUM艺术空间、美术馆、工作坊和咖啡馆里，上三小时的艺术课。从广场的露天绘画、制陶、拼贴还有雕塑中选一样吧。这里是小课堂教学，通常有4位教师手把手地指导。不需要有任何经验基础——甚至不需要有画笔。

向达人取经

艺术课程的指导都是各自领域的达人——并且都是女性。布拉格人克拉拉·多兹，2004年建立了MUDDUM艺术空间，会引导你进入制陶和拼贴的世界。俄罗斯艺术家塔蒂娴娜·宜比斯，作为舞台制片和设计师，创作了四十多个戏剧，她教授绘画和日常生活素描。大学水平的艺术历史指导员，英国的娜塔莎·苏塔，会带着你参观布拉格的美术馆。她不仅是19世纪捷克绘画的权威，而且也是中国水墨画大师哦。

午后小镇漫游

作为旅行的一部分，在向导带领下，你会参观很多私人美术馆，参加品酒会——这是一个了解一座城市的好方式，尤其是有当地人带路的情况下。你的向导也会带你去购物，在布拉格犹太区和老城区得到丰富的信息。傍晚，你可以脱离团队，和一些要好的艺术家在咖啡馆或酒吧里喝杯雪莉酒。

大快朵颐

你的餐点不含在费用里，但“艺术放松”很推荐当地的餐馆。我先提出自己的推荐吧。自1902年以来，“卢浮咖啡馆”一直就是一个高尚智者云集之所——爱因斯坦和卡夫卡都光顾过这家传统的布拉格咖啡馆。就着咖啡和温暖的苹果派，来场知识分子的辩论；当话题渐热，再分享烤羊排，要上两三份酱料。费用是27美元（www.cafelouvre.cz/en）。卢浮咖啡馆里允许吸烟，所以可以要一张无烟区的位子。

啤酒之欢

爱喝啤酒和着迷历史的朋友，可以在斯特拉霍夫修道院啤酒厂汇合了。这个前修道院由国王Vladislav建于1140年，这里的僧侣从13世纪开始酿制啤酒。在酒馆和餐馆，喝点清啤和黑啤，品尝地道的传统美食——烘烤的啤酒奶酪、波希米亚土豆汤和菜炖牛肉（www.klasterni-pivovar.cz）。

文化飨宴

傍晚的活动包括欣赏交响乐、芭蕾舞、歌剧和爵士乐。精力充沛的你和密友可以尽可能多的参加这种外出活动。捷克爱乐乐团全世界巡演，从卡内基音乐厅到东京，赢得了世界性的赞誉。如果你和密友能够聆听他们在家乡剧院的演出，实在是盛宴。交响乐的传统自始就有——作曲家安东尼·德沃夏克1896年成就了第一个交响乐团的演出。传奇的莱杜塔（reduta） 爵士俱乐部的现场音乐在晚上九点开始，这是布拉格作为一名教师，我有暑假，所以我在罗马、布拉格和哈瓦那学习历史、写作、音乐、舞蹈和语言。这些游学项目让你有了挖掘文化的动力。穿上步行靴，慢慢体会一座城市吧。我也喜欢住在宿舍里，和来自世界各地的学员一起交流。住宿舍很安全，也容易结交朋友。

——凯莉·斯特霍夫，31岁，曾是教师、作家，
来自明尼苏达的普利茅斯

最古老的爵士俱乐部之一，从1958年开始，就是聆听出色音乐家表演的地方，还能见到很多熟面孔——比尔·克林顿曾在这里演奏萨克斯，所以，天知道，你会在这里遇见谁呢。

住宿首选

项目包括在艺术酒店住宿，这是莱纳居民区的四星级酒店，步行不远便是老城区广场和布拉格城堡。为了帮助你离开工作室后也一直处于兴奋状态，主人私人收藏的捷克现代艺术来装饰墙面。如果你和密友在布拉格待的时间超过一星期，短期的旅馆租赁是最佳选择（二到六人一晚的费用是100美元，www.rentinprague.com）。我租了一个满是古玩的公寓，墙上到处是油画，有一个共享的浴室和洗衣机，旁边是安静的大使馆区（一晚费用是75美元，800-860-0571，www.castlesteps.com）。至于所居住的区域，我也建议在布拉格7号的莱纳区、老城区，或者布拉格2号的葡萄园区（vinohrady）。后者是富有的住宅区，你可以发现很多侨民，他们来了之后，就再也没离开。跳过古拉格1号吧，这里到处是俱乐部、酒吧和旅舍，噪声会让你夜不能寐。

自助游

如果你想自己安排这趟艺术之旅（除了‘艺术放松’安排好的），可以自己在MUDDUM艺术空间参加制陶课程，它提供了成人制陶课，时间是在每月的最后一个星期六。一些课程集中关注具体的主题，如茶壶或是花瓶（一次课程的费用20美元，www.muddum.cz/eng）。

夏天，布拉格艺术学院会举办为期十天的工作坊，涵盖了绘画、素描和雕塑指导。这些全天候的课程，可以让你全情关注自己的工作。在这段时间里，你在几个科目上将有一个转折（这些课程的费用是343美元，www.avu.cz/en）。如果你选择了这个工作坊，租一个小套间吧，相对在旅馆里费用会便宜些。

投你所好

如果音乐是你的心头好，就找个时间去“布拉格之春”国际音乐节吧，这是每年5月经典的音乐盛典。而你们中的文学青年会考虑6月来此参加“布拉格作家节”——到处都是书，街道上到处是学生和来自全世界的游客。而每年9月，清冽的秋季，歌剧、交响乐都会触动你。

费用涵盖

“艺术放松”的项目包括六晚的旅馆住宿、艺术课程、旅游和傍晚的活动（费用2600美元起价，www.artbreak.org）。

鼠标轻点 万事大吉

关于布拉格的更多信息，请登录www.pragueexperience.com。

加拿大多伦多电影节

对于钟情大屏幕的女性来说，赶上国际电影节的旅行是很好的安排。不光是在学校里学习，一个电影节也是能学到不少东西的地方：你可以加深对演员、导演的理解，了解新电影的不同趋势，体察主办城市的风貌、商店和博物馆。或许你是想了解电影制作过程，或许你只是喜欢隆重的时尚浮华，参加电影节都是不错的方式。戛纳国际电影节是一座巅峰，但要去的话几乎是不可能的。多伦多电影节，每年9月举行，影响力小很多，但也更容易去，一样令人激动。多伦多，位于安大略湖西北海岸（尼亚加拉大瀑布从这儿开车不到两个小时），集合了我所有爱上加拿大的东西——安全、热情的街区，友好的当地人，相对他们充满活力的大都会，人们的态度非常谦逊。但是，也有令人吃惊的多样性：你会发现这里是希腊、意大利还有印度的大熔炉，走在大街上能听到100多种语言。多伦多是一个多元文化交融的大都市，但街区不大，足以步行。

不要错过“小意大利”，一个时尚、多元的街区，这儿的学院路上到处是露天咖啡馆、餐馆、酒吧和小的精品店。这条街在夏天人满为患，天气好的周末也是异常拥挤，所以找个露天平台，喝上一杯浓咖啡，看看人群流动的风景吧。肯斯顿市场周边的狭窄街道则充满了骑单车的人、当地买卖人、美食家，可以在这里寻找便宜的奶酪、新鲜蔬果、糖果和其他美食特产。不妨尝尝食品摊上的当地奶酪，在高档咖啡馆里放松休息，或是在众多时尚餐馆中的一家就餐。

一旦你到了那儿，就会发现地铁、公交和有轨电车系统有多便捷。十天的电影节活动很多——布鲁尔街和湾街有很多令人兴奋的活动。布鲁尔街是多伦多的“第五大道”，因为有很多高端商场；而湾街有很多顶级的商场、餐馆和旅馆。你可以第一时间看到电影，还有当季加拿大电影人的作品。如果买票够早，你还可以看到国际电影节和北美电影节备受瞩目的首映式（2007年，电影节的民选奖给了惊悚片《巨塔杀机》，导演是维戈·莫特森）。

抢票吧

每年7月初开始售票——可以早点去电影节网站购票。如果你买的是套票或是套卡（两种票都可以让你看很多场电影），一旦电影节在8月公布日程表，你就可以优先选择电影。也可以在线订票（www.tiffg.ca）或者电话订票（877-968-3456），或者亲自去售票中心购买。如果你是维萨卡（VISA）购票，通行票和套票可以比公开售卖的时间提前一周出票。和朋友一起参加电影节的最佳方式之一是购买十部电影的套票（费用是166美元）。对于人们将要讨论的电影，投资在节日套票吧（费用谁350美元），可以看八个首映式（还有一并出席的大明星哦）。如果你是火烧眉毛也不着急的人，当天的电影票有时也是可以的。

购物大血拼

古老的布鲁尔·约克维尔街区里的精品店值得一去。你会发现熟悉的大牌如普拉达（Prada）、古驰（Gucci），还有加拿大人最爱的哈利罗森（harry rosen）。优雅的餐厅对于女性聚餐和名流聚会是完美的。砍价高手会想去唐人街淘些瓷器、茶叶等。沿着士巴丹拿街的时尚区可以发现本土设计师的最新品。在肯斯顿市场，对于时尚小店很热衷的人会觉得相当自在，这里是多元文化交融区，有相当可爱的独立私人精品店，还有独一无二的咖啡馆。

戏剧之夜

芝加哥知名的第二城剧院公司在多伦多市区有分支。可以去剧院欣赏当夜的现场版戏剧——带着加拿大风格的。短喜剧是第二城的特色

（www.secondcity.com）。

饕餮大餐

时尚的白玛克餐厅（bymark），有巨大的酒窖，露天的艺术设置，营造了一种特殊有趣的氛围（你可以预订一个包房，为了和朋友庆祝特殊的时刻）。尽情享用于他们标志性的“白玛克汉堡”——8盎司的小馅饼，里面有牛肝菌蘑菇、布里奶酪、黑松露，还有洋葱圈和松露蒜泥蛋黄酱（主要餐点的费用是38美元起价，www.bymark.ca）。

野餐之最

到家族经营的奶酪精品店（美食频道推荐过的）里看看吧，里面有很多免费品尝，可以帮你从巨大的陈列架上的手酿奶酪中挑选钟爱的口味。你还应该去尝尝土耳其无花果和巧克力，然后带上这些美食去附近的高地公园野餐吧（www.cheeseboutique.com）。

住宿首选

在节日地点的临近之处有几家旅馆，为参与节日的人提供折扣。湾街的萨顿酒店，涵盖了一个电影节套餐，包括三晚住宿、两张去闭幕

如何找到一所语言学校

我想提高自己的西班牙语，但不知道如何找一个“物美价廉”的西班牙学习课程。我把要研究的对象限制到危地马拉，上网查了“西班牙语言学校/危地马拉”，我向学校要求一些参考书列表。然后给去过的学生发邮件，问了有关学校和当地寄宿家庭的信息。他们都非常诚恳。毕竟，如果你有过很好的旅行经验，你会很想分享与众。而如果旅行经历糟糕，你会想警告他人。我了解到需要避免的学校。我的建议是写邮件询问些参考信息。

——凯莉·斯特霍夫，31岁，曾是教师、作家，
来自明尼苏达的普利茅斯

晚宴的通票和六张你选择的电影票（费用是1234美元起价，866-378-8866，www.toronto.suttonplace.com）。多伦多洲际酒店位于约克维尔区中心，正穿过皇家安大略博物馆所在的街道，离美术馆很近。“时尚英里”位于布鲁尔街，旅馆前门走几步路开始便是（200美元起价，800-267-0010，www.toronto.intercontinental.com）。

鼠标轻点 万事大吉

有关节日的信息，请登录www.tiffg.ca。更多关于多伦多的信息，请登录www.torontotourism.com。

丹麦国际学院

“国际学院”是斯堪的纳维亚的理念，可追溯到19世纪，丹麦的哲学家和社会变革家葛隆维（N.F.S. Grundtvig）认为学习应该是一个实践的终身过程，对于所有丹麦人都应该是开放免费的。学校课程和学员的多样化，从19世纪中叶以来已经有所变化。近年来，埃尔西诺（就是当地所说的赫尔辛格）的国际学院——从哥本哈根坐沿着北海岸线的火车大约一个小时能抵达——吸引了很多人：日本、中国、巴勒斯坦、以色列、非洲和俄罗斯的学生。教师也很多元化，遍及从黎巴嫩到墨西哥。他们开设迷人的讲座，组织研讨，在当地咖啡馆一待就是好几个小时。课程主题范围很广，从人权到欧洲历史，再到世界政治——有为期三周的课程，也有加强型的更长课程（从一学期至一年）。学校位于占地5英里多的起伏山丘和草地里，间或有密林和湖水。埃尔西诺是莎士比亚名作《哈姆雷特》的最佳外景地（因此，也吸引了如劳伦斯·奥利弗、费雯·丽、约翰·古尔古德和肯尼斯·布拉纳等著名演员）。这是丹麦的港口城市，充满了鹅卵石的街道、精巧的教堂、修道院、剧院还有咖啡屋。对于街道上自行车的数量或许你会感到惊奇。丹麦是自行车比国民人口还多的国家，骑单车是在这平坦路上最好的交通方式。埃尔西诺位于35英里长的沙滩的最东端，是海滨之城，但是，这里不是加勒比，海水相当冷。不要一直只顾着观光，和朋友一起购物或者去露天咖啡馆喝咖啡吧。在6月和7月，这里有十七个多小时的白日，夜晚总是感觉很短暂。

文化课程安排

如果你参加秋季或春季的课程（为期八周至二十二周），你可以从以下课程中选择：影响全球化的经济趋势分析、世界宗教、前社会主义国家的发展、中国的自由贸易介绍和世界贸易组织的影响，当然，还有丹麦语和文化。如果你时间有限，考虑参加为期三周的夏季课程：丹麦语、文化和社会。来自全世界的、不会说丹麦语的学员，都来这儿参加两周的课程学习基础语言；还研习丹麦的艺术、设计、电影和文学，和同伴一起交流。

学员生活

国际学院文化很交融，更显团体取向——可能比你上学的时候还要更多元。因为所有的学员背景差异很大，来自各大洲、各个国家，带着世界上的不同文化。你会学习有关领导技巧的具体课程、团体社团还有课程辩论。在“人权周”，你会从电影、纪录片、开放论坛还有欧洲各国教授开设的讲座中学到很多。大多数项目的参与者都是20出头的年纪。而学生年龄的范围其实从18岁到80岁都有。两个“长青会馆”到北欧国家的旅行包括在学院的五天课程（参见以下详情）。

费用涵盖

包括所有课程、宿舍住宿、所有餐点、观光旅游、租自行车（费用是1670美元起价，为期三周；2700美元起价，为期八周；3050美元起价，为期十周。还有十四周的费用是4200美元起价，十八周的费用是4330美元起价，二十二周的费用是是5620美元起价，www.ipc.dk）。

“长青会馆”每年春季提供到北欧国家：挪威、丹麦、瑞典和芬兰的两个旅行。“北欧细品”项目的日程包括在国际学院的五晚费用，让你体察瑞典社会，拜访当地人家庭，通过现场音乐人的表演了解挪威的民间音乐（费用是4474美元起价，800-454-5768，www.elderhostel.org）。

在欧洲旅行时，在人行道或鹅卵石路上走上一整天后，我都会觉得脚疼。在旅馆的房间里，我会把网球放在光着的脚丫下，滚动它来按摩脚底、脚背和脚后跟。这和做脚底按摩的效果一样好哦。

——玛丽贝斯

大快朵颐

如果你想去沙滩野餐，要打包上当地食品店的美食：手工制品奶酪、传统的丹麦露馅三明治。当然，还有丹麦的青鱼！这些地方游客很多，但奥利菲娅餐馆的传统丹麦美食难以抗拒。内部展示照片来自哈姆雷特的各种国际版本和其他莎士比亚的纪念品，相当不错（www.hotelhamlet.dk）。

最美风景

国际学院时间长一些的项目包括五日旅游：参观丹麦和瑞典的知名旅游景点。但是，如果你参加的是一些短期课程，你会想和密友一起来自助游观光。埃尔西诺必须看的地方是克隆贝格古堡，又称“哈姆雷特城堡”，是北欧文艺复兴时期最重要的古堡之一，有着大理石的壁炉架、彩绘天花板、挂毯、加农炮、鸽子还有号手塔。看看哈姆雷特和奥菲利娅的陵墓——这是对莎士比亚的致敬——然后，找到古堡地牢中传说中的霍尔格和戴恩的雕像（www.kronborgcastle.com）。

投你所好

除了这里，我想不出世界上还有更好的地方欣赏《哈姆雷特》。幸运的是，每年9月，克隆贝格会举办哈姆雷特节，在大舞厅里可以欣赏到哈姆雷特，还有芭蕾、杂技等等（www.hamletsommer.dk）。

小镇之外

埃尔西诺曾是重要的港口城市，位于丹麦和瑞典相望的一个岛上——20分钟渡船，你就到了另一个国家。上岸前，在海边深深欣赏瑞典海岸的惊人美景吧。丹麦首都哥本哈根，从这儿坐火车不到一小时就到了——可以在佛雷登斯堡参观皇室。如果你在7月到那儿，那时女王不在城堡里，你还可以进去游览。

鼠标轻点 万事大吉

关于丹麦国际学院的更多信息，请登录www.ipc.dk。丹麦旅游局网址是www.visitdenmark.com。

第八章

漂流胜地

科里和劳伦的故事

科里的50岁生日在即，她想邀请生命中所有重要的女性朋友来一次终生难忘之旅。她倾心于去荷兰骑单车和荷兰驳船游弋，因为喜欢在茂盛的郁金香花丛间骑行，穿梭在可爱的乡间，然后晚上回到私人驳船，和最亲密的朋友们共享私密晚餐。她问询了周围的人，做了些研究，找到一家能容纳二十四个人的驳船旅舍，价钱也能接受，有厨师，有骑脚踏车兜风的向导，还有自行车。她向最亲爱的女性朋友们发出了电子邮件邀请——书友会的朋友、家庭教师协会的志愿者朋友、工作同事、大学室友还有儿时玩伴。理想的情况是：最先回应的二十三个朋友将和她一起荷兰之旅。

一接到邀请，科里的朋友们立刻行动起来，重新安排工作表、医生预约和孩子的团队活动。她们此行的动力很大啊。4月底也正值郁金香盛期。科里的23位女性朋友从澳大利亚、英格兰和美国的各个角落来到阿姆斯特丹，开始她们的单车和驳船生日庆典。

虽然她们和科里都认识，但大多数人彼此互不相识。所以，在阿姆斯特丹的12道菜大餐上，大家一一做了介绍。然后形成了个约定，在这个星期里不谈论孩子或者其他什么人。科里希望彼此能在同一层面上成为朋友——不要预先假定各自的身份：母亲、妻子或者被定义成其他什么人。

生日聚会从阿姆斯特丹乘船出发，顺时针沿运河向南到达国家内陆，然后西行沿海岸线向上返回阿姆斯特丹——覆盖了这个小国的每一寸土地。当她们来到水边，真是沉浸其中。每天早上吃完舒心的早餐，她们就从船上的健康面包、鲜肉、奶酪和水果中挑选搭配好自己的午餐，放在自行车的工具包里，跟随瘦高、安静、头发灰白的向导约翰·保罗一同骑行。她们穿过古荷兰的标志性风景，沿着河渠，经过转动的风车，下行到鹅卵石铺就的小路和茅草覆顶的小屋，穿过盛开鲜花的田野。女士们会不约而同地停下车，深长呼吸，闻着那数百万红黄相间郁金香的香气。“花色如此丰富，让人眼花缭乱。”科里的朋友罗瑞儿回忆道。

天气有时很挑战人——大多数时候，潮湿阴冷。而女士们想出了很多妙招应对天气。她们中形成了一种团队的活力。“我们穿了很多层衣服，喝了很多酒，还吃了很多巧克力，”罗瑞儿解释了她们之间的情谊。她可不是开玩笑：24位女士在不止一家巧克力店前排列自行车，造成交通拥堵呢。

下午晚些时候，经过白天20英里～40英里（约32公里～64公里）的骑行，她们会回到在驳船里，驳船每天都会停在一个新地方——通常是在一个小镇的中心。她们会在就餐前到休息厅聚集，占满舒服的长沙发，喝点酒，分享一天的经历。一些女士会穿上温暖的衣服，站在甲板上看乡村日落。享受完荷兰美食的晚宴后，会有4名女性来分享自己的私人故事。规则是这个故事团里没有人知道。一些故事很有趣，另一些有些悲惨，但所有的故事都很真诚，也是了解每个女性内在的窗口。一些女性曾失去了自己的孩子和丈夫，一些曾经历过离婚，得过癌症或者经历过其他生活中的不如意。“没有人能完全如愿过上自己想要的生

旅行小贴士

为驳船之旅打包相对容易。因为这并不是那种游弋之旅，没有鸡尾酒会，也不需要着晚礼服出席晚宴，所以，把你所有花哨的衣服留在家里吧。多带些舒服、非正式和多层次的衣物。短裤、运动裤、T恤、羊毛衫、短裙和运动鞋，或许就是你全部需要的了。你的房间可能没有很多存放空间，所以只需要带上刚好能塞进小行李箱里的东西就够啦。

活。”罗瑞儿说道。通过分享故事，她们也传递了力量。远离日常职责坐在一起，在这样田园般的环境下，她们发现，敞开怀抱，接纳一个新环境，转换一个新视角，结识新朋友非常容易。在夜里不断的叙事和日复一日的骑行中，她们加深了浓浓的情意。在外人看来，这些女性似乎都是认识10年的老朋友了。

她们也会让彼此大笑——还是歇斯底里的。实际上，正如罗瑞儿所记得的“每天至少一次，我们笑到哭”。傍晚，她们坐在一个谷仓里，听着20世纪初的手风琴音乐，一起跳舞、摇摆大笑，足足好几个小时。她们得到了一种欢愉，这是来自于女性间的陪伴。而旅行是真正放大这种欢愉的方式：你正在一个没有人认识你，且永远不会再见到你的地方！

在最后一晚，所有24名女性聚集到阿姆斯特丹的一个小酒吧，向科里敬酒表示感谢。科里告诉大家，这次旅行远远超乎她的想象。有什么能比和这样一群亲密的女性朋友一起骑脚踏车，共同流汗，彼此欢笑——更让一名女性心满意足的呢？

法国水路

当你们在一艘船上相聚，你和密友彼此便是迷恋于此的听众。在法国驳船上，你会感觉到了另一个时代，生活简单、旅途慢悠——船，是主要的交通工具。你将看到从陆地上从不会看到的风景，晃晃悠悠的小船在夜晚带你入眠，并且，最好的是，你或许还有个法国大厨呢！水路驳船旅店可容纳4～20名旅客，通常配备有小起居室、图书馆、餐厅和共用的船舱。法国的沿河游弋实际上永不停止，因为有5000条水路，包括运河网络连接到法国主要的河流，也作为从大西洋到地中海的货运渠道。这里，你和密友或许会穿过肥沃的葡萄酒产区：波尔多或勃艮第，沿着丰沛的南海岸线或是顺着德国边界前行。沿着此路，有向导带着参观酒窖、多彩市场和夫妻手工艺品市场。或者你就花几天时间骑脚踏车吧（船上都有装备）。休闲地在露天咖啡馆吃午餐或者只是懒懒地晒太阳。水域带来闲暇的节奏，让你能追寻古老时光或结识新朋友而不显唐突。你可以招呼你最好的朋友们，包下一整艘船［80英尺～200英尺（约24米～60米）大小不等］，或者加入其他有相同想法的旅行者团队来个放松的水上之旅。法国驳船之旅的最佳季节是3月中旬到11月初，气温从15摄氏度到21摄氏度。我喜欢法国南部的水路，因为春秋季更长。

适合女士们的线路

对于葡萄酒爱好者来说，穿过法国中东部的勃艮第运河，是再完美不过的了。对于这条路线，有几家公司可以选择。你和密友们将从北到南感受勃艮第地区（运河连接着两条主要河流：约讷和索恩）。在中世纪乡村驻足，到达勃艮第的首府第戎。这里布满哥特式的古堡，有着彩

我在法国南部的讷韦尔运河上游弋了三次。我们一周航行了一条路，可能没超过60英里。这趟旅程非常休闲，当地人很友好。我的法语很烂，但和水闸看管员聊天仍是很棒的经历。没有船员，没有厨师，就我们自己也能很容易地上路。在出发前一晚上船，他们会教你如何掌控船只。自己决定何处落脚、何时下船是很有趣的事情。每个小镇都有自己的面包店，所以你每天都会有新鲜面包的。我们喜欢自己烹饪，然后去外面的小餐馆吃掉。记住，水闸每个下午会关闭一两个，所以要准备待在一个小镇里，或者把午餐带上船。傍晚，在欧塞尔停泊，当我们坐在甲板上喝着小酒时，两边山间教堂的钟声响起，如此和谐。我对朋友说："即便是在五星级酒店，也买不来这样的经历啊。"

——凯茜·罗伯森，60岁，高尔夫手，船员，
来自加州的圣安塞莫

色屋顶直耸云霄，连绵起伏的山丘隐约透着枫叶和松树林，漫山开着罂粟花、丁香花或者向日葵（视季节不同）。在第戎，你会在克洛斯德武若葡萄园（*clos de vougeot vineyard*）找到世界上最好的红葡萄酒，这里12世纪的僧侣首次种下的葡萄树还被石墙围绕着。另外，我特别建议你去第戎著名的中央市场，不然我会一直碎碎念的。这是该地区最大的市场，你和密友可以好好练习杀价的本事，买些当地特产、海鲜、肉类和衣物。

童话小镇

如果你们中有真正的美食爱好者，不妨向东行更远一些，到达沿德国边界童话般的阿尔萨斯和洛林地区。起伏的孚日山脉隐现在重木林中，山里布满小小的木屋，为在马恩-莱茵河的游弋提供绝妙的背景。在科尔马的阿尔萨斯小镇，你和密友将会在整个下午漫步于起伏的鹅卵石小道，在阿尔萨斯众多米其林餐馆中预订晚餐（这里的米其林餐馆比法国所有地区中都多）。一旦你到达洛林地区，你和密友很快会迷上普鲁斯特都爱的法国点心——玛德琳糕点；也尝尝为小镇命名的培根-瑞士奶酪。

最佳旅行社

对于女性团，加入美国“女性冒险”旅行社安排的七日勃艮第运河之旅（2895美元起价，800-804-8686，www.adventurewomen.com）。驳船旅行协调“特殊之境漫游” 提供七天的洛林地区的阿尔萨斯之旅（每人的费用是2090美元起价，二十二人团体的费用是41 800美元，877-642-2743，www.bargesinfrance.com）。

自助游

计划自己去法国南部的旅程，漂流于300年历史的南运河，你能充分享受自主权。“方丹戈”和“探戈”是小型的姐妹奢侈驳船，能容纳六人，可独立或一起预订六天（费用是4500美元起价，为十二人预订两个驳船的价钱至多是47 000美元，866-550-3447，www.canalsoffrance.com）。当游船经过向日葵地和葡萄园时，美国梧桐树覆荫航行路。你会看到转弯很大的石桥和沟渠。地区相当多山，为了航行爬升，你会经过一个水闸，将你从一个高度抬升到下一个水平高度。自由闲逛时要去当地的露天市场、私家葡萄园和“欧黎宝”（L’OULIBO）橄榄油坊，这是世界上最好的冷榨精炼高级橄榄油。一对母子——还有受过专业培训的法国大厨——他们运作着游船，用新鲜食材为你准备船上餐饮，还安排了一些实践性的烹饪课程。在这里品尝普罗旺斯和地中海美食，饮着葡萄酒，此景可奈何——这里的运河连通着大西洋和地中海。

自驾船

你会爱上法式的自由放任的生活态度。结合了和女性朋友一起的那种放肆，也让舵轮掌握在我们自己的游弋中。一些驳船公司会给你提供没有船员的驳船，即使你完全没有任何开船经验也没关系（专业的驳船船长们称为“特百惠”船，因其轻便、容易航行）。别担心，他们会提供实践培训，教授航行技术，给出具体的航行路线，重点标出有趣的地方，列出餐馆单子。运河有很多水闸，有设计好的装置能够控制水平线。在你将船调到需要的高度时，需要30分钟让水闸放空或倒满水。虽然听起来太复杂，但别放弃哦。你将得到指示，如何将驳船顺流上向或向下航行。我建议抓住这个机会和水闸看守人聊天——他们可是有着超棒的故事，对该区无所不知。顺水而行，你很容易找到停泊处——帆船可能需要交些费用，但大多数都是免费的。“法国假日驳船“出租驳船，可容纳2～12人（一周的费用是1315美元起价，www.locaboat.com）。

鼠标轻点 万事大吉

法国政府旅游局可见网址http://us.franceguide.com。

中国长江

长江，中国第一长河也是世界的第三长河，源自西藏冰川融雪，奔流6000多公里到东海，是中国南北的天然分界线。和朋友一起顺长江而下游览观光是感受这个大国的理想方式。中国既有高度发达充满活力的都市，也有仍呈现古朴面貌的古老村庄，巨大差距的对立在这个国度一览无余。因为中国乡土的旅游业发展相对和缓，比起独自游行或者在陆路走马观花，游弋长江自然会没那么刺激你的感官。有了朋友的陪伴，对于不熟悉的环境和事务，你也会更容易放松去适应和了解。这样的水路，会带你经过工业化之前的中国，这里没有城市中心里诸如Prada等的奢侈品商店，不会有交通堵塞，也看不见摩天大楼。而如果你想去看玉石、丝绸和淡水珍珠，别担心，长江沿岸有大量购物的机会。在船上时你会非常充实，因为大多数游轮都有健身室、桑拿、商店和美容沙龙。

你可以参加书法班，可以切磋麻将技艺，也可以报名参与中药研讨。几乎每个晚上都上演传统的中国艺术。而在卡拉OK之夜，你和朋友们或许会不由自主地做麦霸，热情地自娱自乐！坐游船观光长江的最佳时节是初秋和春天，那时天气比较干燥，气温也在摄氏21摄氏度左右。尽量别在七八月的夏天去，那可真是太热了。

最佳游览路线

我建议你花上三四天时间从长江顺流而下，也就是从重庆到宜昌，或者反过来也行。如果你想来个更长的旅程，也可以从重庆一直到位于东海之滨的上海。长江之旅慢慢悠悠——每小时30多公里——在许多村庄和农场都会有停靠，让你们有机会近距离欣赏庙宇、宫殿、遗迹和乡土中国的其他文化珍宝。当你们看到长江最壮观的景象：长江三峡时，你和朋友一定都会很激动。而且，你回家就会被紧逼着描绘这样的壮美。你们穿行在峭壁嶙峋浓雾笼罩的崎岖山崖间，在峡谷相接处又豁然开朗。船行经过密林覆盖最深处的峡谷：瞿塘峡，海拔高达1200多米。而为了近身一探这三峡中里程最短的峡谷，你可以登上小型摩托艇。当曲折经过这些峡谷壁岩时，你一定要仔细地近距离观察巴蜀人民（公元前475－220年）昔日所建造的那些古老悬棺。随着三峡大坝的修建，这地区近年来成为热点。三峡大坝是大规模的水力发电工程，预计2009年运行。除了可能淹没古老的庙宇和陵墓，高涨的水位还会影响到140万人民。如果长江三峡是你个人的梦想之旅，那要放到首位了：作为自然风光，它所剩时日不多。

沿岸风光胜景

如果你是印第安纳·琼斯（又名《夺宝奇兵》的系列探秘电影）的粉丝，应该会喜欢“雪玉洞”的美景。这是一个地下的石灰岩溶洞迷宫，有着蜿蜒的溪流、灿烂的如宝石般的石笋和钟乳石，都是历经千年形成。雪玉洞在丰都，位于距离重庆下游约180公里的长江北岸。再下游是另一个古老世界的遗迹：石宝寨，一座珍贵的石结构古建筑。你们可以相互搀扶，沿着旋转楼梯爬上这座建筑，这是建于17世纪的12层高的木质红色宝塔，傍着200多米高的山岩峭壁顺势而建，整座建筑没有使用一个钉子。楼梯很陡，要小心翼翼地上，不时停下来欣赏每层的壁画和雕塑。到了顶层，看那壮美长河，沿岸起伏的乡村美景尽收眼底，就知道气喘吁吁地攀爬是多么值得——别忘了此时照张最美的合影哦。

最佳旅行社

有着10年丰富经验的维多利亚游船公司对于纯粹的长江观光非常在行，这意味着价钱相对便宜的度假，而不包括去上海和北京的费用（四天的长江观光费用是675美元起价，八天的环游观光费用是1200美元起价；800-348-8084，www.victoriacruises.com）。轻量级探险的旅游公司“勇敢旅行社”安排了十四天的“中国之最”之旅，包括三天的长江游弋，以及去上海、南京、西安和北京的四城市旅游（费用是1890美元起价；866-847-8192，www.intrepidtravel.com）。维京游轮公司有豪华的游船，安排了十二天的“中国玉玺”陆路和水路之旅，其中包括五晚的长江观光（费用是2699美元起价；877-668-4546，www.vikingrivercruises.com）。

如果你想省钱，要在重庆、宜昌的码头或者当地旅馆预订游船，可千万别这样做。这些游船的费用是稍微便宜了一些，三四天的行程费用是

预订合适的游船

以下是在预订之前，你该询问的有关游船的问题：

每个船舱都有厕所和淋浴吗？

如果天气很热，船舱里有没有空调？

有独立的休息室吗？或者餐厅不在使用的时候，是否可用作聚会场地？有可以躺着聊天的舒服的长沙发吗？提供书籍和音乐吗？

是否提供多样的饮食？酒水包含在价钱内吗？

上岸后是否提供自行车？有多少？

如果感觉精力充沛，是否可以在过闸口时下船，散步、慢跑或者沿河骑行，在下一个闸口时再上船？

——**玛丽贝斯**

130美元到400美元不等，但是，安全性和各方面的标准都大打折扣，而且导游也不太会说英语。毫无疑问，我建议你参加美国的旅行社。

最佳周边游

如果你只是参加了长江游弋，不妨扩大自己的中国之旅。可以飞到上海，参观一些博物馆和景点如玉佛寺（有1.8米高的白玉佛）和88层高的现代摩天大楼代表：金茂大厦。在北京，一定要参观传说中的紫禁城——结合花园、亭阁和一个500多年一直为禁地的宫殿的复杂建筑群。女士们会喜欢细细品味这里的奢华、现代、艺术、时尚和建筑。见证这些城市快速发展的步伐，得到了解中国的第一手资料，这些在回家后你可与他人慢慢分享。如果上海和北京你都想去，可以乘坐两座城市间的观光火车（www.tourismchina-ca.com/trains.htm 上有时间表和票价）。是的，你已经到中国了，何不就此多去几个地儿呢？

鼠标轻点 万事大吉

登录中国旅游局官方网址www.cnto.org了解更多。

荷兰运河

荷兰并不仅有风车、郁金香和木屐。而如果在阿姆斯特丹时，不去看看这些荷兰的象征，旅途也不会完整。根据我自己的预算，最好的方式是坐船。100多年前，一半的北欧国家还在水底，至今北欧的水路仍是整个欧洲最多的，50%的国家都在海平面以下。多年来，庞大的工程包括堤坝和堤防，不断阻挡来自北海的洪水，引流入更广泛的沟渠、湖水和水域系统。荷兰水路是因商业考虑，有很多够宽的水域服务于驳船旅舍。所有这些，都让荷兰成为世界上最好的驳船旅行地之一，可以慢慢地待上一周。风景如画的村镇、凉爽的气候、奶酪和高大英俊的男人，我保证，女友们都想和你一起来次这样的旅行。当你计划旅程时，一定要将日程定在郁金香盛开的季节，也就是4月初到5月初的时候。

登船之前

如果你从没去过阿姆斯特丹，一定要和密友先在那儿待上一两天。

和当地人一样，我最喜欢骑着自行车逛整座城市。这儿有近100万辆自行车，出租自行车的商店如郁金香般无所不在（半天的费用是26美元，www.bikes.nl）。组个女性单车团，快速轻松地在精致的城市地标里旅行，如安妮之家、梵高博物馆、伦勃朗之家。把头发散下来，去看看不那么传统的文化现象如红灯区和咖啡屋。

最美路线

沿着最热门的荷兰路线“郁金香路线”，你可以看到荷兰的所有景点：该路线通过国家中心区，连接了一系列的河流和沟渠。这条路线从鹿特丹（阿姆斯特丹西南处64公里）出发，向东北到达爱塞尔河的豪达镇。毫无疑问，你将大口咀嚼这里的特产：带着红色皮层的黄奶酪。你还有机会尝到其他当地美食，比如果浆威化——一种圆片糖浆的糕点三明治，伴着冒热气的咖啡，果浆威化逐渐变成热腾腾的松软点心。在沿岸的咖啡馆，和密友慢慢品味这些美食吧。回到船上，你将欣赏到周围不断变化的风景：绿色田野、狭窄水路、池塘鸭子、带着蕾丝窗帘的整洁小家，蔬菜园子、小孩子们在院子里玩耍。继续向西北航行，到达哈勒姆大都市和桑斯安斯村庄，在那里，你会看到风车，还有一生都够用的木屐。下船近看这些传统的木屋排列在桑河水中，看着鞋匠展示他们的制鞋技术，也闻到了新鲜烘焙面包的果浆威化香气弥漫在空中。下一步就是阿姆斯特丹，运河上的船屋、高耸的桥、然后是著名的库肯霍夫花园。当你进入斯希丹小镇，你最终的景点就是郁金香之旅，我怀疑你们有谁想结束旅行。

花香四溢

你会对库肯霍夫的花床爱不释手，想在这个70英亩（约28公顷）的花房之地扎营（不幸的是，这是不允许的）。库肯霍夫坐落于利瑟小镇，远离所有运河之旅的重要景点。从3月底到5月中旬，数以百万的花朵盛开，包括1000多种郁金香和无数番红花、风信子和水仙花。如果这次旅途激发起你对园艺的热爱，可以买些块茎带回家，在秋种的时候在家里及时种下（www.keukenhof.nl/nm/english.html）。

拓展之旅——比利时

如果你正在组织一次女友聚会，或许想要一个更悠闲更自在的驳船之旅。你可以先沿着环形路线漫游一部分，然后扩展自己的旅程，从哈勒姆到更远的南部。在欣赏郁金香和风车的同时，你也可以有机会进入法国影响的比利时中世纪小镇，包括安特卫普省、根特和布吕特。你会沉浸于比利时的美食，在阳光下躺进沙发里，弥补你和密友失去的好时光，成为少数离开荷兰时被晒黑的游客。如果没有品尝享誉世界的啤酒，去比利时就不完整了。除了比利时啤酒，那儿有很多可爱的露天咖啡馆。我最爱的是“金发莱福“，一种夏天喝的啤酒，最初是修道院酿酒厂酿制的。

最佳旅行社

荷兰人经营的“驳船互联”提供“郁金香之旅”，乘坐“确定2号”经过荷兰中心（一星期的费用是3450美元起价，888-550-8580，www.bargeconnection.com）。乘坐“马乔里2号”的南部路线是游弋在哈勒姆和布吕特之间（一星期的费用是3800美元起价，www.marjorie2.com）。

单车与驳船之旅

单车和驳船结合的旅途是很吸引人的休闲放松方式——可以让你灵活地探访乡间，也提供了浮动旅馆作为舒适的基地。一些船航行到荷兰北部游客较少的区域，可以让你在小镇上钓鱼，仿佛回到12世纪。每天，你和密友都能选择一条路线，然后在闲暇时下船，来个自助之旅［一天大概在15英里到40英里（约24公里到64公里）］。如果可以的话，在一个周五骑车经过阿尔克马尔小镇——夏天，当地人穿着传统服饰，重新营造出真正的荷兰奶酪市场。你可以选择以前从没听说过的奶酪，就着硬皮面包吃，喝些阿姆斯特果汁，还可以来个典型的荷兰野餐。该地区的另一个亮点是，最大的荷兰岛泰瑟尔岛有着广袤的自行车路线。随着旅程向前继续，你将在一些北部的海边度假胜地停留，如斯霍尔和卑尔根，在那里，你可以漫步于丹麦小屋，如奥特莱克（人口只有192）。美国的“自行车之旅”和荷兰公司“运河之旅”合作，安排了在荷兰北部七晚的“单车和驳船之旅”（一星期的费用是910美元起价；877-462-2423，www.biketoursdirect.com）。

自驾船

想冒险？回家的时候，让朋友们对你从斯涅克海滨独自开着驳船返回大吃一惊。总部在美国的“蓝线皇冠旅行社“提供了一周的租船服务，可容纳四～十人。你之前都不需要有开船经验：公司会提供实践课程，还有详细的地图，建议了路上可停的景点（每周的费用是1085美元起价，www.crownblueline.com）。

鼠标轻点 万事大吉

更多信息，请登录荷兰旅游局和旅游协会网站www.visitholland.com。

埃及尼罗河

你生命中最深刻的一堂历史课就在尼罗河之旅等着你。埃及文明因尼罗河而生——埃及所有的重要城市、几乎所有意义深远的文化遗址都在尼罗河岸。尼罗河驳船之旅，通常是参观精美的庙宇、壮观的金字塔和耗费巨大人力的古墓，而我觉得这条经典路线也是学习、了解古代文明遗址的最好方式，还可以在当地繁忙的市场里购物。在团体游中，女士们对于处在神秘国度中会感到更自在。大多数河流之旅都在埃及南部，处于卢克索和阿斯旺两个城市间，覆盖了尼罗河4000英里长的125英里（从开罗到这两个城市间的飞机班次很多）。航行在这古老的水路上，你会经过岩石多沙的陆地、肥沃的河岸，那里密林葱绿、棕榈摇曳。当你航行到更远的地方，远离大城市，百年文明就剥去了面纱：汽车、喇叭声、公告牌和灯光电力都消失了。你会看见简单的小屋散落村落，农民们在麦田里、棉花地和稻田里缓慢劳作，牛耕犁地。女人和小孩儿走在小路上，肩扛背负着桶水和木头。

去埃及前，建议你要读读有关埃及的书，了解埃及法老的迷人传说、节日、盛宴和饥荒，还有它如今与现代化的挣扎，会让你对旅程的所见所闻有更深的感触——也是朋友间加深情谊的机会。成立一个迷你

打包小贴士

女士们，在空鞋子里放上女性用品吧。尽管在斋浦尔、布拉格和巴黎，这些东西都有。但在船上、在景点，谁愿意花时间去找开门的药店或者被迫付那额外的钱呢？

读书俱乐部，熟读当代著作《尼罗河案》（*down the nile*），作者露丝玛丽·马霍尼独自顺流而下，探究她所到之处的历史。还可以通过最著名的作家和诺贝尔文学奖获得者纳吉布·马哈福兹的著作来了解现代埃及。当你计划旅程时，要记住，埃及只有两个季节：热和更热。5月和10月间，温度平均可达33摄氏度，尤其是南部地区如卢克索。11月到次年4月，气候稍微温和些，但是要小心，3月和4月的沙尘暴较多，还有非洲热风。不论何时去，都穿着保守些，要穿长裤或裙子，肩部要遮挡住（短袖可以，吊带衫就不合适了）。

最佳路线

最热门的路线，从卢克索到阿斯旺，需要花费四五天的时间。当你从卢克索出发，瞪大眼睛看看两岸的庙宇。卢克索的庙宇追溯到公元前1400年。在西岸，你可以探访埃及法老和妻子们的陵墓——包括图坦卡门国王——在国王和王后们陵墓间的峡谷里。当你驻足参观庙宇和陵墓时，一定要记得给自己照相啊（还有什么比在狮身人面像前留影这样更好的圣诞节贺卡呢）。在阿斯旺的伊德富，你会对托勒密国王砂石的荷鲁斯神庙保持得如此之好，深感震惊；还有令人惊异的科安坡，独一无二的“双神庙”。在游船上，晚上有娱乐活动，包括努比亚人的舞蹈表演、婀娜的肚皮舞、机械却有趣的迪斯科，你和密友可以好好放松下。要想安静些，可以不看这些表演，到甲板上来个随意的天文观察吧——在这里，星光更加璀璨。

自助游

如果你的团队感觉像是独自的迷你旅游，可以安排一个下午的帆船之旅——传统的风力帆船扬起来，会让你觉得像是埃及王后。晒日光浴，在水上交易，购买珠宝、棉花围巾和羊毛毯，探访小岛，乐趣无穷。

不能错过的市场

在卢克索和阿斯旺的市场，天空都显得拥挤了。你可以买到手工拖鞋、金手镯，还有香料和熏香。看到屠夫们站在街上，展示肉片，你或许会惊讶，但是你该更小心那些颜色鲜艳的水果蔬菜，溢满市场——没煮熟的、没去皮的食物，外国人可别尝试。你最好吃些街边的羊肉或烤鸡肉。当然，砍价不是唯一的期待，但是一种实践的艺术形式，也是两种文化交流的古老方式。享受其中的乐趣吧。

最佳旅行社

有近50年历史的“林德布劳德探险队”是教育之旅和探秘驳船的专家，安排了十天和十五天的埃及之旅，包括登上“特里同号” 参与四到五天的尼罗河船行（费用分别是4480和6680美元起价，800-397-3348，www.expeditions.com）。埃及的“索尼斯塔游弋”（Sonesta cruise collection）安排了尼罗河之旅——只是从卢克索到阿斯旺，有三、四、六、七晚不同（414美元起价，800-766-3782，www.sonesta.com.nilecruises）。有55年历史的“长青会馆”是一家非营利旅游公司，专门服务民间探险之旅，提供十天的埃及之旅，包括四夜的尼罗河游船之旅（费用是3491美元起价，800-454-5768，www.elderhostel.org）。

鼠标轻点 万事大吉

更多信息，请登录埃及旅游局www.egypttravel.com。

东欧多瑙河

在多瑙河上漂流，你可以探访很多东欧国家，而不必费心要从一

剧院一夜

在开罗来个自由之夜？你可以去歌剧院，有古典音乐、舞蹈或其他类似的表演。即使大厅票卖光了，小厅通常还会举行室内音乐。每天的演出单都会刊登在英语版的《埃及日报》上。租车前，记得要谈好价钱再上车。我通常坐在前面和司机聊天。他们通常会要小费，但给足公认的价钱就够了。手边随时放些零钱，司机会拿走自己的小费。

——玛丽贝斯

座名城去往另一座不间断地找旅馆——即使带上你的行李。多瑙河是欧洲第二长河，源于德国黑森林，经过八国，最后到达黑海。游船之旅让你游览这些新兴的旅游景点而不需带上任何行李。你需要做的就是，当船靠在维也纳、布达佩斯、贝尔格莱德时，就准备下船吧（从3月到12月）。很多女性喜欢这样的安排，因为融入了很多历史名城，经过各种不同地形，可以安排各种活动，在夫妻小店里购物，捕捉还没有被开发的东欧不可抗拒的魅力。大多数多瑙河之旅都从德国的帕索开始，流经400多英里后，到达匈牙利的布达佩斯——旅程包括布达佩斯的七座古桥，著名的维也纳歌剧院，无数布拉迪斯拉发古堡。而多瑙河也经过风景如画、还未曾为游人所知的东欧村镇，如德国的吕德斯海姆小村，你是少数探访这里葡萄园的游客，可以花时间看看这里的葡萄园博物馆，然后去当地小酒馆尝尝德国名贵的雷司令酒。回程的路上有些日常活动，比如说，当你经过德国或奥地利的乡村时，船员或许会教你们如何做苹果馅饼（当然原料是热的），或者是当地艺术家现场吹制玻璃。或许，你也有机会闭上眼睛聆听莫扎特室内管弦乐，或是合着民间的爵士音乐摆动身体。

海外假日

如果维也纳的圣诞是对你的祝福，你最好找个比多瑙河之旅更好的方法来过冬季假期。多瑙河和其他河流之旅的不同在于旅游季的长度：从3月直到12月。在结冰的冬季延长期，你有机会亲历世界上最有生机的圣诞节欢庆。在维也纳、萨尔茨堡和纽伦堡，你将漫步于著名的圣诞市场，闻着腊肠的香味混合着新鲜姜面包的气味，啜饮香热的甜葡萄酒，买些木制雕刻品和手工玩偶，在当地盛会和音乐会上欣赏孩子们的表演。

尼罗河之旅小贴士

不论是几月份，记得要多穿几层衣服。尤其是女士，要穿着保守些。肩部要遮盖住，短袖可以，但吊带衫不合适。要穿长裤、紧身裤或者及膝裙子。

最佳旅行社

1958年与AARP之旅联合成立的“大型旅游圈”安排了12天的“古老世界布拉格和蓝色多瑙河”（费用是2095美元起价，800-959-0405，www.gct.com）。奢华驳船之旅公司“莫扎特水路”安排了14天的游船旅程，从德国到罗马尼亚，中途会逗留布拉格和伊斯坦布尔（费用是3498美元起价，800-626-0126，www.amadeuswaterways.com）。

单车和驳船之旅

多瑙河岸的自行车小道提供了欧洲最让人欢欣的单车之旅，毗邻从帕索到维也纳的水路，共计230英里（约368公里）。海岸紧邻水路，你可以在大多数的平坦路上骑行（除了桥），经过村落、风景如画的村舍、劳作的农场和伏的葡萄园。彼得戴尔曼驳船是小型游船先锋，提供一周的沿着多瑙河的骑行和驳船之旅（费用是3897美元起价，800-348-8287，www.deilmann-cruises.com）。

黑海游弋

戴上探险者的帽子开始旅程吧：许多户外旅行社运营的多瑙河之旅都是到河流的终点：黑海。但其实很少有西方旅行者到这么远的地方，而真到了那里的人将会欣赏到壮丽的景色。欧洲度假专家“格洛布斯之旅”提供12天的旅程，从布达佩斯开始，7晚位于在多瑙河较低地势，然后到克罗地亚、塞尔维亚和罗马尼亚，最后到达黑海（费用是3730美元起价，866-755-8581，www.globusjourneys.ca）。

鼠标轻点 万事大吉

从奥地利国家旅游局www.austria.info，德国国家旅游局www.cometogermany.com，罗马尼亚国家旅游局 www.romaniatourism.com 可查到多瑙河的信息。

第九章

绚烂花园

凯茜的故事

凯茜是康涅狄格州的职业女性，在当地以鲜花女士闻名。她理想中的完美周末就是在自家花园里劳作，然后去当地苗圃观光。

这种园艺习惯源自孩提时代，她们一家和祖母居住在纽约郊区的大庄园产地里。她和姐妹们在这片产地的苹果林、玫瑰园和蔬菜地里玩耍。凯茜的祖母和这些女孩儿们分享对花朵的热爱，很自豪地教授她们园艺技术。“妈妈想要晚餐用点新鲜芦荟，就会让我们去挖，”凯茜解释道，“而这种园艺劳作对小孩子来说，就像是挖掘宝藏。我们永远不知道将会发现什么。记得有一次，我发现了革命战争时期的威士忌酒罐。”

孩提时代一个难以忘怀的暑假，凯茜和家人参观了加拿大卑诗省的宝翠花园（布查德花园），“这是第一座我由衷赞叹地、就如我祖母庄园一样美丽的花园。”她尤其记得温哥华岛维多利亚市郊外的绿洲。

工作多年后，她结识了一名德国孀妇，名叫安妮，曾组织一起去英格兰和爱尔兰的花园之旅。她们共同的志趣加深友谊，成为亲密的朋友，相互写信。交流彼此对政治、经济和喜欢的书籍及音乐的看法。

写信交流几个月后，她们计划了一次英格兰南部的花园之旅。“我们6月份去，可以看到英格兰肯特郡西辛赫斯特花园里的玫瑰盛放，然后继续穿到科茨沃尔德花园。”凯茜说道。让她们惊讶的是每座花园都各有不同。她了解到，英国花园有很古老的玫瑰种类，很多是双色的。在这次旅途中，凯茜爱上了奥斯汀玫瑰（英国园艺师精心培育的）。她特别喜欢这种原味的玫瑰香气，特意带了些种到自己的花园里。

在此行去英格兰的途中，安妮和凯茜发现，园艺师利用枯木作为藤本月季和铁线莲的支架。凯茜学到这招，运用枯老的山茱萸来支撑自家前庭的玫瑰。“另一株现在覆盖了整个前藤架，缠绕着上高树。”她说道，“每年6月，我们都屏息等待充满活力的花之盛宴”。

凯茜和安妮的植物学之旅在过去20年里一直持续着。她们每年见面一次，去往欧洲最美的花园，从美丽岛到母亲岛，从意大利的拉戈马戈里到德国的温泉城巴登巴登，从海峡群岛到法国德国的葡萄酒区域。

她们的友谊跨越了边界和文化。“我们的不同看法形成了很有意思的对话。”凯茜说道。她们谈论园艺、国际政治、商业、历史、风景名胜、书籍和作家。但最爱的花园和园艺让她们聚在一起，加深友谊。

每次出游的最后一晚，凯茜和安妮就开始计划下一年的旅行。“我们列了张单子，可能有几页纸那么长，上面列满了我们想要去的地方。”凯茜说道，“不知道我们能不能活到那把年纪，把所有的地方都走到，反正我们正朝那个方向努力着。”

阿拉贝拉的故事

阿拉贝拉，来自新罕布什尔的终身园艺师和插花设计师，环球旅行全世界最著名的花园，仔细观赏，深受感动。在过去15年里，她和密友、丈夫一起走遍了六大洲的数十个国家，将自己融入当地独一无二的花园。阿拉贝拉认为花园是人们想象力和热情的表现，进入一座花园，就让你陷入了花朵的梦幻之地。她喜欢寻找园里栽培的花和野生的花之间的联系，将园艺视作一种艺术形式。“每座花园的独创性就是园艺师的愿景，是他的缪斯之神。”阿拉贝拉说道，“成功受限于时间和金钱，而园艺师的能力就是和大自然合作。”

冬季在家，她喜欢研读植物学、历史和风景类图书，研究所参观花园的绿植、花朵和地理情况。知识渐长，阿拉贝拉开始为花园俱乐部和园艺社团做志愿者，积极活跃的她在几年前成为了美国园艺协会的主席。她最喜欢的志愿活动之一，就是组织美国园艺协会海外游览。在这些旅途中，她组织女性朋友们去私人花园、自然风景、公园、古堡和世界遗产观光。参观时，有专业演讲者介绍所访国家的历史和文化，也有关于花园和植物的园艺讲座。

对于阿拉贝拉来说，和其他女性一起开启花园之旅，结识全世界的新朋友，分享关于园艺的感受，这是美妙的经验。阿拉贝拉非常推崇加拿大的园艺方式：“宝翠花园的色彩和质地，让你在感官上似乎是闻到了新鲜烘焙的面包，”她说道，“加拿大种植的花朵在花篮顶部，这点和我们一样，但她们也把花朵放置在花篮底部。所以，当你抬头看时，能看到那是座吊着的花园。浮在空中的花朵就像一个空中花园。”阿拉贝拉和旅行伴侣在行程中会一起分享关于园艺的热情、鉴赏和知识，不论伴侣是丈夫、密友还是旅行客户，都如此。

现在，阿拉贝拉是世界插花协会的下一任主席，正忙于阅读有关新加坡植物和园艺的图书。旅途中建立起的深刻友谊激励着她尽可能地去旅行，或远或近。她计划去亚洲旅行，探望她住在那里的女儿——当然，也是为了看那里的花园。“我们的世界充满了否定、痛苦和冲突，”她反思到，“但园艺充满着天赐的美丽和自然的慷慨。”

英格兰肯特郡

英格兰东南部的肯特郡，距离伦敦30分钟的旅程，沿途乡村布满茂密森林和果园，还有偶尔出现的小屋（hopdrying：构造奇特但很迷人的砖结构）。你会发现，对园艺爱好者和英式风情爱好者来说，这里是风景如画的天堂胜景。180座花园和绝妙的古堡都向公众开放。周末这里充满了摄影爱好者、英国历史迷、闲散漫步者和野餐者，带着关于自家花园的想法回家。不论你是一个传统主义者、一个灌木修剪达人，还是一个激进改造的园艺师，花园的多样性对于团队中的每个人都有意义。这片土地也有很多重要的英国景点，如多佛白崖，可以俯瞰英吉利海峡，也可以看到高耸起伏的群山，受保护的野生动物栖息地以及地球上最奇特的地貌风光。由于火车便捷、出租车价格合适，还有自行车可以出租，你可以短时间内转遍很多地方。当然，这也是徒步的好去处——一路行来，你可以欣赏到蓝钟花盛开的森林、薰衣草田、古玩店还有古堡和药材园的精品店。傍晚，吃过牧羊人馅饼，在舒适的酒吧里来点啤酒和油煎鱼炸土豆，这时，可以想想，为自家花园带去怎样的改变。酒足饭饱，回到可爱又温馨的旅店。如果你特别喜欢英伦玫瑰，6月份就能看到玫瑰花胜景，闻到迷人的香气。从4月到9月，肯特的许多花园都敞开大门，所以据此安排旅程吧。

最好的古堡花园

“西辛赫斯特古堡花园”是肯特郡最棒的花园，作为16世纪伊丽莎白城堡，流淌着中世纪的护城河，有着举世闻名的风景。作家和诗人维塔·萨克维尔·韦斯特在1930年买下这座城堡，花30年时间设计和种植了十座精美的花园，每一座花园都自有主题。而玫瑰是维塔的最爱，所以，如果你也钟情于玫瑰，不妨6月来访，此时玫瑰正盛。另一个值得访问的是“白色花园”，装点着白色樱草花、薰衣草和古铜色叶子。西辛赫斯特占地400英亩（约160公顷），所以，在走路转了半天后，你真需要好好歇下：去咖啡馆来个下午茶（费用是16美元；www.nationaltrust.org.uk）。在斯科特尼古堡花园——在14世纪流淌着护城河的古堡旁设立——怒放的杜鹃花、北美杜鹃和紫藤花让其享有英国最浪漫的花园之称。同时，它也是一座考古之地，由采石场的砂石建立。额外的惊喜是巨型恐龙足印化石（www.nationaltrust.org.uk）。

最长见识的花园

我们很多人都觉得，进入英格兰花园，就像被吓坏了的小孩儿——其完美和规模似乎永不可及。要更好地了解这种艺术形式的演进，可以参观“约尔丁有机花园”。这里14座独立的花园追溯了英国园艺从中世纪到现在的历史。药材花园则专门种植了从13世纪起就用的药用和食用的植物，可能对你自己的草药花园有所启发。在低灌溉花园，你和朋友也可以了解到节水植物，而在“绿野仙踪花园”，你会知道如何吸引友善的动物们到自家庭院里去（www.gardenorganic.org.uk/gardens/yalding.php）。

书香之旅

简·奥斯丁在“天石花园”待了一段时间后，写出了《理智与情感》，当时这里是她哥哥的庄园，现在向公众开放了。花园院墙围绕，开满淡黄色的茉莉、玫瑰，紫藤缠绕向高处。在教堂塔顶处，望向穿过花园拱门中央的风景，这是我对肯特最珍贵的记忆（费用是9.50美元，www.goodnestoneparkgardens.co.uk）。你们谁要是对园艺类书籍格外看重，这里的书架应该有英国知名园艺师和作家克里斯托弗·劳埃德的作品。如果没有，我建议不妨看看他新近的书籍《修剪艺术》，会有园艺方面的启发。他的普及性作品，培育得当的花园，都能帮助你更好地理解埃劳德自己的花园，在附近苏塞克斯郡的“大王花园”可以欣赏到。你肯定会对这座花园的艺术美感和修剪艺术所惊叹的，那儿有精修灌木、修剪完美的混合边界，还有自然的植物草甸（www.greatdixter.co.uk）。

午餐

在苏塞克斯和肯特交界处的帕什利庄园花园，来顿传统的庄稼汉午餐，或者大口咀嚼新鲜烘焙的面包和自制的酸辣酱。这里的餐馆运用当地食材，包括自家菜园的绿色植物做沙拉，吃附近河里打捞的鲑鱼。享用丰富健康的午餐后，沿河散步，大口呼吸6月里正盛的百合花和甜豌豆混合的奇妙香气（费用是13.50美元，www.pashleymanorgardens.com）。

旅行小贴士

要避免相机造成大灾难。如果一不小心，你一直让快门开着，或者闪光开了一夜，第二天早上，你的相机电池就死定了，而且在异国他乡，很可能你买不到需要的电池型号和牌子。带上相机充电器、变流器和额外的存储卡。也额外多带些电池。

独特饮料

葡萄园其实也是花园的一种，对不？喝着该区日益受欢迎的含汽葡萄酒，你再仔细考虑这个问题吧。在荡恩教堂的葡萄酒厂预订一个旅程，品尝备受赞誉的白葡萄酒、红葡萄酒和含汽葡萄酒（有导游的旅途费用是13.5美元。www.newwavewines.com）。在葡萄酒厂的小酒馆再吃顿午饭。如果你更爱啤酒，就去英国最古老的啤酒厂“牧羊人尼姆”，两小时的旅程，品尝当地的爱丽丝酒和贮藏啤酒（费用是15.70美元，www.shepherdneame.co.uk）。

街边漫步

魅力之城罗彻斯特位于肯特西北部，有一条店铺林立的维多利亚高档商业街，是街头漫步和橱窗购物的绝佳去处（www.cometorochester.co.uk/shopping）。这儿有英国最大的二手图书店“巴金斯图书集市”，你整个下午都会沉浸其中（www.bagginsbooks.co.uk）。在肯特东边的中世纪小城坎特伯雷，是联合国教科文组织世界遗产，有两座古堡、六座博物馆和圣马丁教堂，是英国仍在使用的最古老的教区教堂，当然，所有的设置都是按照中世纪的传说集《坎特伯雷故事集》所做。花些时间来研究波希米亚精品店和艺术画廊，还有很多古玩、古典音乐和绝版书籍的特色店（www.canterbury.co.uk）。

住宿首选

肯特郡南部克兰布鲁克镇的“教堂大门”（含住宿和早餐）的主人，在你享用完蓝莓薄饼、烟熏鲑鱼、炒鸡蛋和烤面包后，还会送你一程（双人间的费用是115美元，www.churchgates.com）。他们也会安排花园之旅（参见以下）。想感受卧室窗外的满眼花园，试试金斯当的“园艺师小憩”——位于多佛白崖的北部，只有两个卧室，每个卧室都有一个私人阳台，能看到花园和英吉利海峡，你和密友可以在此尽情享用（双人间的费用是145美元，www.gardeners-rest.co.uk）。

最佳导旅

要了解英格兰绝妙花园背后的魅力，参加“英国艺术家、作家和园艺师的花园、家园和出没地”之旅以及库伯史密斯的独一无二的旅程。在11天的旅程中，你将访问肯特郡的几座花园和住宅，包括查特维尔，已故首相丘吉尔的宅第，也是一座美丽的玫瑰园（费用是4795美元，415-669-1914，www.coopersmiths.com）。“教堂大门”（含住宿和早

旅游小贴士

最好能将你去英国的旅途安排到能观赏室内或室外花展的时间：如伦敦的英国皇家花展（7月），赫特福特郡圣奥尔本斯的玫瑰节（7月），伦敦的切尔西花展（5月），位于苏格兰的英国花园节“格拉斯哥”（5月～9月）。

餐）也组织一些小型团队，可预订花园之旅。女性朋友想感受真正的英式花园，可以早晨起来游览，然后吃午餐，下午接着继续观光，然后喝杯香槟酒，和见多识广的导游一起吃晚餐（每人每天的费用是300美元，www.churchgates.com）。

鼠标轻点 万事大吉

关于肯特的更多信息，请登录www.visitkent.co.uk。

加拿大维多利亚

如果你想体验英式花园的浪漫，但受时间或金钱所限，那加拿大卑诗省的维多利亚可是个替代的好去处。温哥华岛南部（从温哥华市出发，不到两小时的海上航程）的维多利亚和英国小镇有相似之处：红色双层巴士、下午茶、种植良好的花园。但独特的是其顶部积雪覆盖的奥林匹克山，风景优美。为了能够最便利地穿行，你可以在温哥华租一辆车，开到渡轮处。这样，你可以自由穿越维多利亚附近的水疗、葡萄厂和卑诗省原住民的世界。你也可以从温哥华或者西雅图花30分钟航程到达维多利亚，住进一家旅社，坐公交或步行领略地区美景。花时间去参观皇家卑诗博物馆，这里展出了人类和自然的历史，从石化的棕榈树到猛犸象（www.royalbcmuseum.bc.ca）。漫步于维多利亚多彩的中国城——北美第二古老城，仅次于旧金山的。还有雷鸟公园，有十五个令人惊异的图腾柱。在温哥华岛，一年到头都适合户外活动——气候温和，春天从2月份就开始了。植物学的皇冠明珠“宝翠花园”（布查德花园），是你想要开始园艺之旅的地方。冬去春来，一年四季，蓝色罂粟花保留地里都鲜花盛开；从圣诞期间就开始举办音乐会、滑冰。而夏天则意味着艳丽的花群、野餐、户外音乐会和每周的烟花。

园中之园

布查德花园是难得的四季花园。你会想要花上数天待着——甚至想要一起遁世到花园里（至少我还是少女时初到此地的感受如此）。从维多利亚驱车14英里（约22.5公里）便可到此，花园占地55英亩（约22公顷），是来自罗伯特·布查德的礼物，这位19世纪的水泥厂商在这片石灰岩丰富的土地上建造了厂房和家园。当石灰岩采石场逐渐挖空，布查德的妻子珍妮，有了将这里变成花园的主意。这个你今天所见到的花园便是建于采石场里。多年来，这里的产业逐渐变成了国际花园，风景独一无二——日式、意大利风格以及玫瑰花园都融于此处。在高峰期（6月～9月），傍晚或迟暮时来花园人群会少些——可以品尝这里的下午茶和晚餐（888-824-7313，www.butchartgardens.com）。

最美的城市花园

布查德花园精粹无数，集大成，但城市公园也值得你一睹芳容。位于维多利亚市中心的市政花园是座免费公园，也是当地人和游客心爱之所。占地36英亩，开满玫瑰和百合，有瀑布和地中海式的露台花园，还有卑诗当地花草的可爱展览。如果时间充裕，游览这些地方是相当值得的（www.ltgov.bc.ca/gardens）。19世纪，苏格兰建筑家设计了笔架山公园，也在维多利亚，有着蜿蜒小道和石桥，适合团体散步、晨练慢跑、黄昏驾着四轮马车游览——这里陈列了当地的植物、精心修剪过的花园，还有许多鸟类包括天鹅（www.beaconhillpark.com）。春天，你应该去一趟位于维多利亚大学里的芬纳蒂花园，可以亲身体验500多种杜鹃花和杂交品种百花齐放的胜景（www.uvic.ca/garden）。

下午茶时光

在一整天的花园之旅中，应该安排时间坐下小憩，品茶休息。皇家帝后酒店，在维多利亚内港附近，提供了丰裕的下午茶，其独有的秘密小食，包括黄瓜和鲑鱼茶饼、葡萄干司康饼加凝结奶油。一定要预订到位置（费用是51美元起价，www.fairmont.com/empress）。宝翠花园的餐厅也提供下午茶、可口的三明治和超多糖果（费用是26.25美元）。

蝴蝶花园

色彩艳丽的花朵会吸引同样鲜艳的鸟类、蜜蜂和蝴蝶能够授粉。蝴蝶花园，在距离宝翠花园5分钟路程的程莎尼治半岛，位于维多利亚以北14英里，可以在这里找寻50多种蝴蝶中传说中的蓝色大闪蝶。火烈鸟和亚马孙鹦鹉视这花园为家。兰花爱好者会对这里的收藏垂涎哦——但实际上，这里展出的食肉植物会对你垂涎啊（877-722-0272，www.butterflygardens.com）。

购物大血拼

宝翠花园8600平方米的种子商店是一片奇妙之地。我想不出还有什么更好——更大——的地方可以存储种子、园艺工具、书籍和礼物了（花朵日历簿是我个人最爱之一）。回到市里，可以在市政街道边的维多利亚建筑进行橱窗逛街，你会被手工巧克力、当地的艺术品（包括自制面具）、亚麻制品和珠宝吸引得挪不动步。

大快朵颐

在宝翠花园可饿不着你，尤其是夏天，除了三个美味餐厅，到处是咖啡车、冰淇淋店等来服务花园里饿了的园艺师们。至于晚餐，我喜欢“食屋餐厅“（午餐是4月1日到11月30日开业；晚餐是6月15日到9月15日、11月30日到1月6日开业）。当地美食包括自由放养场里的鸡、新鲜捕获的鲑鱼和美味的英属哥伦比亚酒，其中灰皮诺酒是我的最爱。

美酒之旅

这里也许没有和温哥华岛一样的葡萄酒，但同样肥沃的土壤、温和的气候，造就了如此美丽的花朵，也形成了岛上迷人的葡萄园。在这方面，这里和纳帕谷非常相似。从维多利亚驱车出发不远就可以来个莎尼治半岛的一日之旅，访问那里的葡萄园，在“教会和国家葡萄酒厂”买些黑皮诺酒与灰皮诺酒（www.churchandstatewines.com）。在小型的家族企业葡萄酒厂，你和密友可以安排一个私人的酿酒师晚餐，有葡萄园的限量酒来庆祝生日或者只是想感受这样的招待（www.chaletestatevineyard.ca）。要来点真不一样的，继续到马利农庄酒厂，这里擅长不一般的果酒（覆盆子、大杨莓、奇异果等）和传统的葡萄酒（www.marleyfarm.ca）。还有个选择，是“压榨葡萄酒之旅”，带你参观当地葡萄园和农场（一下午的旅途，每人的费用是84美元起价，877-888-5748，www.crushwinetours.com）。

旅游小贴士

经典的花园之旅，受到园艺协会或者植物园资助，主要对象是相对专业的园艺家。如果你是这样的情况，确定项目中含有讲座信息。如果不是，就参加一个为花园爱好者服务的团体。

旅游小贴士

如果你的旅行同伴并不是一个园艺师，就要选择一个包括品尝葡萄酒、参观古玩和其他观光项目的旅行。

住宿首选

维多利亚内港的沐兰精品旅馆，提供蓬松的睡垫、室内暖气壁炉和被导游领着参观维多利亚公共花园和私家花园，还有艾凡达水疗（维多利亚花园旅行项目，包括一夜住宿、早餐和两人四小时的游园，费用是348美元起价，877-624-6654，www.magnoliahotel.com）。在该市的布伦特伍德海湾水疗度假村里，房间里就可以看到大海。在维多利亚花园参观一整天后，放下包裹来个按摩（两晚水疗套餐，包括早餐和100美元的水疗项目，费用是464美元起价，888-544-2079，www.brentwoodbaylodge.com）。价格合适的皇家苏格兰套房酒店坐落于港口附近，可以通往华盛顿、安吉利斯港（天使港）渡口、政府建筑和皇家卑诗博物馆。选择范围可以从套房到公寓（费用是164美元起价，www.royalscot.com）。

鼠标轻点 万事大吉

去维多利亚旅行的更多信息，请登录www.victoriatourism.com。

日本城市绿地

日本花园总带来些诊疗放松感觉。经典的倾斜卵石路的日本花园，其静谧和秩序会让你震惊。在京都，日本最大的岛屿的中心地带，可以发现完美的池塘、精心修剪的花园和盛开的樱花。京都现在是环保主义者的世界纽带，而在794年的时候是日本的首都，千年来都是天皇之家。因为“二战”时盟军炸毁了京都，城市和花园成为探寻古老历史的窗口。这座城市，尽管十分现代化，但仍有小镇的感觉，能感受到它过去的气息。在京都所有角落，任何一个容易发现的栅格，你都会发现珍宝：带着尖顶的寺庙宝塔、神龛和博物馆，当然，还有鹅卵石铺路的花园。

步行于京都，或骑着单车漫游，你都会瞥到私人花园，隐现在传统街景和狭窄的巷子后。你和密友会觉得被引入了一个神秘的世界。密友们一起的京都花园之旅，将是一次畅快的体验——整体的氛围、独特的美食，都毫无疑问地产生自然之秀和人造之美之间的建筑学平衡。夏天会相当热也很潮湿，所以可以的话，还是春天去吧，百花盛开，美得让人窒息。11月是另一个游览高峰期，枫叶层林尽染。京都是日本最浪漫的城市，可以想象皇家艺伎、权势贵族、官僚幕府、帝王和武士的丰富生活。

皇室花园

作为前日本武士的领域（17世纪德川幕府时期最高等级的阶层），二条城至少有三层城墙和两条护城河与外界隔开。在两条护城河之间的隐秘地区就有一座花园。继续深入，可以看到连接三座小岛的人行桥、平静的池塘、布满樱桃树和梨树。在古堡的内部秘室里，你会有个惊奇的发现——这是有两座茶社的另一座花园。在“皇宫”这座日本国家花园里继续前行之前，可以观赏京都御苑呈现给宾客的菊花和樱桃树，还有法式花园、日本花园和热带温室交融（www.kyotogyoen.go.jp）。皇宫是皇室成员从1331－1868年的居住之所，直到后来他们搬到东京。工作日有两个免费的英语讲解的旅游，需要网上登记预约（http://sankan.kunaicho.go.jp/english）。尽管还是不能进入皇宫内部，你还是能了解到皇宫的建筑和500年历史的宫廷生活。

禅意花园

你并不需要修炼佛教就能感受到禅园那质朴静谧的美丽。这个封闭的石头花园，有小小的鹅卵石，也更多的大型石头，是一种克制和完美的体验。而龙安寺是日本禅花园的最佳游览范本。这里，据说有15块岩石藏于白色石子路间。你会在花园里静坐一到两小时，只是简单地坐着感受花园的线条和建筑，还有包裹你的那种静谧氛围——还会困惑为何无论从哪个角度看都只能看到14块岩石（www.ryoanji.jp）。京都另一个代表性的岩石花园是大仙院庭院。这座庭院多山，还有一条枯水蜿蜒着穿过庭院、穿过层层岩石。

饮茶时光

和英格兰一样，茶在日本也是一个盛行的习俗——但会显得更健康。对女性旅行者来说，这是一个机会和借口来找寻日常生活茶饮，放松自己，并利用这些时光来絮叨故事。我们都知道绿茶的好处，也许你也常饮。但你可能不知道绿色粉末状的日本抹茶，是一种脂类泡沫状的调制品。威斯汀美弥子开设的SHIKUNSHI茶社提供特殊的传统茶仪式，专业的茶艺师准备好绿色粉末状的抹茶，在恬静的环境里，和宾客一起享用。费用是10美元起价（www.westinmiyako-kyoto.com）。京都女性联合会也安排茶道仪式——也有花艺、烹饪、和服和日语（茶道的费用是127美元，涵盖日本茶历史课程，www.wakjapan.com）。

最佳花园咖啡馆

在日本，就食如日本人吧。和花园一样，日本人的美食也是精心准备——精巧、整洁、分量很小。在龙安寺的七药草豆腐餐馆，玉豆腐(yudofu)是招牌菜——也是唯一的菜。这简单但美味的食物是用热肉汤煮当季药草，配上蔬菜、水果和泡菜（www.ryoanji.jp）。京都东部山脚南禅寺的玉豆腐也很出名，还有美丽的干燥气候的花园（www.nanzenji.com/english）。

在老京都的心脏地带，试misoka-an kawamichiya，300年历史的荞麦面和乌冬面馆，热或凉的荞麦面很出名，也有炸鱼饼、鹌鹑蛋、豆腐皮，天妇罗、鸡肉、洋葱还有日本蘑菇面。也可以享受下另一种热气腾腾的面（叫做hokoro），包括蔬菜、鸡肉、蘑菇和水果。这里提供英文菜单（面食费用是5美元到14美元，www.kyotoguide.com）。

不能错过的博物馆

你们中爱时尚的朋友会发现日本的服饰博物馆是值得一看的：它展现了日本不同时期的服饰，主要是日本平安时代，从794年到1185年的服饰和

聪明地购物

离开之前，列下你要买礼物的家人和朋友名单。问下孩子们的衣服尺寸，也要注意家人不喜欢的颜色和款式。你可能忍不住买了条非常漂亮的绿色披肩给妈妈，但妈妈会觉得她一点儿都不合适绿色，从来不披。

贵族生活（www.iz2.or.jp/index.htm）。夏日和服和佛像最近在京都国立博物馆展出，这是现代化之前日本和亚洲艺术的集大成之所。在旅途中，你可以感受地方风土、制陶术、绘画、书法和漆器（www.kyohaku.go.jp）。

晨起漫步

晨起锻炼，穿上运动鞋，沿着水道边蔓延近1英里（约1.6公里）的步行道，两边樱花繁盛。小道位于京都东部，从南禅寺一直到慈照寺。这条小道是根据哲学家西田几多郎命名，西田几多郎是京都哲学院的创办者，在20世纪早期，他在这条路上漫步沉思。春季，你也可以和朋友一起在樱花中思考——夏天则会有流萤相伴。

烹饪体验

谈及京都的厨房，“锦食品市场”在400年后仍然能满足这个城市居民的胃。覆顶的市场充满了数百个小贩，售卖新鲜农产品和海产品以及新鲜准备的当地美食。朋友们应该在早上定一个公约，试试某些野味儿点的东西：这是保存你对京都记忆的极好方式（通过味蕾），也可能会有很多笑料。挑选新鲜的章鱼球或日式萝卜，或许包括酸梅、日本松茸、脆脆的酸萝卜、腌制的青花鱼片、黄瓜或者胡椒。几乎没有料理是没有酸萝卜的。早餐有，中午盒饭也有，晚餐和盛宴上都会有。你也可以在酒吧或者餐馆里看到他们把酸萝卜当做开胃小菜。有时候，传统的日式茶仪式也包括酸萝卜，所以，在“锦食品市场”好好享受，尝尝各种口味。

这也是个绝好的为自家厨房收集厨具的地方，比如日式钢刀（当然，不要放到你的行李中）。你或许想要计划去“锦”旅行，著名的糖果店鹤屋义信就在附近，这里，你可以看到艺术家制作完美无缺的花朵蛋糕，当做茶点享用吧。

温泉天堂

你可能会注意到，日本人是很严肃的，他们对待温泉的仪式也很严肃——这是古老的治疗。要参加这样的传统，你和密友可以乘坐45分钟

旅游小贴士

就我个人而言，花开盛期是去京都的唯一时期。确保你的旅行社也如此安排。

的火车到京都以北群山间的鞍马镇。这儿有鞍马温泉，在热气腾腾的房间里和户外的浴池里，你会得以放松（甚至得到治疗）。日本宾馆的网址提供了日本的温泉一览表和详细的交通信息（www.japaneseguesthouses.com/db/kyoto/kurama.htm）。

购物大血拼

有一些东西我离开京都前一定要带些，那就是纺织品（包括和服）、陶瓷、漆器和折扇。要找到这些东西的上品，要去四条通街的专营店。京都手工艺品中心也是不错的选择。如果你精力充沛，掌握技巧，就可以计划去位于东寺的日本最大的跳蚤市场，那里每个月的21号开放。如果你想要相对便宜又很漂亮的和服，说不定可以在那里淘到。

住宿首选

虽然有点奢侈，但京都中心有三十个房间的如家旅馆（传统旅馆）绝对值得。房间里的木质私人淋浴，你都会想能不能带回家呢（费用是271美元起价，包括早餐和多道日本餐点，www.hiiragiya.co.jp/en）。如果想用信用卡什么的更方便，可以试试“祇园吉今”，在那里，你可以卷起榻榻米上的蒲团。你和朋友会很享受那里的热水浴和伴着烛光的茶道。另一个好的地方在于，它靠近祇园（艺伎之所），也毗邻Shinmozen街上精美的艺术和古董店（双人间的费用是每人162美元起，包括晚餐和早餐，www.yoshi-ima.co.jp）。

最棒的导旅

日本园艺杂志《茶室生活》（*sukiya living*），每年春夏两季会资助两周的京都花园之旅，还附带周边地区观光。这样的旅行会有双语的园艺专家相伴。组个团应该不会很困难，大家加入这样的旅行可以感受日本的一些传统如书法、插花和能剧面具的制作（费用是3950美元，包括住宿、早餐、花园门票和花园餐馆每日餐点。www.orthteien.com/tour/info.htm）。

投你所好

对于一个女性花园之旅来说，最佳时节是京都的樱花盛期，从3月底到4月初。尽管没有官方的“节日”，但去円山公园可以观赏中心装饰的被点亮的披垂樱（*shidarezakura*：为樱花转瞬即逝感伤）和当地人一起庆祝这样美好的季节。円山公园是免费公园，是京都最受欢迎的地方，大家喜欢在花朵盛开的树下自由野餐和聚会。

鼠标轻点 万事大吉

更多关于京都的信息，请登录www.kyoto.travel。

葡萄牙马德拉花园

马德拉群岛享誉世界的是其美酒无数，而关于这个葡萄牙小岛还有个鲜为人知的小秘密，这也是个花园天堂啊。享有“流动花盆”之称的马德拉岛是群岛中最大的岛屿，嵌于葡萄牙本土和北非海岸之间。弗洛

国际旅途中我常带的小东西

橡胶门堵，能增强旅馆房间的安全性。

大的安全针或者衣服别针，可以帮助完全拉下旅馆窗帘。

浴巾——因为很多旅馆不提供。

开瓶器和酒钻。尽管大多数地方都有，但准备一个也无妨，可以在野餐时或者旅馆里自己喝酒时用到。

包装好的巧克力——可以增加热量，除非我去的地方确实很暖和。巧克力或糖果还是很好的礼物，可以给前台服务人员或者真正给你帮助的人。如果我去的地方有一家子人接待，我总会带些美味的巧克力作为礼物。

家人、宠物、花园和节日庆典和家里的照片。根据我的经验，遇到的人对我的生活都很感兴趣，就像我对他们的生活感兴趣一样。

——玛丽贝斯

拉（花之神）是他们文化的一个表征——兼有欧洲韵味和热带风情。寻找异域小岛风情度假的女士们，会非常喜欢这大西洋上的珍宝的。马德拉群岛的首府，丰沙尔，位于小岛南部海岸线，锲入大海与高山之间。红砖顶、白房子，布满鹅卵石铺路的街道延伸着从水面一直到山脚以至近4000英尺（约1372米）高。城市的名字据说来自此处丰富的茴香。你会闻到空气里这种植物香甜的味道。对于团体的女性朋友来说，不妨在丰沙尔租一处舒适的旅馆（从里斯本起飞，90分钟可到），或者在周围的山脚下，待在漂亮的别墅式度假村里。无论怎样，你和密友可以乘坐出租或公交来感受小岛的每一寸丰沃土地，色彩丰富的小兰花还有九重葛、枣树、香蕉树、玫瑰以及灌木。一定要每天都喝杯马德拉酒哦。

马德拉是亚热带气候，一年里气温变化不过几摄氏度。春季是最好的去岛上赏花的季节。夏季很热，但来自欧洲的大群游客，还有大批游船都会来到岛上。

精致花园

这儿有处风景在世界上其他地方并不多见：就是如同复杂精巧如棉被般的花园。这是占地12英亩（约4.8公顷）的植物园中的一个，距离丰沙尔中心两英里。花园吐露芬芳，有近2500株植物——集合了马德拉当地和世界各地的稀有品种。和密友一块儿沿着两边栽满棕榈树的小道漫步，经过山茶花和灯笼海棠，驻足于凤梨温室里，停下来享受充满亲水植物的池塘和溪流，惊奇于那修剪成各异形状的灌木。参观花园的门票也可以允许你进入自然历史博物馆和崂洛公园（Loiro park）（www.sra.pt）。花15分钟坐电缆车到山上去参观蒙特宫热带花园。这里简直就是一个花朵联合国：苏格兰石南花、南非苏铁还有喜马拉雅的兰花和杜鹃。当你在那儿步行穿过17英亩的土地时，一直都有美景相伴——黑白天鹅滑翔穿过湖心，孔雀阔步于花园小道展现那绚丽的色彩（www.montepalace.com）。

兰花芬芳

马德拉的兰花园（紧邻植物园）是5万株兰花之家。这是令人陶醉的、整年可以观看这些植物的旅行地，多谢景色背后的实验室工作，得以让花朵持续开放。在这个赢得荣誉的花园里，你会看到从12月到次年5月的拖鞋兰、一般兰花和来卡斯特（lycastes）的浓墨重彩。一年里你还可以看到其他的杂交品种——正值南美凤梨和非洲芦荟的鼎盛期。你和密友可以尝试亲手栽种一株兰花：在花园里买株幼苗吧（www.madeiraorchid.com）。

漫步之旅

一双好鞋，加之对步行的热爱，会让你在马德拉走上好远。岛上的许多小运河（被称作莱瓦达，建于16世纪）与步行道相并行。这些小道纵横交错，一起形成了贯穿整座岛屿的数英里长的步行道网络。马德拉的探险者提供了几种莱瓦达步行的指导书，有面向比较懒散游客的，也有针对精力充沛的徒步爱好者（www.madeira-explorers.com）。

最美风景

帕列鲁别墅坐落于丰沙尔以东海拔1640英尺高的山上。从这儿俯瞰丰沙尔，美景令人窒息，著名的山茶花在此花园里怒放（www.palheiroestate.com）。

大快朵颐

和岛上植物一样，这里的美食兼备鲜亮、厚重和精致。在丰沙尔，里德皇宫里的奇普里亚尼别墅餐厅以古朴的优雅方式呈现意大利美食，并能欣赏到大西洋美景（www.reidspalace.com）。在金唐埃斯特雷托酒店的大金字塔餐厅（adega da quinta，adega意味着葡萄酒旅馆）——距丰沙尔西部不远，在（estreito de camara de lobos）——你可以享用当地美味的乡村食物，比如自制的糖薯干面包，可口的炖鸡（www.quintadoestreitomadeira.com）。

“酒鬼”们有福了

你是不是在想，我什么时候回到开篇说的马德拉的酒啊？哈，当地葡萄酒通常是用恰红尼格拉摩尔酱的葡萄酿成，混合了各种调味，主要是作为开胃酒或者餐后酒饮用。在90分钟的丰沙尔葡萄酒之旅中，你可以了解该城市的街道和葡萄酒（登录www.madeirawineguide.com可以找到更多细节）。

购物大血拼

在丰沙尔的“梅尔卡多斯桑托斯”，你会看到站着卖新鲜海产和各种手工艺品的摊位——周五人尤其多。行人、商铺林立的鹅卵石街道，正售卖刺绣、小装饰品和马德拉鲜花（兰花、天堂鸟和火鹤鸟）。如果你想把花从马德拉带走做纪念，大多数商店都提供鲜花打包，可以放入保护性的盒子，以让你能够顺利带回家。在丰沙尔，你会看到很多卖柳条制品的，但一定要抵住诱惑，千万别买。直到你去往卡玛查，在丰沙尔以东帕列鲁别墅的山边。卡玛查是一座柳树小镇，集合了所有品种。

如果你想买篮子、帽子、椅子或者玩具，这里是理想购买之地。

住宿首选

州帕娜山度假村（Choupana hill Resort）坐落于丰沙尔山里，水疗是这里最放松的方式。除了可爱舒适的房间和如画风景，这个度假村还提供超棒的水疗服务，有热石按摩、拉苏尔（rasul：一种摩洛哥泥敷按摩）、面部按摩还有瑜伽课程（带花园景色的双人间费用是400美元起价，www.choupanahills.com）。金塔大卡萨布兰卡酒店，那备受赞誉的现代建筑被30英亩（约12公顷）的花园围绕。著名的卡萨别墅餐馆提供独特的海产品，如香草炒干贝、绿色芦荟调制的意大利调味饭。好好利用健康俱乐部的称重器和计算卡路里的设备，还有按摩浴缸、桑拿、土耳其蒸汽浴（双人间的费用是270美元起价，www.quintacasabranca.pt）。在卡萨韦利亚帕特鲁（casa velha do palheiro），高尔夫爱好者来到这里的豪华酒店和城堡旅馆会非常高兴，因为与帕列鲁的高尔夫课程的距离如此之近。位于丰沙尔以东6英里（约9.6公里），带有三十七个房间，还有自己的芙蓉花和九重葛花园。“马德拉花园辉煌”之旅包括马德拉的几座花园门票、下午茶和酒店旅馆的一顿晚餐以及去往丰沙尔的交通服务（双人间三晚的费用是655美元起价，www.casa-velha.com）。

最佳旅行社

总部位于美国的“灿烂水旅假日” 15年来一直提供花园之旅，去往马德拉、日本、巴西、南非、荷兰、科莫湖、纳米比亚、哥斯达黎加、瑞典和英国。他们提供八天的马德拉之旅，住在三星级或四星级酒店，提供早餐，从英国出发的机票和去往所有花园的门票，一共是1181美元起价（www.brightwaterholidays.com/ostours.htm）。“马德拉风鸟”则会提供一整天的马德拉花园缩略之旅（从41美元的三小时生物多样性旅行到61美元的五小时动植物之旅，www.madeirawindbirds.com）。另外，那些想要得到一些园艺帮助但又想按照自己行程的人会高兴地知道，一旦抵

旅游小贴士

许多私人花园主人不接待大团，所以要搞清楚你的团队里是有多少人。你不愿被拒之门外吧。

达，可以方便地向总部在美国的“麦哲伦之旅”预订一个简便旅程，或者是一个自定义的航班/驱车之旅（www.magellantours.com）。

投你所好

岛上令人窒息的新年盛大庆典需要你的热情——你需要在圣诞节前几天到达，在1月6日之后再离开，这是国王之日（这一天是“三智者”——葡萄牙出名的东方三博士——到达伯利恒）。而这里的焰火（根据吉尼斯世界纪录，这是全世界最盛大的焰火）和不停的聚会会让你不想离开。另一个活动是每年的马德拉花朵节，是在复活节后的两周，那时，房屋和商铺里都布满鲜花，街道游行中有盛装的舞者，大量花车花香四溢。

鼠标轻点 万事大吉

登录马德拉旅游局网址 www.madeiraislands.travel 了解更多信息。

意大利科莫湖花园

意大利美食、温暖的气候，热情的意大利人，艺术史、时尚感——还有无所事事的愉悦感。在科莫湖地区，你可以参观精巧设计的复兴花园，有着26英里长的湖水波光粼粼，石榴花、无花果和橄榄树荫蔽着海岸线。在意大利北部，靠近米兰和瑞士的交界处，宏伟的湖边别墅和古朴的度假小镇环绕着科莫湖。这是浪漫之地，白雪覆顶的阿尔卑斯山映衬着蓝宝石般的湖水，周围森林环绕，还有丰富的地中海花园——一个尽情梦想、沉思、感伤的情绪之所。而你不会孤寂，科莫湖区已经被无数人称颂了几个世纪——如诗人（拜伦）、小说家（福楼拜和雪莱）以及作曲家（威尔第和罗西尼）。

从瑞士苏黎世出发，四个小时的火车车程便可抵达意大利境内——飞到米兰机场是最近的，但航班价格会贵很多。另外，我想你会同意，阿尔卑斯的景色值得在火车上额外多花时间。在湖区小型友好的度假小镇里预订一些房间——我最喜欢的两个地方是百乐宫和瓦伦纳——然后几天可以乘船去其他小镇享受当地的梯台花园和树影绰约的海岸。每天早上饮一杯浓咖啡，晚上围坐在咖啡桌旁，喝些酒，享受美宴，尝尝意大利通心粉、鲜肉以及带着海鲜食材的奶酪。你可以期待的是意大利玉米浓汤，当地一种干湖鱼（il dolce far niente），牛肝菌蘑菇还有甜水果拼盘。赶在宜人的气候观赏美丽的杜鹃花，春季是最佳季节，而确定的是，许多花园在夏天和秋天时会呈现出迷人的色彩呢。

花园胜景

环绕卡洛塔别墅，占地40英亩的花园是500种植物物种的家。当你回到家时，可以为女儿讲述这样一个关于母爱的故事：这座庄园建成于1690年，是普鲁士王妃玛丽安1843年送给自己女儿卡洛塔的结婚礼物。这是怎样的礼物啊！从白乐宫或者瓦伦纳来的宾客，通过渡船走进这湖水西岸的华丽别墅。如果你是春天来，就能欣赏到150种杜鹃花怒放；而一年四季，你能享受到的视觉盛宴是山茶花、香柏、水杉、蕨类、岩石和竹子花园。如果你额外有一小时时间，可以去地面层的博物馆，有非常独特的19世纪的艺术展（费用是11美元，www.villacarlotta.it/sito/index2.php）。在百乐宫有白色的美尔齐别墅，建于19世纪早期，最初是意大利副总统的湖边居所。这幢别墅有着新古典主义的法风影响，而别墅外是生气勃勃的植物园。你可以漫步于小径，参观日式池塘，那儿点缀着水百合，春季杜鹃花盛开得别有风情。

漫步其间

加富尔广场的近邻科莫镇，让步行者感受到诸多风景：迷人的咖啡馆、壮丽的贝利依波克酒店、还有诸如18世纪大教堂的历史珍迹科莫大教堂。湖畔步行道让城市更有了19世纪优雅的氛围。想要漫步更远，想要更无拘束地赏湖——可以乘坐科莫缆车去往布尔纳特山。从那儿，步行前往时光灯塔，再继续去往圣丽塔圣地，欣赏壮美的湖水全景和阿尔卑斯山。瓦伦纳的湖边小镇、鹅卵石小路还有坡度很陡的楼梯，让你仿佛回到另一个世纪。女士们，花一天时间在镇里慢慢步行吧：在湖边野炊，然后登高去往韦齐奥古堡，这座被橄榄树所围绕的中世纪堡垒。当你到达后，就屏息享受获得的奖励吧：是的，此时湖水景色绝对美得令人窒息。享受一顿意大利野餐盛宴，然后凝视城堡废墟、高塔、吊桥以及“一战”时修建的地窖。观赏湖水的最佳位置当然是古堡塔楼的最高点（www.castellodivezio.it）。

从花园到餐桌

如果你居住在科莫湖奢华酒店里，那在离你卧室不远的地方就有很多好吃的美食。但当你沿湖在小镇漫步会发现一些餐馆，你和密友会赶紧计划一个夜游去品尝这些餐馆。在瓦伦纳，要试试“老瓦雷讷”这家令人赞叹的水边餐馆，以其绝妙的当地美食知名（还有相对能承受的价格）。在台阶上尝杯普罗赛克，试试当地独特的美食比如意式调味饭和鲈鱼（www.vecchiavarenna.it）。在科莫的colombetta餐厅品尝美味的鱼和意大利面，配上龙虾，好好享受（www.colombetta.it）。切尔诺比奥的尼禄加托（il Gato Nero），据说是乔治·克鲁尼的最爱之一——绝妙美食配上绝美夕阳。

购物大血拼

如果你爱丝绸，你会爱上科莫。精品店里全是漂亮的围巾、领结，还有床上用品（帮你做个预算，一个精美的羽绒被和床罩大概是400美元起价）。纺织品（la tessitura）概念店在科莫中心附近，是我从未见过的——她们设计登山帆布鞋、帽子、保龄球——只要你说得出，他们就做得到——而且是用丝绸做（www.latessitura.com）。如果你确实想再来点潮的东西，世界时尚的风向标在此——米兰距此不过一小时车程。

花园旅舍

俄国沙皇和拿破仑将军曾称切尔诺比奥的东西别墅为家——英格兰卡罗琳皇后在19世纪是这片土地的主人。女士们，毫无疑问，你们会爱上这片土地。别墅的所有房间都精心装饰了蚕丝窗帘、仿古式家具和油画，很多房间还有私人阳台。地面层有占地25英亩的公园，带着文艺复兴的韵味，充满茉莉、夹竹桃、橄榄、玉兰花、灌木修剪和雕塑（双人间的费用是690美元起价，www.villadeste.com）。

旅行小贴士

不要给双份小费。在国外餐馆里，服务费已经算进餐饮的消费或者最后的总账里。没有必要给更多，尽管在很多国家，留下一些零钱做小费是风俗习惯。旅馆的房间服务费通常包括接送费和内部服务费用。

租栋独立别墅

如果你是跟着团队旅游，最好的选择就是租一个别墅一起住。你可以自己烹饪意大利菜肴，然后在自己的私人花园享用。卡萨洛斯帕萨拉克(casa rosore passalacqua)是一处六居室，有着带喷泉的花园，里面还有橄榄树园、果园、菜园、灌木园、玫瑰园和古典的托斯卡纳花园（根据要求不同,相应价格也不同www.thevillapassalacqua.com）。租赁公司会出租带有科莫湖景的小别墅和城堡(三居室的别墅一周是3400美元起价www.cottagestocastles.com)。“帕克公司”专门经营意大利别墅和公寓，在百乐宫里有些可供选择的居所（一周的费用是1500美元～5000美元不等，www.theparkercompany.com）。“直接业主”提供科莫湖边的别墅和公寓出租（两居室别墅租一周的费用是616美元起价，www.ownersdirect.co.uk/Italy.htm）。

最佳旅行社

美国“旷野之旅”提供七日的“意大利湖区漫步”之旅，在科莫湖区可以待上几天，看看花园、附近小径还有当地美食。在比较轻松的漫步中，你可以享受美味的野外午餐，还可以看到当地的私人民间博物馆，有时间的话，可以去购物，在科莫湖和百乐宫附近逛逛（六～九人团体的费用4095美元起价，800-368-2794，www.wildernesstravel.com）。

鼠标轻点 万事大吉

关于科莫的更多信息，登录www.comune.como.it；关于百乐宫的更多信息，请登录www.bellagiolakecomo.com；关于瓦伦纳的更多信息，请登录www.varennaitaly.com。

第十章

义工之行

志愿还是不志愿

在旅途中，我们常是一个旁观者：只是登上飞机、坐着公交车，看看周围风景逝过。但是，当你对旅游地人们的生活做出一些改变时，更能获得一种心灵的满足。比如，你可以在巴西教当地小孩子英文，引导尼泊尔的孤儿做些艺术项目，帮助非洲女性学习使用电脑。嗯，志愿服务，没找到比这更合适的词了，这是一种真实的、完全的融入。就好像是居住到一个城市里，而不只是一个旅游过客。你和当地人更亲密地接触，透过当地居民的眼睛审视这座城市，了解到们的传统文化、风俗习惯、独特语言，还有每天渗入日常生活的喜悦与挣扎。如果你真想深入了解当地的文化，就要和当地村居住在一起。比如在墨西哥，如果你是位彬彬有礼的客人，就可能会被邀请到当地的家庭生日宴会上。在那里，少年们会教你跳桑巴舞，尝尝祖母准备了五天的自制摩尔酱。在柬埔寨，家庭的女家长会邀请你和她一起去当地市场购物，结识她同样优雅的女性朋友。或许你会去她儿子的学校，向孩子们介绍你的祖国。你会发现，对于志愿者来说，大门敞开。

而找到一个志愿的机会也并不麻烦。美国大量的非营利机构组织志愿者们出国做义工，短的一周，长的一年。女性独自前往遥远的国家目前是安全而有意义的——在那里，你能遇到其他志愿者，并和当地人结成同盟。或者，如果你是跟团旅行，这也是和密友建立紧密联系的良机。还有一个你可能会比较惊讶的地方是：志愿者旅行并不一定是免费的。大多数非营利机构都会要求你缴费，其中包括维持机构运转的花费和你将工作的社区的收益。当然，这些费用和旅程本身是免税的，而你的生活费也会涵盖在所缴费用中。大多数志愿者机构都会给你一套指南，帮助你熟悉即将志愿工作的国家；也会安排接机，送你到要做志愿工作的附近或小镇。而确定的是，这样的经历，将是无价的。

杰基和玛西亚的故事

当杰基和玛西亚20多年前在加州的圣莱安德鲁相识时，她们从未想到如今会自愿利用整个假期，留下各自的重要她人在家，而一起前往美国中部，在邻着城市垃圾场的一所中学做志愿者。她们过去和各自伴侣都是这样度假的——逛街购物、穿梭于博物馆，阳光沙滩。但她们现在对有意义的旅行方式更感兴趣，更想看到大多数游客不会看到的一个国家的一面。于是，她们开始寻找能够融入到一个社区的项目，希望对当地贫穷人们的日常生活有一个改变。因为俩人都是全职工作，假期有限，适合她们的是短期志愿者项目。

在互联网上浏览，她们来到了AARP网站，标题“带去不同”吸引了她们。点击后出现了一批短期项目列表，位于包括哥斯达黎加、俄罗斯、南美和危地马拉等国家。她们都曾去过墨西哥，学过一些西班牙语，所以对于拉丁文化比较适应。危地马拉市，这个从未去过的地方，就吸引了她们。最后，她们向一个志愿者机构在危地马拉预订了一个一周的项目，该机构提供食宿、去往志愿服务地的交通费和午后的短足旅行费用，并会根据每个人的能力和兴趣安排项目。

在临行前一周，杰基和玛西亚接到了她们此行的志愿任务：在当地的一所补习学校，为贫困家庭的孩子建立一所图书馆。她们对这项目感到很激动，但当到了那里，才发现对那里极度的贫穷并没有做好准备。学校在危地马拉市最贫穷的街区，和垃圾场一街之隔。当地居民住在厚纸版的棚户区里，售卖并重新利用垃圾填埋地里的垃圾。这样的场景让她们非常震惊，同时也迅速让她们对世界有一个新的认识角度，而彼此通过这个变革让一切更可控。

杰基和玛西亚非常热情地推进这个项目。每天早上八点到中午，她们粉刷墙壁，为书架糊上五彩纸，对捐赠来的成千上万的图书进行分类、叠放和编目。她们忙着为垃圾处理工人的孩子们营造安全、安静的阅读空间，而孩子们也非常急切地等待着图书馆开馆的那一天。学校里没人说英语，所以玛西亚和杰基只能即兴沟通。“我们比画着，说些仅会的一点西班牙语来沟通。”玛西亚说道。“微笑和握手是全球通语言的一部分。”杰基补充说。在工作中她们逐步了解了孩子。女孩子们会过来给她们个拥抱，并积极帮忙。男孩子们则躲在书架后，时不时地吓她们一跳，咯咯地笑。

“如家基地”是杰基和玛西亚在那儿一周的居所，是居民区一处中等房子，有七个舒适的房间，里面都是双层床，住着二十二个来自美国的志愿者，从20岁的学生到祖母级人物。有一位妈妈年纪的危地马拉妇女懂双语，会在房门口欢迎你，帮你洞察当地文化，并提供安全方面的指示。饮食是传统的危地马拉食物，口味丰富，用料实在又正宗：炖菜、通心粉和绿色沙拉，还有手工做的玉米饼。

杰基和玛西亚开始感觉到，作为普通游客和作为志愿者之间的差别。那微妙的不同，就是她们可以融入当地居民的日常生活中。这种开放的透明，让她们有机会通过当地危地马拉人的视角来真正了解当地人，经历典型的危地马拉人的日子：看同样的风景，吃同样的食物，听同样的声音，住在同一个居民区。相比这种融入式体验，旅行社安排的对危地马拉的宾馆式旅行就是让人失望的近视眼了。

午餐时间，志愿机构的货车会接她们回家吃顿舒心的午饭，睡个午觉——通常她们会日光浴，或在庭院里树荫下读书，身旁鹦鹉奏鸣。这段休闲时光帮助她们平衡工作和假期，也让她们对周围环境和经受的工作强度进行反思。午觉后，她们会和其他志愿者一起，外出参观民间艺术博物馆、陶艺工作坊，参加玉米饼制作课程，还可以去看看临近的

在喜马拉雅的志愿

“我旅行的一个原因是帮助发展中国家的女性。”维维恩，今年47岁，是一名药物滥用的顾问，来自澳大利亚的阿德莱德。所以，当她计划去印度旅行时，她在网上搜索能让自己贡献时间和精力的志愿者机构，然后就发现了印度的女性拉达克联盟。从德里出发，向西北飞到位于喜马拉雅深处、在青藏高原上的不平之地。她走进该机构位于拉达克首府的列城的办公室，问道：“我能做什么？”他们让她去帮助组织工作坊，开展一个展示当地传统拉达克的佛教文化、美食、舞蹈、音乐、编织和手工艺品的节日。维维恩每天工作五小时，一周五天，连续四周。

“很难说，我最喜欢的是什么。我积极推动和充实为期两天的节日，当地女性自豪地穿上她们的传统服装：挂毯、披肩还有大礼帽。她们售卖编织品和自制食品：杏子酱、全麦棉桃、蔬菜拉达克饺子（mokmoks）。”维维恩说道：“他们邀请所有人都加入慢舞中。工作坊也很有趣。”农村女性来自郊区，将传统的技艺传授给游客：纺织、编织、染色、做泥砖，并准备当地特色食物：有机蔬菜面汤。

维维恩发现这样的志愿是一种双向的经历：“我并不只是给予——我同样也得到了很多。”她说道：“我和当地女性一起外出闲逛，参与她们的笑话和戏弄，分享她们日常生活的欢乐。”这些女性生活艰苦，但在彼此的友情间寻找乐趣。当她们编织、做饭、干农活，做杏子酱或饺子时，乐趣无穷。“她们和自己的社区联系很紧密，也很欢迎我加入她们的生活。我觉得自己建立了新的关系，而不只是一旁观察的游客。”维维恩补充道。

两名当地的工作人员和来自法国、波兰、斯洛伐克、澳大利亚以及以色列的志愿者一起运营着这个女性联盟机构。“我和全世界的女性都有着非常好的工作网络关系。”维维恩说。她的日常工作范围很广，从撰写媒体报道、向游客播放影片展现拉达克文化，到在餐馆的厨房里切菜。联盟机构的项目遍及一百个乡村的6000多名女性。

要适应高原海拔、干燥气候和相对恶劣的生活条件，这些也是维维恩此番旅行的一部分。她居住在当地一家简朴的拉达克式旅馆里，主人一家很可爱。每天早晨，93岁的老奶奶向她问好，然后在屋顶走廊的椅子上打盹，晒太阳。“尽管没有热水，家里的妈妈会高兴地替我热好一桶水。我也学会了如何利用每滴水，这对我的‘水桶澡’非常重要”。维维恩详述着。这家旅馆位于峡谷顶部，在小镇外面。维维恩非常喜欢每天进城的那段路，和猴子、小狗还有带货物进市场的农夫一起，穿过人们的蔬菜园、沿着灌溉渠，经过石子路。人们碰面，打招呼，看起来打从心底里很高兴遇见你。

“我感觉是在另一个时间，在另一个世界，”维维恩说道，“离开印度，我焕然一新了。我明白，生活中简单的东西其实有着深刻的意义：比如编织、做饭、唱歌、跳舞。我和当地女性建立关系，即使我们来自不同的文化，但在生活中有如此多的共同点。生命中最重要的就是我们的家人和朋友”。当维维恩在印度时，她25岁的女儿向她写信说：“妈妈，你去印度这样的地方旅行，身体力行地回馈全世界，我真为你感到骄傲。”维维恩笑着补充说：“我很骄傲，对女儿来说，是这样优秀的母亲。”

安提瓜迷人的殖民城市。玛西亚和杰基对于这段作为游客的旅程会很感激，但总是很盼望第二天在学校的工作。他们最喜欢的远足是到学校孩子们的家中去。“我们看到整个大家庭啊——婴儿、学步车、少年、祖母——彼此真的很享受。”杰基说道，“他们大笑、彼此拥抱，甚至相互戏弄，相伴紧密，彼此相爱。我们明白，贫穷可能意味着你没有钱，但并不意味着你会不幸福。”

很明显，这和他们曾经历的任何度假方式都不一样。他们旅行，远不止于“到此一游”：他们经历了当地人的生活。即使只有一周时间，他们也觉得自己对当地学校和孩子们做出了巨大的贡献。在最后一天，当图书馆最终完成，一个叫胡安的7岁小男孩儿和他的两个朋友坐在图书馆的水泥地上，被小金书里[1]的插图和描述迷住了。杰基看到此景，感受到阅读一本书对于一个孩子是多么神奇的事情。“我真是利用了这个机会去接触当地人。”杰基说，“这次经历丰富了我的生活，打开了一扇门。我想再回来，再做志愿者。”

牙买加西部

谈到牙买加，我们就会想到雷鬼、朗姆酒和沙滩度假胜地。但在加勒比海岛中心，远离蒙特哥湾和尼格瑞尔这些热点地区的喧嚣，你将发现牙买加真正的文化和自然的哨岗。这里群山环绕，峡谷若碗、地穴发达，还有该岛三大河流的上游河源。这片牙买加的西部地区叫做科克皮特特区 ，是有着110 000英亩（约44 000公顷）的蔗糖、咖啡和棉花种植区的大宅——19世纪，奴隶主建造的英式房产——还有三个主要小镇。相信我：这是那种你和密友想帮忙千万不要过度开发的地方。当地是马鲁人的祖先在17世纪逃离奴隶制度。现在，需要帮助他们自己发展可行的生态旅游经济。他们正在开始清理河流、修建步行道，你能搭把手，并帮助他们提高对当地环境保护的意识，开展可持续的旅游实践。也许此行最好的项目就是家庭住宿项目。你住在简朴的房子里（别担心，水电都有），和寄宿家庭玩多米诺骨牌，试着学习很好听的牙买加克里奥尔方言。你们中若有美食爱好者，对这里的美食肯定不会失望：每道菜都是当地特色，比如木菠萝（面包果）、山药、辛辣的烤鸡肉、饺子、米饭、豌豆、咸鱼还有咖喱羊肉。这些美食到处都有，你或许还有机会参与到烹饪中。在自由时间里，你可以一天看很多风景，也可以花一周探寻不同的地域和小镇。你可以期待和密友或新朋友租辆车环岛旅游，到海滩后呢，还可以再骑行回来，或者，去参加传统的牙买加大宅之旅。

1 译者注：little golden book，专营儿童书的出版社。

哪里报名？

总部在美国的非营利机构全球意识（ globe aware），专门从事国际志愿者之旅，以提升美国人文化意识。它提供“人所不知的牙买加”每月之旅（一周费用是1180美元起；877-588-4562，www.globeaware.org）。要求你的团队人数在二人到十五人不等，在当地学校也可以教授环境教育方面的课程。旅行的费用涵盖了食宿、医疗、紧急医疗撤离、项目协调和牙买加境内的交通——但不包括去该岛的飞机票。在蒙特哥湾，会有一名志愿者接机，从美国迈阿密起飞不过数小时。

休憩之所

“全球意识”为你安排了一个工作日的自由时间，还有整个周末的空闲，所以可以召集些女孩子们，快步到好望马厩（good hope stables），位于一座18世纪的种植园里，在科克皮特地区上的群山之巅，还可以骑行回去。这里是观鸟热门地，所以要确保有人带了望远镜哦。你可以看到濒危的黑色的黄嘴鹦鹉，还有当地特有的蝴蝶以及其他共78种鸟类，都分布在密林中，其间还有野生兰花和观赏凤梨。随后，直接前往好望种植园。这是牙买加的一座宏伟大宅，有14英尺高的窗户，罕见的木地板光亮如新，还有种植着木瓜、面包果、香蕉和橘子树的果园（共90分钟的行程，每人费用是35美元，www.goodhopejamaica.com）。

炫目之处

英国演员和剧作家诺尔·克华德，在20世纪40年代被牙买加所深深吸引，以致他买下了一座悬崖上的房产——可以看见圣塔玛丽亚港湾绝美的景色。该港口位于北部海岸八河湾东部的小镇。当你周末外出参观他的房产时，就能感受到他留在此地的浪漫——还可以瞥见他的宾客照相簿，如玛琳·黛德丽、劳伦斯·奥立佛、伊丽莎白·泰勒和温斯顿·丘吉尔（确保记录下你自己去这栋房产的旅途）。克华德有如此多的宾客，以至于不得不又买了一栋房产，作为从寓所参观后的休息室。两处寓所都向公众开放。第一个寓所是“蓝色港湾”，包括住宿和早餐（每人每晚的费用是100美元，含餐点。www.blueharb.com）。第二个寓所是“萤火虫”，现在是一座博物馆，保持着1973年克华德去世时的样子（他的绘画、图书馆和坟墓都在那儿）。经过一周的辛苦工作，这里是一个理想之所。在此过夜，沉醉于牙买加的纵情一夜。

如在电影中

记得这样的画面吗？——雅克·库斯托(译者注：著名海洋学家)潜入海底，波姬·小丝身着黄色泳衣游泳。是的，没错，我说的是“蓝色珊瑚”。在牙买加东北海岸——从科克皮特特区驱车140英里（约224公里）——就到安东尼奥港，这个传奇的、泉水汇成的、180英尺深（约61米）的清冽水池。你和密友应该跳上车，随着当地电台调好的富有感染力的雷鬼音乐频率，自己去发现蓝色珊瑚吧。它不再是秘密，而要抵达也是一个挑战。泻湖则是你在牙买加希望经历的地方（在临走前，向你的寄宿家庭打听注意事项是个不错的主意）。就在经过蓝色珊瑚时，去安东尼奥港好好放松一下吧，青葱蓝山下，白如绵糖的沙滩，还有当地市场、海鲜咖啡，沿着港口漫步。

冲上云霄吧

我敢保证，在直升飞机上，从科克皮特特区俯瞰加勒比海，将是你个人十个伟大瞬间之一。飞机从八河湾起飞，沿着北部海岸，直飞过起伏群山和海岛沙滩。和密友一起坐直升机的好处在于，团体的价钱会比较划算，能承担得起——另外，对这样了不得的经历，还有目击者做担保哦（四人团30分钟，每人费用是95美元；www.caribbean-travel.com/helitours）。

投你所好

在阿克茂鹏马鲁节（accmopong maroon festival）时，加入当地马鲁人传统的唱歌、舞蹈和打鼓。每年1月6日的科克皮特特地区，在17世纪时逃离奴隶制人们的后裔聚集到一起，庆祝他们祖先反抗英国的胜

我已经烧化了熨斗，弄坏了吹风机，还几乎毁了手机，全因为没有正确的插头和适配器。想找你要去的目的地，需要什么样的插头和适配器，这个网站可以提供这方面的全球信息：www.interpower.com/guide.htm. 要买电话、插头、浪涌保护器和电压转换器的话，可以查找麦哲伦网上商店：www.magellans.com/store。

——玛丽贝斯

利。或者计划下你的旅程，去奥乔里奥斯的爵士音乐节，该节日吸引了来自全世界的音乐家。有来自拉斯塔法里的布鲁斯蓝调音乐家，相当出色，能让你和密友不自主地跟着动起来。也不要错过国家公园举行的“蓝山爵士乐和咖啡”，靠近金士顿，还有蓝山咖啡享用——这可是主要的牙买加出口（www.ochoriosjazz.com）。

鼠标轻点 万事大吉

登录牙买加旅游局官网www.visitjamaica.com；关于科克皮特特区的更多详情，登录www.cockpitcountry.com。

肯尼亚蒙巴萨

如果你一直想参加维和部队，但苦于没时间，去肯尼亚做志愿者或许是你的第二次机会。肯尼亚位于东非，是人类的发源地（这里发现了人类生存的最早证据），也是世界上最壮观的野生动物基地。但是，这个国家50%的人口生活在贫困线以下。肯尼亚面临着很多挑战：艾滋病毒肆虐、性别歧视严重、缺乏教育系统、母亲健康状况糟糕。所以，欢迎志愿者到蒙巴萨（肯尼亚第二大城市，有近100万人口）为期一周或几个月的项目，为当地可持续发展、教育事业和女性地位做出贡献。蒙巴萨有东非最大的港口，斯瓦西里语是当地主要的语言。和密友一起去感受、发现肯尼亚或许是一个舒适的选择。而如果你是孤身一人，将会在那儿重建关系，马上建立并融入属于你的社区。不论怎样，你都会发现，找个伴侣一起探索非洲奇观是更容易的事情。葡萄牙探险家达伽马在15世纪到达这里，你将参观葡萄牙人在17世纪修建的堡垒。另外，既然你在非洲，一定要去3000英里（约4800公里）长的东非大裂谷——这个地质上的奇迹，感受塞伦盖地平原（马塞族人的家）的游猎、还有世界上最奇特的动物们，包括斑马、狮子、豹、犀牛和大象。

哪里报名？

总部在旧金山的可持续发展基金会每年提供这样的机会：肯尼亚妇女授权项目（一周的费用是1150美元；415-283-4873，www.fsdinternational.org）。我想，在旅途中，没有哪次会像这样让你回家时有如此的满足感：教授了女性们各种技术、商业运作和谋生手段。

打包小贴士

鞋子往往是我们最重的行李。要让自己的行李在一定承受范围内，避免脖子很疼，肩膀太负重，所以限量两三双鞋吧。带上舒适的步行鞋、配小黑裙的皮鞋还有凉拖鞋或者运动鞋。记住，“犹豫纠结的，就不要带上。”

可持续发展基金便是致力于此。作为他们的志愿者，你来教授工作技能，帮助女性了解预算，分享你的商业敏锐性。那儿也还有很多其他的工作。你可以帮助教授基本的健康教育，为老年人提供临终关怀，提供心灵创伤咨询。了解肯尼亚文化的最好方式是和当地人一起居住，融入当地传统——这也是可持续发展基金会项目的一个重要部分。食宿、语言课程、紧急情况的医疗撤退、所有志愿者的协调费用和机场接机都包括在内。但机票不含在内。

纵情蒙巴萨

蒙巴萨是座岛城。两条小溪环绕，临着印度洋，坐船或小桥都可到达。要快速的沙滩放松休闲，你会喜欢去城市北部叫北沙滩的地方。白色粉末状的沙滩，受保护的海水充满了热带鱼，还有漂亮的塞利娜沙滩疗养酒店，这里是斯瓦西里村的翻版，周围棕榈椰影（双人间的费用是200美元起价，www.serenahotels.com）。

特色“狩猎”

对我们很多人来说，非洲是一生中必去之地。如果你已至此，我绝对坚持你拓展自己的旅途，至少多待几天去狩猎——尤其是你和密友在一起时。“狩猎”这个词在这里，其实就是斯瓦西里语的“旅游”。也就是说，当你回家时将带着狮子、河马和斑马的传奇故事，而你和密友多年后将不断地重复详述。正如你所知道的，东非最迷人的文化之一就是当地的马萨伊人部落，他们居住在肯尼亚和坦桑尼亚的塞伦盖蒂平原。马萨伊人是半游牧民族，他们穿着独特的红色编织品，戴着鲜艳的串珠项链。在塞伦盖蒂平原，这横跨肯尼亚和坦桑尼亚的近1500万英亩（约600公顷）的大草原，你有机会和马萨伊人部落互动，也能看到地球上最不寻常的野生动物。这里，你还可以看到著名的恩戈罗火山口——这是一个巨大的火山口，就像一只笔的形状，生活着犀牛、大象、斑马、长颈鹿、土狼和狮子。这也是一年一度羚羊（角马）和斑马迁徙的发生地。有很多旅游公司可选择，所以会很头疼。我建议一家，曾和同伴一起去过两次，就是总部在美国的“汤姆森旅行社”，他们有27年的专业经验，专长于安排小型团队奢侈有度的旅行，能深入该地文化（十一天行程的费用是4490美元起价，800-235-0289，www.thomsonsafaris.com）。

美好的沙滩一天

想让自己完全倒退到某一个世纪——一个完全不同的文化——去热带岛屿拉姆吧，位于印度洋蒙巴萨以北150英里（约240公里）。坐飞机或渡轮到此后，你就立刻能感受到古老的传统活生生地展现在你眼前：驴仍是这里主要的交通方式。该地原本是港口，在16世纪时是象牙、琥珀、香料和木材的重要出口地。当你漫步在古老小镇时，一定流连于这里慵懒的氛围，凝视斯瓦西里建筑和雕刻复杂的大门。小岛当地人主要是穆斯林信徒，所以你要穿得稍微保守些。在岛上的大多数热门景点，比如人超多的细沙滩，短裤和泳衣还是可以的。

饕餮大餐

如果你爱吃肉，可以飞到内罗毕，去“食肉动物”餐厅来大快朵颐吧，这是世界知名的烤肉餐厅哦，很多人把这个餐厅本身当做旅游景点。你一进去，就会闻到牛肉、鸡肉和猪肉的香味儿。巨大的木炭架冒着火苗，就放在餐厅的入口处，非常壮观。如果你想冒点险，试试独特点儿的肉比如鸵鸟、鳄鱼等。只要30美元，你就吃得很爽啦——更多信息，请登录www.tamarind.co.ke/carnivore。

投你所好

人们喜欢壮观的黑尾牛羚 迁移带来的宗教体验。我不知道是否有机会看到，而我只想告诉你，千万别错过！如果你的行程中恰好有这项。七八月份，数以百万的角马（就是羚羊）和成千上万的斑马形成巨大的阵队，从塞伦盖蒂平原北部开始迁移寻找食物，然后10月份再列队南下。这是一个迷人的生物场面，狮子、猎豹，还有土狼都紧随其后。观看这种迁移景象的最佳地点，是坦桑尼亚地区的塞伦盖蒂国家公园——如果行程方便，这是另一个你必须去的地方——这里有令人惊叹的生物数量和各种不同的物种（www.serengeti.org）。

鼠标轻点 万事大吉

了解更多肯尼亚旅游局和野生动物的信息，请登录www.tourism.go.ke。

柬埔寨暹粒

在柬埔寨的志愿活动，会有很明显的变化。女性会感到这是令人满意而充分授权的工作。这个东南亚国家，与泰国、老挝和越南接壤，一直饱受国内战争摧残，直到1991年。高棉语是柬埔寨的官方语言，但英语很快成为第二大语言，对柬埔寨的小孩子们来说，学习英语是很重要的事情。你会为这些受战争压迫的幸存者心痛，但更为他们走过黑暗历史、表现出的恢复力和优雅所惊异。你和密友可以帮助小孩子们学习基本英语，这对这个国家的进步是重要的一步。做志愿工作最好的一个地方是柬埔寨西北部暹粒的佛教旅游小镇。暹粒的葱翠密林会拥抱你的，而古老的印度庙宇会让大多数人震惊。暹粒是柬埔寨发展最快的城市，新老建筑交融——步行或自行车均可到达。有法国殖民风格、中式建筑，还有现代旅馆样式，各种不同的餐馆如雨后春笋。但是传统文化仍然生机勃勃。其中之一便是传统的高棉舞蹈，女性身着金色头饰和服装，用优雅的手势语言来叙事（类似于草裙舞）。你可以在暹粒老市场上了解货摊，这里充溢着各种蔬菜如竹笋、香蕉花和裙带豆，也可以在附近的稻田和纺织园逛逛。热带环境增添了奇特的异域色彩，但气候难熬啊——每年12月到次年4月很燥热（高温有38摄氏度），5月到10月则潮湿凉爽（大概是27摄氏度）。

哪里报名？

全球意识的“重探柬埔寨”在一年里的每个月都安排有项目，志愿者每天固定是6～8小时的工作（一周的费用是1200美元，877-588-4562，www.globeaware.org）。在乡村学校，你可以教授英语、计算机

（如何收发邮件，如果运用语言处理系统等），还可以对当地很少能够接受教育的孩子们提供基本的第一帮助。你会待在舒适的宾馆里，晚上和新老朋友一起聚会，品尝柬埔寨美食（很像泰国菜）。比如，蜗壳裹着的新鲜烤鱼、有香菜的沙拉、柠檬香草和薄荷。旅行费用包括食宿、医疗保险、紧急医疗撤退、项目协调、顺道旅游以及柬埔寨境内的交通。但去暹粒的机票不含在内，尽管是有人在机场接机的。有些亚洲航班会经过曼谷或金边（柬埔寨首都）到达。

吴哥圣地

对于吴哥古迹的美丽和壮阔，你不会完全准备好。简单地说，相当巨大。吴哥由一系列9世纪至12世纪的数百印度庙宇精选组成，占据暹粒北部40英亩的密林。当庙宇完工，高棉国王从越南扩展到中国以至抵达孟加拉湾。今天，你或许还能看到佛教僧侣光着头，身着鲜艳橘色长袍涌入庙宇朝拜（现今，佛教是柬埔寨的官方宗教，大多数庙宇都供奉有佛陀像）。我建议你至少要花三天时间来探索吴哥古迹。最好请一位导游——旅馆能安排英语导游，每天费用是25美元。尤其要细看吴哥窟，这个世界上最大的庙宇。一定要在巨大的三层金字塔那儿，也就是顶端有五朵盛开莲花的地方前照相留念。观看和拍摄这巨大的建筑群和附近的洞里萨湖的最佳方式，是在日落或日出时乘坐热气球（一小时每人的费用是15美元，www.phnompenhtour.com）。

美食欢愉

暹粒有很多背包客钟情的参观景点，但你和密友可能更喜欢高档优雅的高棉厨房。提供当地柬埔寨美食，有特殊的口味。对你的味蕾来说，又是种新口味，mussaman咖喱，烤南瓜、薄荷鸡肉汤、柠檬香草和柠檬（费用是2～3美元，在老市场的小巷北部）。

小镇最好的买卖

大多数旅馆都出租自行车，1美元一天——自助的自行车之旅或许是小镇最好的买卖。但当你对不同的冒险感兴趣时，不妨坐上小镇无所不在的人力车（叫嘟嘟车），来个环游之旅，每天的费用大概10美元。

最好的历史课

参观柬埔寨的地雷博物馆，将是一段让人清醒、陷入深思的经历。

关于志愿旅行的最常见问题
志愿者的食宿条件如何？

这要看项目类型和成本。相对便宜和长期的项目大致的食宿如下：

宿舍风格、或是在当地家庭共享浴室、不同程度的露营、也有自助餐厅和家庭风格的食物。

欧洲的一些志愿者项目，会让志愿者住在特别感兴趣的地方，如古堡、修道院或装修房。

也有一些项目提供令人吃惊的私密性和舒适度——空调、私人房间还有美食厨师。

问问你的项目花费是否基于共用房间计算。通常应该都如此。

短期项目有传统的观光吗？

志愿旅行混合了传统的旅游观光、傍晚休闲、自由时间和了解当地文化的活动。为期一个下午或者一周或者三个星期。一些旅游可能你并不是以亲身实践的方式做志愿者，但会有一个服务部分，比如递送书籍、学校设施、药物，还有更多机会和当地居民交流。

一些公司向志愿者要求高额费用，为什么要付费？

高费用带来的回报是安全和舒适：扩展性的旅行前阅读材料、有人在机场接你，在高危地区使用公共交通时保障你的安全，就地培训，旅馆的食宿，实地总有一名志愿者协调员。一些组织会用你项目费用的一部分捐给当地的设施所需。

一般来说，如果项目要求高额费用，你要问一下，你的钱多少流向当地社区、当地员工和项目本身。

有没有便宜些的志愿者项目？

“工作营”遍及全球，可以让人们在几周里一起居住做义工，一般是当地捐助人赞助的草根项目。这些志愿者项目通常对于社区很有益处，因为收入还是归社区，培训志愿者的费用也很少。两个在线的项目组织是“为了平和志愿者”（www.vfp.org）和“有机农场的世界机会”（www.wwoof.org）。

如果我到了那儿，发现并不合适我，或者我还没准备好处理，该怎么办？

要最小化这种概率，确保你完全理解那里的环境和工作类型。需要体力劳动吗？有电吗？该地区最主要的风险是什么？我精神上对于挑战准备好了吗？环境有多糟？要在预订之前问清楚退款政策。选择在你能承受范围的经历。

——雪莉·施瓦茨，29岁，《海外视线》杂志的编辑和出版商，海外观察基金会理事，来自佛蒙特的本宁顿

博物馆距离暹粒1英里（约1.6公里），也是了解20世纪70年代红色高棉政权动乱的最佳途径之一。可以考虑下午来博物馆参观（主要由一系列棚户组成，陈列着废弃的地雷和弹壳），这是你和密友必须经历的受教育之旅。博物馆创始人的故事也是很感人的：他原本是高棉战士，后来是地雷退役的运送者，一开始是将这些地雷放在自己房产的棚户里。随着收藏渐多，博物馆成型（www.cambodialandminemuseum.org）。

投你所好

柬埔寨新年会放假3天，这是举国欢庆的日子。柬埔寨的新年是在每年的4月中旬，这是代表着收获季节，为国家带去欢庆的气氛。抓住这个机会，融入到柬埔寨节日中，加入每条街的角落游戏、唱歌、舞蹈（但要小心，4月是一年最热的月份，温度超过37摄氏度）。如果你喜欢满月、烟火和肌肉男，那么，金边泼水节很适合你，你和旅游同伴可以在金边河岸的皇家宫殿前聚集，观看成百上千的船只聚集，还有3天的赛龙舟和烟火。这些船只本身就是艺术品：船身狭长，龙头彩绘，首尾绘画。

鼠标轻点 万事大吉

更多信息请登录柬埔寨旅游局官方网站www.tourismcambodia.com。

危地马拉科特萨尔特南戈

危地马拉当地多数土著人口仍然主要是耕作、烹调和编织，已经几个世纪如此。这个中美洲国家带来迷人的文化体验，但贫困蔓延。玛雅人的后代（占总人口的40%）还在从几个世纪的压迫和长达10年的野蛮内战中（20世纪中期结束）逐渐恢复。在危地马拉，没有比去科特萨尔特南戈更好的人文旅行了，该地位于危地马拉市西北130英里的群山间。如果你觉得这个城市名字读起来太拗口，呵，你可不是一个人这么觉得。大多数人喜欢称呼它的昵称，谢拉。这是危地马拉第二大城市，也是充满活力的大学城（有7所大学），有鹅卵石铺地的小路，殖民地遗留的美丽法式建筑，兼有大量现代建筑和设施（包括能上网的咖啡馆，如果你想和家人沟通，手到擒来）。早晨，你的志愿工作或许包括去疗养院拜访当地老人，或是玩游戏、帮助孤儿院的孩子们做家庭作业。然后下午，你就可以去探索这座城市。不可避免的，你在这儿主要是会被美味的食物所吸引，它们是墨西哥美食的变种。但去周边的火山、泡泡温泉和远足徒步就很容易消耗卡路里了。我建议去当地著名的手工艺品市场齐齐卡斯特南戈逛逛，也可以花一个周末去阿特蒂兰湖漫步。当地交通最常见的形式被称作“小鸡公交”，是将美国校车做了改良，提供便宜安全的交通模式。要准备好哦，将你自己塞入身着传统服饰的危地马拉男女中——对了，还有偶尔出现的小鸡。

哪里报名？

总部在纽约的“跨文化”科特萨尔特南戈项目要求你填写一份旅途前的表格，描述兴趣和特长。然后它会在该区域广大的草根合作伙伴网络进行寻找（包括孤儿院、疗养院和学校），将你的特长和当地社区需求相匹配，为你找到最适合的项目。项目周期最短是一周（费用是1695美元起价，800-380-4777，www.crossculturalsolutions.org）。你会和其他志愿者一起，住在一个房间——你或许甚至想要和密友一起填满整个房间，来个团体志愿假期。费用包括了住宿、交通、文化活动、紧急医疗撤退，从危地马拉市到谢拉的交通费。但国际机票是不含在内的。

购物大血拼

如果你一生中只想去一个手工艺品市场，那奇奇卡斯特南戈应该是首选。玛雅小贩们来自危地马拉各地，一周两次，周四和周日到齐齐朝拜，售卖全国最好的纺织品、外套、陶器和面具（从瑟罗出发是五小时的大巴旅程，所以你该想是周末去吧）。从殖民地时期前，市场就是玛雅商业重要的中心。成百上千的货摊在鹅卵石小路上蜿蜒着，逐渐形成了整个大市场。经验丰富的买家们根据小贩穿着就能认出他的家乡——每个乡村都有自己独特的穿衣风格。你可以选择一些亮眼的配饰提亮自己的服装。色彩明亮的纺织品也是做枕头、桌布和被子的理想材质。而且，在这个市场你还不会饿：食品供应丰富，烤肉在木炭上发出嗞嗞的声音，身旁就是智利风味的汤罐。像你曾经过的大多数无信仰的教堂经历一样，进入有着400年历史的小礼拜堂，烛光点亮地板，香气馥郁在空气中，偶尔还有鸡肉供给上帝。

周末消遣

耀眼的火山环，火山地带的阿蒂特兰湖水，很迷人吧。从谢拉到那儿是两小时车程，也是必去之地。帕纳哈撒的游人很多，所以我建议经过它时，快速买些手工艺品，然后继续通过渡口到达苏玛雅别墅，这是湖岸上的一处瑜伽寓所。游客坐一种传统的小船“潘嘎”穿过湖水到达那儿，然后抵达茅草覆顶的房间，有私人阳台可以看到湖水风景（每晚的费用是50美元起价，www.villasumaya.com）。这对你的瑜伽课程是一次无与伦比的安排。当你返程，通过帕纳哈撒时，在坐车回瑟罗前，停下来喝杯咖啡吧。危地马拉最好的咖啡豆大多数都出口，意味着你早上喝的通常是二等品质。但帕纳哈撒的十字路咖啡馆并非如此，这里的咖啡是全世界最好的——大概是因为他们不仅从危地马拉，还从埃塞俄比亚、印度尼西亚引入最好的咖啡豆。喝着一流的香咖啡，再来块自制的奶酪蛋糕（由移居在此的美国人烘焙）——美味如此，无憾啊（www.crossroadscafepana.com）。

投你所好

危地马拉人对于四旬斋非常重视，不会在这样的节日里节省。复活节前一周，也就是周圣或者圣周，是一年里最大的盛事。成千上万的危地马拉人身穿白紫相间的长袍，加入到穿街的游行中。在科特萨尔特南戈，你将享受到真正的招待。城市庆祝重大节日，表现特殊的天主教和玛雅文化的综合影响。

鼠标轻点 万事大吉

更多相关信息，请登录www.xelapages.com。

罗马尼亚喀尔巴阡山脉

东欧国家如保加利亚北部和乌克兰南部仍是比较贫困的。孩子们也连带受影响。幸运的是，她们有罗马尼亚正统的教父尼古拉特纳赛为他们工作。1991年，特纳塞接收了一个孤儿。3年后，他和妻子创立一家非营利组织，致力于照顾无家可归的孩子、被遗弃在医院里的有残障的孩子。今天，特纳塞和他的团队在喀尔巴阡山收养了280名孤儿，距离首都布加勒斯特数小时的车程。你将发现罗马尼亚的乡村极为诱人。这里有童话般的城堡、马拉车、苹果园、罗马建筑和希腊港口的遗迹。罗马尼亚乡村还没有进入21世纪，你还可以看到身着传统服装的女性（荷叶边的衬衫、戴着头巾、厚厚的黑裙，穿着拖鞋）用纺锤纺织，有民间艺术家精心雕刻的木头汤勺和绣羊毛包。如果你是秋冬来，行装轻便些，到这儿时购买手工的羊毛毯或羊毛衫——这里气候和北美相似，所以秋冬很冷。你的一项工作是到孤儿院为孩子们准备三餐，所以你也可以把它看做是非正式的烹饪课堂。罗马尼亚的食物是美食大集合啊：烤茄子就胡椒（保加利亚）、茄合（希腊）、热的椒盐卷饼和炸猪排（奥地利）还有热甜点（匈牙利）。尽可能多地和孤儿院孩子们待在一起，罗马尼亚人有无数关爱你、触动你的方式。

哪里报名

助人之父特纳塞（Help father tanase）和美国非营利机构“联合星球”会把志愿者派往150多个国家（第一周的费用是1295美元，此后多一个星期得加200美元，800-292-2316，www.unitedplanet.org）。作为一名志愿者，你会住在孤儿院里，帮助小孩子们做家庭作业，和他们一起玩游戏，通过民间文学、音乐和舞蹈来融入当地的丰富文化。罗马尼亚项目每年都有，包括食宿、从首都布加勒斯特机场进入城市的交通费，还有志愿者管理费用。但国际机票是不含在内的。

古堡探险

来到拜恩古堡时，德拉库拉伯爵[1]的形象立刻浮现在脑海里。在斯托克小说的很多电影版本里都有它。位于罗马尼亚中心，在布加勒斯特西北125英里的拜恩古堡是罗马尼亚中世纪建筑的最重要代表之一，现在是一座博物馆。看到那些塔炮和尖顶，若此地的古老传说和神秘故事让你的想象撒开了缰绳，要牢牢抓住你的伴侣——因为还是有些让人毛骨悚然的。不要太近接触庭院的喷泉，那里隐藏着一个阴森森的地下通道（www.brancastlemuseum.ro）。当你在拜恩时，更深入地了解中世纪时代，可以在一座乡村旅馆（pensiunea andra）住宿一晚，那里有木头的大梁、弓形大门和石制壁炉（双人间的费用是47美元起价，www.andratour.ro）。

遁世桃源

我并不是第一个说罗马尼亚的首都布加勒斯特，让我想起了巴黎的迷你版（20世纪，它的昵称就是小巴黎啊）。这种相似性的部分原因是，法语和法式建筑传承在这城市里，新古典主义的建筑、公园和大厦——甚至布加勒斯特都有形成了自己风格的凯旋门。皇家宫殿绝对是值得一去的——罗马国立艺术博物馆在此。我并不建议参观国会宫——占地350万平方英尺，是世界上第二大建筑，仅次于美国的五角大楼——但我强烈建议，在国会墙三吨重的水晶吊灯下照个相。如果你觉得自己的电费很贵，这个设备可是有7000个灯泡呢。然后再吃顿便宜又难忘的罗马尼亚心灵食物，参观“老窖首脑会议”，菜单里有炖菜、烤肉和胡椒香肠（费用从3美元到7美元不等）。

品酒周末

如果你和密友觉得这回美国前，需要放纵下，何不来个饮酒之旅？罗马尼亚有着肥沃的土壤，也因此有着欧洲最古老的酿酒传统之一。特拉希瓦亚的塔纳维地区有着少见的天然优势，气候凉爽、海拔较高，空气潮湿，适合出产果味的白葡萄酒，比如灰皮诺酒，还有梅地亚斯扎嘎尔葡萄酒厂的意大利雷司令酒；靠近黑海的穆法特拉产酒区，阳光灿烂，可以享受切尔纳沃达葡萄园超甜的白葡萄酒和红葡萄酒。

1 译者注：《德拉库拉》中的吸血鬼之王。

丢失行李很倒霉？

要在行李包上、随身携带的行李上贴上身份标签，要检查好行李是否容易松动。同时，要在包里面贴上第二层标签，写上名字、联系方式和行程表的备份，包括你第一个要住的旅馆名字。

投你所好

节日是反映过去的一面迷人镜子，一个古老的习惯在罗马尼亚传承至今。就传统而言，牧羊人一般会在丰达塔市场遇见未来的妻子，这是每年6月在丰达塔——罗马尼亚最高的山村举行。现在，牧羊人会在喀尔巴阡山脚放羊一天，在那里售卖手工艺品，参加传统的歌唱和舞蹈。说不定，就会遇到自己的爱人呢。另一个节日是中世纪日，是为期两周的艺术、手工艺品和音乐节，每年8月在西吉什瓦拉举行。这是一座12世纪的中世纪村落，是联合国教科文组织世界遗产。

鼠标轻点 万事大吉

更多信息，请登录罗马尼亚旅游局官方网站www.romaniatourism.com。

专营女性旅游的旅游机构

AAA SOJOURNS
877-222-6036
www.csaa.com

ADVENTURE ASSOCIATES
888-532-8352
www.adventureassociates.net

ADVENTURE WOMEN
800-804-8686
www.adventurewomen.com

ADVENTURES IN GOOD COMPANY
877-439-4042
www.adventuresingoodcompany.com

ADVENTUROUS WENCH
866-419-3624
www.adventurouswench.com

ARCTIC LADIES
877-783-1954
www.arcticladies.com

BUSHWISE WOMEN
61-266-840178（澳大利亚）
www.bushwise.co.nz

CALL OF THE WILD
888-378-1978
www.callwild.com

CANADIAN WOMAN TRAVELER
888-830-5324
www.cwtraveller.ca

CANYON CALLING TOURS
928-282-0916
www.canyoncalling.com

GIRLFRIENDS GO TOURS
435-513-0659
www.girlfriendsgo.com

GOING PLACES TOURS!
707-935-0595

GUTSY WOMEN TRAVEL
866-464-8879
www.gutsywomentravel.com

MARIAH WILDERNESS EXPEDITIONS
800-462-7424
www.mariahwe.com

SOUTH SEA MERMAID TOURS
4-973-0675（新西兰）
www.southseamermaids.co.nz

THIS GIRL'S GONE TRAVELLIN'
877-846-2831
www.womentravelling.com

TRAVEL WITH WOMEN
617-254-1729 或 508-904-5843
www.travelwithwomen.com

WALKING WOMEN
44-1926-313321（英国）
www.walkingwomen.com

WOMAN'S WORLD TRAVEL
800-651-5008
www.womansworldtravel.com

WOMANTOURS
800-247-1444
www.womantours.com

WOMEN TRAVELING TOGETHER
410-956-5250
www.women-traveling.com

WOMEN'S TRAVEL CLUB
800-480-4448
www.womenstravelclub.com

WOMEN'S TRAVEL NETWORK
888-419-0118
www.womenstravelnetwork.ca

花园之旅

AMERICAN HORTICULTURAL SOCIETY
800-777-7931
www.ahs.org/events/travel_study.htm

AUSTRALIAN PACIFIC TOURING
800-290-8687
www.aptouring.com.au

COOPERSMITH'S GARDEN TOURS
415-669-1914
www.coopersmiths.com

HORTICULTURE MAGAZINE GARDEN TRAVEL PROGRAMS
617-742-5600
www.hortmag.com/garden_tours.asp

JEFF SAINSBURY TOURS
800-748-9685
www.jeffsainsburytours.com

以下机构：提供一到两周时间做志愿者的机会

CENTER FOR GLOBAL EDUCATION
800-299-8889
www.augsburg.edu/global

CROSS-CULTURAL SOLUTIONS
800-380-4777
www.crossculturalsolutions.org

EARTHWATCH
800-776-0188
www.earthwatch.org

GLOBAL EXCHANGE
415-255-7296
www.globalexchange.org

GLOBAL SERVICE CORPS
415-788-3666 ext.128
http://GlobalServiceCorps.org

GLOBAL VOLUNTEERS
800-487-1074
www.globalvolunteers.org

GLOBE AWARE
877-588-4562
www.globeaware.org

HABITAT FOR HUMANITY
229-924-6935
www.habitat.org

TEACHING & PROJECTS ABROAD
888-839-3535
www.teaching-abroad.co.uk

INTERNATIONAL VOLUNTEER PROGRAMS ASSOCIATION
914-380-8322
www.volunteerinternational.org

WORLD TEACH
800-483-2240
www.worldteach.org

志愿者网站

WWW.VOLUNTEER ABROAD.COM
该网址可搜索去海外做志愿者的各种机会。

WWW.IDEALIST.ORG
无国界行动（Action without Borders）。这是全球数以万计的非营利组织的信息服务交换中心。

WWW.VOLUNTEERINTER NATIONAL.ORG
国际志愿者项目联合会（IVPA）。可在此搜索大量海外志愿项目的信息。

WWW.SCI-IVS.ORG
为国际公民服务（Service Civil International）。提供全球50多个国家低投入的短期志愿者项目。

WWW.TRANSITIONS ABROAD.COM
该组织涵盖了国际志愿者项目的所有方面。

WWW.VFP.ORG
和平志愿者（Volunteer for Peace）。提供100多个国家3000多个低成本的短期志愿服务点。

WWW.WEVOLUNTEER.NET
该网站（Building Bridges Coalition BBC）主要促进国际志愿项目的发展。

有关志愿的书籍

“和平部队”的新选择：全球志愿机会指南（保罗·柏卡赫斯特）2005（第11版）

助你实现海外志愿的梦想（约瑟夫·柯林斯，斯特凡诺·德采尔甲和扎哈拉·赫克歇尔）2002。

做志愿者的假期：短期冒险利己利他（比尔·麦克米伦，道格·卡哈钦斯和安妮·格辛格）2006（第九版）。

实用的旅游网站

WWW.GUTSYTRAVELER.COM
主要是关于女性旅游的贴士（适用于独自旅游、家庭出游和青少年旅行，有严肃的安全防卫注意事宜、也有打包行李的技巧，诸如此类等等）；提供了女性旅游的资源，还分享了闺蜜一起过周末、聚会的故事等。

WWW.AAA.COM
点击“旅游”可找到地图和旅行信息。

WWW.TRIPADVISOR.COM
这里是完全中立的、用户自主发布的、有关旅馆评价的最大信息聚集地，还有关于餐馆、旅行地和旅行社的评论（带有指南类书的评论链接）。

WWW.BUDGETTRAVEL.COM
这里有最后一分钟的抛售、特别的促销——所有的信息都是编辑审核并批准的。

WWW.CRUISECRITIC.COM
主要是游船评论，客户对游船的评价和意见、最新消息、交易信息、各种贴士和留言板。

WWW.THEBATHROOM DIARIES.COM
评估了全球9000多个公共卫生间，着眼于以下方面：安全性、开放时间、建筑美感和残障设施（也包括对外观受损的卫生间的评论）以及费用（如果收费的话）。

WWW.SEATGURU.COM
机舱示意图展示了整体空间、乘坐时供腿脚伸缩的空间、娱乐设施、人体工学的构造和扶手设置。

WWW.WHICHBUDGET.COM
有许多从亚洲到欧洲的廉价机票。机票的列表是根据路线进行组织的。

WWW.RAILEUROPE.COM
有大量的火车票可选，从单程票到复杂的多国通行卡。实时的订票系统让你不用购买那种不定期客票，预定具体的某一座位就可以在未来一段时间内予以保留。

WWW.WEBFLYER.COM
有关航班、租车和旅馆住宿的详细内容，包括评价、评论和最新的打折促销信息。

WWW.TRAVEL.STATE.GOV
美国官方的旅游网站，主要是出游警示和各国领事馆的资讯，告知旅行者从政治新闻到医疗设施和路况信息的各项内容。

中华人民共和国国家版权局著作权合同登记章图字：01-2010-629

责任编辑：安颖侠

图书在版编目（CIP）数据

和闺密环游地球/（美）邦德著，吴艳艳译. —北京：旅游教育出版社，2012.7

ISBN 978-7-5637-2026-2

I. ①和… Ⅱ.①邦… ②吴… Ⅲ.①旅游指南—世界 Ⅳ. ①K919

中国版本图书馆CIP数据核字（2010）第151152号

和闺密环游地球

（美）玛丽贝斯·邦德 著

吴艳艳 译

项目策划：北京时尚博闻图书有限公司
网　　址：www.book.trends.com.cn
出版单位：旅游教育出版社
地　　址：北京市朝阳区定福庄南里1号
邮　　编：100024
发行电话：（010）65778403 65728372
　　　　　65767462（传真）
本社网址：www.tepcb.com
E-mail：tepfx@163.com
印刷单位：北京昊天国彩印刷有限公司
经销单位：新华书店
开　　本：850×1168　1/32
印　　张：7.25
字　　数：202千字
版　　次：2012年7月第1版
印　　次：2012年7月第1次印刷
定　　价：29.00元
（图书如有装订差错请与发行部联系）